The Innovation of National Cultural Governance Under the Great Changes of the Century

# 百年大变局下的国家文化治理创新

齐骥 著

知识产权出版社
全国百佳图书出版单位
——北京——

**图书在版编目（CIP）数据**

百年大变局下的国家文化治理创新 / 齐骥著 . — 北京：知识产权出版社，2020.10
ISBN 978-7-5130-7226-7

Ⅰ . ①百… Ⅱ . ①齐… Ⅲ . ①文化产业—发展战略—研究—中国 Ⅳ . ① G124

中国版本图书馆 CIP 数据核字 (2020) 第 194214 号

**内容提要**

在国际格局继续变化，全球经济持续低迷，世界发展不稳定因素增多的历史演进中，本书以大历史观审视经济发展、社会变化、科技进步对价值变迁的影响、对文明的重塑，以大局观诠释文化与经济社会发展各领域的相互作用、互鉴共生。对新型冠状病毒肺炎全球大流行中文化的动力机制、艺术社会机理进行了深入分析和科学研判，对百年大变局中文化治理的价值体系、思想理路、发展框架进行了学理建构和路径创新。

责任编辑：李石华　　　　　　　　责任印制：孙婷婷

### 百年大变局下的国家文化治理创新
BAINIAN DABIANJUXIA DE GUOJIA WENHUA ZHILI CHUANGXIN

齐　骥　著

| | |
|---|---|
| 出版发行：知识产权出版社有限责任公司 | 网　址：http://www.ipph.cn |
| 电　话：010-82004826 | http://www.laichushu.com |
| 社　址：北京市海淀区气象路50号院 | 邮　编：100081 |
| 责编电话：010-82000860转8072 | 责编邮箱：lishihua@cnipr.com |
| 发行电话：010-82000860转8101 | 发行传真：010-82000893 |
| 印　刷：北京中献拓方科技发展有限公司 | 经　销：各大网上书店、新华书店及相关书店 |
| 开　本：787mm×1092mm　1/16 | 印　张：14.5 |
| 版　次：2020年10月第1版 | 印　次：2020年10月第1次印刷 |
| 字　数：240千字 | 定　价：58.00元 |
| ISBN 978-7-5130-7226-7 | |

出版权专有　侵权必究
如有印装质量问题，本社负责调换。

# 前　言

新型冠状病毒肺炎的全球大流行，伴随着大国博弈的升温、新技术革命的酝酿、贫富分化的加剧、社会认同的危机加剧、政治动荡的起伏不断以及单边和多边之争的激烈，成为百年未有之大变局催化和演变的最新脚注。面对百年未有之大变局，全球治理体系的问题成为影响世界发展的突出问题。世界卫生组织宣布新冠肺炎病毒为"全球大流行"，疫情波及世界百余个国家和地区，进一步暴露出全球治理中的短板和瓶颈。为全球治理标定新航向、寻求新方案，是人类历史十字路口中全球共同的时代命题。

回顾历史，在人类发展的道路上，重大疫情和灾害事件往往成为历史转向的决定因素之一，也是人类不可忘却的灾难记忆之思，它有时比战争更为残酷，比革命更为深刻，它一方面改变了人类历史的发展走向，一方面又推动了现代科技的前进步伐。同时，这些全球公共卫生危机也是人类发展的一面镜子，折射出不亚于金融危机、经济萧条、革命战争、种族冲突的全球格局之变、社会结构之变和地缘政治之变，也折射出人与人、人与自然之间的关系之变、政治与宗教道德优先权的关系之变。

在灾难历史上，黑死病促进了更加自由的经济体制的出现，并成为引起文艺复兴的原动力；麻风病暴发后，现代公共卫生逐渐从蒙昧走向理性，并催生了隔离和检疫等公共卫生制度的出现；天花、结核暴发后，疫苗开始作为公共卫生防疫的重要手段，科学技术的发展使人类一次次战胜疾病；"西班牙流感"后，人类开始反思封锁消息的负面影响，而新冠肺炎引发的公共卫生系统瘫痪和社会恐慌，也引起了各国对公共卫生系统应急处理能力及建立传染病监测网络的重视；历史上七次霍乱的暴发，让人类将认知、科学和机制作为防疫不可或缺的要素，科技的发展与人类观念的变革，使全民性卫生教育和科学性预警防范逐渐普及；"非典"暴发后，对执政理念、管理体系、信息公开、综合协调和国际合作等方面的深度反思，使我国公共管理体系不断发展成熟，并实现了历史性跨越，"非典"危机也加速了全面推进应急管理体系建设的"政策之窗"。可以说，重大疫情危机在某种程度上，无异于人类文明和文化素质进步的催化剂，它不仅敦促人类反思自身的生活方式、生产方式、治理机制，也敦促人类反思与自然的相处方式、与生物的共栖方式。

从文化发展的角度而言，当前全球新一轮科技革命和产业变革蓄势待发，中国社会结构也正处于巨大变动和孕育发展中。全球经济变化和社会发展的外部形势，使中国城乡结构、收入分配结构发生改变，对人口结构和家庭结构、社会组织方式带来影响，还造成了社会规范和价值观念一系列的变化。处于中国转变经济发展方式、优化经济结构、转换增长动力机遇期和全球产业链增值窗口期的国家治理体系，在政治、经济、社会和文化等多重因素交叠和复杂语境影响下，一直面临严峻挑战。一是本土视域下文化发展观念的挑战。如何在前所未有的百年变局中，培养中等收入群体由物质消费转向文化消费，以精神进步和文明提升推动整个社会的进步，使文化发展在促进经济发展内生动力的培育上做出更卓越的贡献，成为国家治理体系建设中重要的内容。二是全球变局中文化治理的挑战。全球问题与生态危机使世界各国休戚相关，因文明的冲突而产生的价值分歧令人深深忧虑。如何让人类日益意识到全球化时代的人类利益相互依存，形成人类发展的全球共识，使文化治理在汇聚全球共识、化解人类危机中发挥精神力量，引导核心价值，如何构建政治多极、经济均衡、文化多样、安全互信、环境可续的国际治理新格局，成为国家治理体系建设的文化之魂。

面对百年未有之大变局，立足新冠肺炎疫情之大流行，以社会主义制度之不变实现经济快速发展和长期稳定，"制度之治"发挥着根本性作用。以政治制度、经济制度、文化制度、社会制度、生态文明制度和党的制度建设等构成的制度之基，是国家治理体系的四梁八柱。文化建设是国家治理体系建设的深厚支撑，文化制度为国家治理体系建设凝聚思想共识、汇聚精神力量、创造价值引领，为"中国之治"提供持久而坚定、深刻而温厚的光芒。

在百年大变局下，以"中国之治"交出全球治理的新答卷，"文化治理"发挥着深远的作用。"中国之治"立足于中华文明的历史传承、文化传续、文脉发展，在古老文明和现代治理交相辉映的场域里，文化制度深厚的根植性和持久的内生性可以更好地转化为国家治理效能。"法律是治国之重器，法治是国家治理体系和治理能力的重要依托"。从公共文化服务保障法到文化产业促进法，文化法治建设夯实了国家文化治理体系建设的法治基础，为文化强国提供了有力的法律支撑，使"中国之治"的文化之力更加强大。

在百年大变局下，新冠肺炎"全球大流行"加速了世界新一轮发展分水岭时期的到来。在"全球大流行"对全球治理体系抛出新命题的同时，也将百年大变局下国家文化治理体系的建设和完善带入人类历史的十字路口。人类面对健康危机，也不免进入经济危机、人道危机的复杂黑洞，而对技术变革、治理变革的急切呼吁，成为引导世界复苏并走向更为可持续、更加包容发展的协同之路。在这一语境下，建立健全以人民为中心的国家文化治理体系，以文化之力丰富人民群众精神文化生活，创造高质量多元化的文化供给，以文化之力激发文化自信，赋能中国之治，在坚持和完善中国特色社会主义文化制度中凸显伟大魄力，既是全面小康的文化意蕴，也是全球治理的文化智慧。

# 目　录

引言：寻找"中国之治"的文化钥匙 /1

## 第一章　百年未有大变局下国家文化发展理路 /5

一、百年大变局下国家文化发展的价值体系 /7

二、百年大变局下国家文化自信的思想理路 /18

## 第二章　全球公共危机下的公共文化服务创新发展 /27

一、新冠肺炎全球大流行中现代公共文化服务体系的作用 /29

二、公共危机中现代公共文化服务发展的诉求 /33

三、百年大变局中的现代公共文化服务体系创新 /37

## 第三章　全球公共危机下的文化经济创新发展 /45

一、新冠肺炎全球大流行中文化经济的新动向 /47

二、社交距离下文化经济的新特征 /54
三、百年大变局下的文化业态创新 /60

## 第四章　全球公共危机下的文化艺术创新发展 /69

一、新冠肺炎全球大流行中文化艺术的新态势 /71
二、"全球—本土"下艺术的文化价值 /82
三、百年大变局下的文化艺术创新 /88

## 第五章　全球突发事件中的信息传播与舆情引导 /95

一、新冠肺炎全球大流行中海外舆情的新动向 /97
二、突发事件中国际舆情传播的新问题 /103
三、突发事件中危机传播和信息引导的新思考 /109

## 第六章　人类重大灾难的历史记录与文化叙事 /115

一、历史之维：人类传染病和科技文明的较量 /117
二、文化叙事：电影和文学的文本诠释 /126

## 第七章　人类重大灾难的场景与文化记忆展 /137

一、公共卫生博物馆：人类危机的文明记录 /139
二、灾难博物馆：重大灾害的文化记忆 /150

## 第八章 百年大变局下国家文化治理的核心思想 /161

一、构建面向全球的文化政策框架 /163

二、构建面向百年变局的文化创新体系 /168

三、构建面向数字时代的文化思想体系 /176

## 第九章 百年大变局下国家文化治理的发展框架 /185

一、面向未来的城市治理体系 /187

二、立足可持续的文化发展蓝图 /192

三、创造美好生活的人类栖居地 /204

## 后　记 /217

# 引言：寻找"中国之治"的文化钥匙

"全球大流行"的"分水岭"，让世界历史的发展进程与中国民族复兴的历史进程重叠在一起。在国际格局风云变化，地缘重心重新转移，新兴国家不断上升，科技变革方兴未艾的时代中，人类社会希望与危机并存，博弈与挑战同在。百年未有大变局为寻找全球化时代人类命运共同体视域下全球治理的制度密码，提出了新的命题。

在全球化的征程中，人类结成命运共同体。但"全球大流行"时期，不同国家和地区的人们在灾难中却面临着不同的命运，拥有着相异的心情。重大疫情使中国制度彰显优势。中华人民共和国成立70多年来，从1959年至1961年三年自然灾害，到1976年唐山大地震、1998年特大洪水灾害，从2003年非典疫情、2008年汶川特大地震到2019年新冠肺炎疫情，面对历次重大磨难和挑战，"中国之治"展现出无与伦比的制度优势，让历次重大灾难、危机迎刃而解，也让"多难兴邦"因为制度密码而展示出复兴力量。

百年未有之大变局中，"中国之治"凸显人类智慧。从1918年第一次世界大战结束后建立的凡尔赛体系首次出现了人类社会合作治理的早期形态，到第二次世界大战后建立了以联合国为中心的多边体系实现了欧洲各领域多方面的联合，西方主导的规则制定和世界秩序已随着战争而逐渐消解，在新一轮的全球化中，新兴国家崛起、科技革命主导变革、全球格局东升西降，人类文明的图谱在历次全球危机中开始向科技驱动的数字文明转型，人类命运共同体构想为国际秩序构建和全球国家治理提供了中国智慧和中国方案。

文化是"中国之治"深厚的支撑、兴邦的灵魂。从金融危机暴发到新冠肺炎全球大流行，不仅是经济发展和公共卫生领域的危机，更是在文化隔阂、文明冲突的博弈与和解中寻求对话，反映出文化价值的变迁和文化制度的重塑需求。中华人民共和国成立70年来，从探索社会主义文化发展，到改革开放新时期建设社会主义文化，再到新时代建设社会主义文化强国，中华文化经过历史长河的洗练、峥嵘岁月的磨砺、万千实践的锻造，为中华民族积淀起沉稳、持久和强大的强国力量。

文化制度是"中国之治"重要的支撑力。新冠肺炎疫情的暴发与全球蔓延，与当前全球经济社会多边主义和单边主义之争更加尖锐、大国博弈明显升温、新的国际形势与冷战结束后"文明冲突论"一同被植入学术视野的是人类对国家治理与人类可持续发展的深入思考。"全球大流行"也让世界开始寻求更加科学合理的治理方式，并让中国国家治理体系建设驶入"五治结合"的快车道。文化之光开启了现代治理、高效治理的诸多密码，解锁了科学治理、韧性治理的若干关卡，为"中国之治"创造出一把珍贵的"钥匙"。

重大疫情背景下，文化凝聚中华民族传承发展的价值核心。回顾历史，在5000多年文明发展中孕育的中华优秀传统文化，在党和人民伟大斗争中孕育的革命文化和社会主义先进文化，积淀着中华民族最深层的精神追求，代表着中华民族独特的精神标识。这些在中华文明形成和发展的过程中产生的各种文化和文明，思想深远、博大精深，既构成了国家文化自信的底色，也流淌着国家文化治理的基因。综观当下，中国改革开放以来经济社会迅速发展，精神文化供给日趋丰富，社会主义制度在发展中凸显优越性，为广大中国人民树立起强大自信。特别是去年以来新冠肺炎疫情暴发并蔓延全球，中国人民以文化为认同和凝聚的核心，树立命运共同体意识，聚集民族集体意识，在抗疫防疫中所体现出的精神气质和文化力量，为树立国家文化自信、坚定社会主义制度优势夯实了群众基础。放眼全球，面对当前中国综合国力的提升和全方位外交的开展，应对当下纷繁复杂的国际形势和层出不穷的各种挑战，拓展中国特色民族发展道路，坚定战略定力和耐心，在经济社会和文化全面协调可持续发展中，坚定国家文化自信，增进民族文化认同，具有重要的意义。

全球大流行时期，文化自信夯实"中国梦"的精神支柱，构筑守护国家安全的坚实基底，赋活美好生活的幸福源泉。新冠肺炎疫情全球蔓延，没有哪个国家能够置身事外，重大突发事件下，传统安全和非传统安全问题不断带来新的考验。中国在抗击新冠肺炎疫情中快速的反应、付出的努力、互助的精神和前面的风险，得到世界卫生组织的高度称赞，也让世界民众看到了中国之气度、中国之担当和中国制度的突出优势。中国制度的形成和演进源自中国的场域，在960万平方公里土地上孕育而生的文明形态和文化价值，历经了多重革命磨难并经历了社会主义先进文化的洗礼，因而积淀着中华民族最深层的精神追求，代表着中华民族独特的精神标识，因此构建了全民族的文化自信的基石，也形塑了全新的幸福观。新时代，"中国之治"将人民对美好生活的满意度、幸福感和安全感作为国家治理现代化的根本取向和奋斗目标，不仅具有鲜明的中国特色，而且对于人类社会亦具普适意义，是中国为世界谋大同而贡献的中国经验、中国智慧。

百年未有大变局中，国家文化治理体系呼吁人民群众身心健康、精神丰富。美好生活要求以"大健康"观念实现全周期的生命管理。大健康是对生命实施全程、全面、全要素的呵护，是对身体健康、心理健康和精神健康的追求，是对更清洁的空气、更干净的水、更安全的食物、更公平可及的体育设施、更优质普惠的医疗服务的更高诉求。美好生活还要求经济持续健康发展、人民民主不断扩大、文化软实力不断增强、人民生活水平全面提高，是国家物质力量和精神力量都增强，全国各族人民物质生活和精神生活都改善的生活状态。全面小康时代，文化创造力和文化生产力充分发挥，人民群众的消费信心在有底、有质、有安的基本公共服务保障中得到提振，人民群众不同种类、不同层次、多元化的文化消费需求在美好生活的幸福感、获得感和安全感中得到满足，中国人民秉承"幸福都是奋斗出来的"精神追求，以文化为凝聚力量，在创造美好生活中激发智慧、富有理想、充满激情的生活方式。

新时代的国家文化治理体系呼唤文化供给丰盈和创新的社会形态。全面小康是以高水平的基本公共文化服务、高质量的城乡文化生活圈、高标准的数字文化服务，创新文化供给的，满足文化需求的年代，现代公共文化服务体系建设使人民基本文化权益得到更好保障，让人民共享文化发展成果。全面小康是中华民族深厚的文化积淀、悠久的文化积累、根植的文化底蕴、优质的文化禀赋大放异彩的年代，文化扶贫广泛动员社会力量，创新扶贫方式，有效改善和优化贫困地区文化生态、提高贫困人口文化素质、促进贫困人群文化自醒、激发贫困地区造血活力。

新时代的国家文化治理体系表达着高度的文化自觉和强大的文化自信。在中华文明孕育的过程中，涌现出无数优秀的文化文明形态，历经了多重革命洗礼磨难并经历了社会主义先进文化的浸润滋养，积淀着中华民族最深层的精神追求，代表着中华民族最独特的文化标识，构建了文化小康的基石。古往今来，中华民族之所以在世界有地位、有影响，不是靠穷兵黩武，不是靠对外扩张，而是靠中华文化的强大感召力和吸引力。中华文化所具备的自我发展、自我完善、自我革新、自我提高的能力，以及中华民族海纳百川的包容胸襟、兼收并蓄的融合智慧，创造出高度的文化自觉，激发出内生的文化自信，构筑了全面小康的文化血脉。从近代以来中华民族艰难曲折的国家现代化进程到中华人民共和国成立以来中国不断加速的经济和社会现代化进程，再到新时代深化文化体制改革，加速了文化科技融合，实现了传统文化的创造性转换和创新性发展，文化生产力让中华民族更有底气，文化创造力让中国人民更具活力，文化软实力让全面小康彰显中国智慧。

新时代的国家文化治理体系凸显着"中国之治"强大的凝聚力和向心力。发展社会主义先进文化、广泛凝聚人民精神力量，是推进国家治理体系和治理能力现代化的深厚支撑。回顾历史，在5000多年文明发展中孕育的中华优秀传统文化，在党和人民伟大斗争中孕育的革命文化和社会主义先进文化，积淀着中华民族最深层的精神追求，代表着中华民族独特的精神标识。这些在中华文明形成和发展的过程中产生的各种文化和文明，思想深远、博大精深，既构成了国家文化治理体系的传统底色，也流淌着"中国之治"的文化基因。放眼世界，面对当前中国综合国力的提升和全方位外交的开展，应对当下纷繁复杂的国际形势和层出不穷的各种挑战，尤其是应对新冠肺炎疫情所展现出的"集中力量办大事"的制度优势，所体现出的众志成城、守望相助的共同体精神，来源于传统文化中蕴含的丰富的治理思想，也来源于我们对革命文化、社会主义先进文化的提炼升华，更来自于我们对全面建成小康社会、实现中华民族伟大复兴的坚定信念。

# 第一章
## 百年未有大变局下国家文化发展理路

从新冠肺炎疫情暴发和蔓延，到世界卫生组织定性新冠肺炎为全球大流行，重大疫情既催生了全球化的新转型，又强化了共同体的新逻辑，更将"新时代"的命题在疫情产生全球化"分水岭"的催化作用下凸显出来。在重大公共卫生事件引发的一系列次生灾害深入影响全球并或将引发经济衰退的背景下，在中国抗疫防疫凸显社会主义制度优势以及中国人民发挥文化凝聚力凸显共同体责任的境况下，世界面临百年未有之大变局。世界政治文化如何产生时代转向，文化价值如何深入影响全球化逻辑、治理理念和意识形态的嬗变以及国际规则的改写？而我们终将进入一个怎样的"新时代"？

## 一、百年大变局下国家文化发展的价值体系

当今世界正处于百年未有之大变局。这种大发展、大变革、大调整不仅表现在非西方国家群体性崛起所带来的世界力量对比变化、国际格局调整上，还体现在社会思潮、文化观念、心理结构特别是人们的国际秩序观、时代价值观、哲学发展观的变化上。❶百年大变局下，新冠肺炎全球大流行凸显了作为时代节点的战略意义，作为处在特定历史时刻的世界各国，既面临国际和国内环境发生深刻而严峻的变化，又面对新冠肺炎流行发出的全球共同应对公共卫生危机的警告、人类作为命运共同体的事实。

### （一）文化自信的世界气度

文化自信作为中国国家自信的灵魂，不仅是夯实道路自信、理论自信、制度自信的基石，也是有效提升文化软实力，发挥文化建设的凝聚力和引领力的核心，更是加强意识形态认同和话语权，以文化建设为纽带，构建中华民族共同体过程中更为广泛、更加深厚的自信。在新冠肺炎全球大流行中，那些经受住疫情考验，防疫抗疫取得突出成效，社会秩序得以良好运转，企业市场能够有序调节的国家和地区，也在这场"没有硝烟"的战争中构建起强劲的文化认同，树立起坚定的文化自信。

**以文化自信包容多元文化才能展现大国气度。** 从历史维度看，中华文化所具备的自我发展、自我完善、自我革新、自我提高的能力，及其海纳百川的开放包容胸襟、兼收并蓄的融合创造智慧，实为中华文化纵贯古今的血脉基因。而中国传统思想文化则体现着中华民族世世代代在生产生活中形成和传承的世界观、人生观、价值观、审美观等，其中最核心的内容已经成为中华民族最基本的文化基因。然而，由于历史原因，近代以来中国民众对传统文化不够自信，对中华文明所包含的人类共同价值追求缺少深入的认识理解，特别是近代中国历次对外战争的失败和国势的

---

❶ 张耀军，张彦中．百年变局视域下全球人文交流走势及特点［N］．光明日报，2019-08-07．

衰微，一度使中华文明遭到重创，也让许多人对民族精神产生质疑和偏见，这些对文化的误会与文明的误读，也对塑造全球视域下的中国气度构成挑战。回顾历史，来自于中华文化"海纳百川，有容乃大"的文化自信，浸染着中华民族历史复兴的光辉，在文化包容的价值引领下，中华文明将继续为世界文明贡献智慧，以德化天下与兼容并包相映生辉，彰显其开放包容的格局气度。❶

**认识中国制度优势才能树立文化自信**。本次新冠肺炎疫情暴发后，中国政府在抗疫防疫方面做出的探索、取得的成绩和为全球抗疫争取的时间、做出的贡献，都集中反映出中国制度的优势。相反，美国政府应对新冠肺炎疫情的迟缓无力，不仅让美国错过了遏制疫情的机会窗口，也让美国成为全球疫情的"震中"。一方面，美国联邦政府和美国国会在疫情暴发甚至蔓延开始时都没有意识到疫情的严重性，造成了疫情前期美国防疫行动迟缓，另一方面，美国的国家体制也使地方政府采取紧急防疫措施时具有局限性。政府对疫情反应的不够迅速，缺乏透明度以及限制专家参与讨论、对公众提供具有误导性或不完整的信息等，❷都暴露出国家制度存在的一系列问题。而在"全球大流行"中，中国的国家制度优越性凸显。中国国家制度和国家治理体系植根中国大地，具有深厚的中华文化根基，这是建立国家文化自信的基础，中国人民在疫情防控中展现的中国力量、中国精神、中国效率，展现的负责任大国形象，❸这是建立国家自信的依据。

然而因为历史原因，中国民众往往难以认识到中国国家发展取得的进步及获得的成就。事实上，自2009年全球金融危机以来，全球经济已经保持了连续10年平均3.7%的增长速度。美国、欧盟和日本分别实现了平均2.3%、1.6%和1.3%的平稳增长，而金砖国家中国、俄罗斯、印度、巴西分别实现了平均7.7%、1.9%、6.8%和1.3%的增速。中国国家发展取得的成绩是国家文化自信建立的基础和依托的底气。本次疫情对全球民众对世界经济发展的信心造成严重冲击，根据《财经》对全球民众的一项调查显示，2020年全球经济信心指数为31.4，严重小于100点的荣枯线，说明受访者对今年全球经济严重缺乏信心。从全球受访者预期看，2020年世界经济

---

❶ 陈家兴.海纳百川 有容乃大：彰显中华文化的格局与气度[N].人民日报，2017-09-22.
❷ 高乔.国际媒体批评美国应对疫情不力[N].人民日报（海外版），2020-03-19.
❸ 刘光明，刘铭.在疫情防控斗争中彰显伟大中国精神[N].人民日报，2020-04-07.

很可能会大幅度下跌,并再现 2008 年全球金融危机时的情形。此外,受访者对全球各地区 2020 年的经济信心指数都随着疫情的发展而下降,其中,对美国经济增长信心的下调尤为突出。美国经济信心指数在疫情前期为 130.5,疫情中期下降到 118.6,疫情后期则只有 49.0,显示出受访者对美国经济前景预期有大幅度下调。在疫情后期,受访者对欧元区的状况最为担心,该地区的经济信心指数已经降至仅有 23.4 的最低水平。❶ 因为受访者对全球经济的信心与疫情发展密切相关,随着中国抗疫防疫取得进展获得全球认可,全球民众对未来中国的发展预期向好,这也说明,树立强大的国家文化自信,需要坚实的经济社会发展基础,更需要中华民族基于人类共同体意识的共同努力。

**为中华文化勘误才能体现大国气度**。从文化制度看,长期以来,东西方历史、国情、价值观的不同使东西方国家的文化不同、梦想不同。正是因为不同,才有相通的需要和可能性。然而,形式上的不同或将导致文化理解的误读。以美国为例,许多美国民众对中国政治体制的不理解,使得美国人普遍视中国为"新威权主义"国家,由此断言中国"利用结合了颠覆、欺凌和压迫的手段"来对别的国家施加影响。而美国民众对中国企业创新能力的认识不足,也在一定程度上导致了对"中国制造"的刻板印象,认为中国产品只是停留在模仿复制阶段。而美国民众对中国的和平主义文化传统和当代中国和平外交理念的不理解,使得中国捍卫国家主权的决心和任何举动都被视为一种武力挑衅。❷ 甚至还有个别人认为,中国传统文化整体上是落后、愚昧的,不适应现代社会发展要求,由此对中国传统文化不自信甚至主观排斥,继而造成对在长期实践中形成的革命文化、建设文化和改革开放文化的认同度不高,从而使传统文化资源的继承和创新处于边缘化地位。新冠肺炎疫情既是全球化的分水岭,在某种程度上亦是中华文化复兴、中国国家自信建立的分水岭。随着全球疫情快速蔓延,中国在全球承担大国责任,彰显中国气度。疫情中,各国防疫物资不足的问题日益突出。中国作为制造大国主动担当作为,向世界庄严承诺:"中国愿在克服自身困难的同时,向有关国家提供口罩等医疗防护物资""中国没有

---

❶ 财经智库. 全球经济信心指数报告[J]. 财经,2020(4).
❷ 卢静. 当前美国对华认知新态势与中国对美传播[J]. 对外传播,2019(12).

也不会限制医疗物资出口"。❶随着越来越多国家急需防疫物资，中国急各国之所急，主动克服自身困难，力所能及地为国际社会提供各种防疫物资，有力支援着世界各国抗击疫情的斗争。尽管突如其来的新冠肺炎疫情让很多领域都受到影响，"中国制造"也不例外，尽管产业发展和经贸合作遭遇困境，一些行业、企业面临压力，然而，在改革开放释放的发展红利中，大量企业迅速转产，复工复产，一些企业凭借供应链的掌控力迅速达产，化解风险。❷在疫情期间，中央和相关部门、地方在恢复经济发展中出台系列政策，为国家治理体系建设保驾护航。一系列旨在发力于科技前端、筑牢数字基础的发展战略表明，通过高科技、数字化为高质量发展提供新动能，将成为中国经济升级版的有力支撑。

### （二）文化价值的民族认同

与新冠肺炎病毒的斗争，既是物质力量的较量，更是精神力量的比拼。在历史磨难中千锤百炼铸就的中国精神，与病魔短兵相接，必然放射出穿透疫情阴霾的"高光"。❸正是具有民族认同的文化价值和坚韧不拔的中国精神，全国疫情防控形势持续向好、生产生活秩序加快恢复的态势不断巩固和拓展，中华民族的抗疫凝聚力更加强大，社会主义制度的发展合力更加坚固。

**树立正确的文化价值观才能产生深刻的民族认同**。古往今来，中华民族之所以在世界有地位、有影响，不是靠穷兵黩武，不是靠对外扩张，而是靠中华文化的强大感召力和吸引力，这足以说明文化价值对经济发展的影响力之大。从我国对西方文化产品的接受程度看，因为对于西方文化价值观的积极态度，使我国消费者尤其是青少年消费者偏好国外的文化产品，许多西方国家文化的影响力还不断渗透并将持续影响未来消费。根据中国传媒大学课题组对影响文化消费因素调研的数据❹，我国79.7%的消费者因兴趣爱好而做出消费判断。近几十年来，美国、日本等文化产

---

❶ 张辛欣.疫情下的中国制造："世界工厂"还好吗？[N].中国城市报，2020-03-30.
❷ 姜忠奇."中国制造"为海外战疫雪中送炭[N].人民日报（海外版），2020-04-08.
❸ 国防大学习近平新时代中国特色社会主义思想研究中心.在疫情防控斗争中彰显伟大中国精神[N].人民日报，2020-04-07.
❹ 数据来源：中国传媒大学文化消费课题组针对国家文化消费试点城市开展的专题调研。调研报告遴选了全国文化消费试点城市中具有代表性的城市，并分别通过性别、教育程度、年龄和收入四个指标进行配额，在网络panel中选取样本，进行网络问卷调查。调查共发放问卷3808份，回收有效问卷3806份。

业强国对中国消费者价值观的塑造和消费理念的引导作用明显，尤其在青少年群体中具有较强的号召力。根据调研数据显示，在互联网消费平台上，占据全国12%人口比例的"90后""95后"消费者，消费占比超过人口占比2倍以上。❶而作为"天猫国际"跨境进口最大的消费群体，"90后""95后"在我国跨境消费的占比，从2013年的14%增长至2018年的45%，❷其中又以海外奢侈品消费的增长速度为最快。这既说明了年轻一代受中国经济实力增长和全球化生活方式变化的影响显著，也说明了文化对消费社会和经济发展的影响之深刻，对价值观的塑造和国家自信的影响作用之长远。正如习近平总书记所说，"每个时代都有每个时代的精神，每个时代都有每个时代的价值观念。"倡导什么样的核心价值观，就是要塑造什么样的社会关系、塑造什么样的人的本质。❸新冠肺炎疫情是对中国国家治理体系和治理能力的一次大考，疫情暴发以来，面对疫情防控的严峻形势和社会管理的艰巨任务，发挥国家治理体系的制度效能和制度威力应对危机和挑战，关键在于具有民族认同、富有制度自信。社会主义核心价值观撬动"中国之治"的灵魂。中国特色社会主义发展道路以改革开放为特征，不以零和博弈的方式争夺利益和霸权，而是依靠合作共赢找到了一条造福于世界的现代化道路，打破了"一元现代性"的发展框架，从而拉升了世界文明的"高度"。历经近40年的渐进发展，我们的道路、理论、制度正趋于成熟。在此背景下应运而生的社会主义核心价值观，既诠释了过去成就，也昭示了未来梦想，表达的不仅是我们的过去、现在和未来，还是中国与世界。❹

**加强文化价值观教育才能夯实民族认同的根基。**近代以来，因为西方社会发展一直处于世界经济领先的地位，凭借其经济优势，西方价值观在文化传播中也暂时处于强势位置，部分人对西方文化的片面推崇，甚至不加判断的全盘接受，还有许多西方国家对华公共外交、形象传播深刻塑造了许多中国民众特别是精英阶层正面、良性与积极的国家观念，这一价值观一并影响了部分中国的知识分子。❺回顾

---

❶ 中国国际商会，德勤，阿里研究院.持续开放的巨市场——中国进口消费市场报告[N].中国贸易报，2018-11-12.

❷ 天猫国际.2018跨境消费新常态年轻人群洞察报告[EB/OL].（2019-03-05）[2020-02-10].https：//baijiahao.baidu.com/s？id=1622153599163112612&wfr=spider&for=pc.

❸ 李冉.核心价值观，确定我们如何存在[N].人民日报,.2015-12-07.

❹ 同❸

❺ 王文.高度警惕国内恐美情绪，客观审视美国优劣短长[N].光明日报，2019-05-25.

历史，清末教育改革师法日本，废科举、改书院、兴学校；20世纪20年代学制改革又学习美国，照搬照抄美国学制；1949年中华人民共和国成立以后，新中国教育制度变革向苏联"一边倒"；1958年的"教育革命"和后来的"文化大革命"期间，随着社会形势的变化，教育改革又走向极端，排斥了一切古代的和国外的经验与做法，使那一时期的教育改革（"革命"）既偏离了历史轨道，也远离了世界潮流。改革开放以来，我国的教育改革开始逐渐找到自己的社会坐标和实践坐标，显示出一定程度的文化自信。但是从那时到现在的几十年间，在一些全局性或局部性的改革实践中，也时常出现脱离实际、盲目推崇国外经验和做法，对自己的教育理念、制度和经验缺乏自信的现象。上述案例和数据均表明，文化价值的认同往往依附于文化产品，影响力较强的文化产品是传递民族认同、加强文化自信的载体，另一方面也说明，只有从根本上加强文化价值观的教育和引导，才能在世界舞台上阐释中华民族禀赋、中华民族特点、中华民族精神。因此，后疫情期，把理想信念教育作为基础性工程、战略性任务，常态化开展、制度化推进，才能够打牢坚定共同理想信念的思想根基。以重大疫情为节点，以疫情期间中华民族形成的文化凝聚力为延续，一方面，持续开展中国特色社会主义和中国梦宣传教育，坚持理论和实践相联系、历史和现实相贯通、国内和国外相对比，引导人们深刻认识中国特色社会主义的强大生命力和巨大优越性，深刻认识实现中华民族伟大复兴的现实基础和光明前景，坚定道路自信、理论自信、制度自信、文化自信。另一方面，认清西方国家在国际社会污名化中国新冠肺炎疫情中的种种事实，对宣扬西方"宪政民主""普世价值"、历史虚无主义等的错误观点，否定歪曲中国特色社会主义制度的错误言论等事实，有针对性地进行辨析和批驳，自觉抵制错误思想观点的侵蚀。❶只有当越来越多的人认识到中华文化价值，才能真正产生强大的民族认同，进而孕育出国家文化自信，也只有越来越多的国家认同中华文化价值，才能和中国站在一起组成命运共同体，那些乘人之危、制造隔阂的行为必将遭受唾弃，那些带有偏见、诬蔑的话语必然苍白无力。❷

---

❶ 坚持以社会主义核心价值观引领文化建设制度（深入学习贯彻党的十九届四中全会精神）[N].人民日报，2019-12-06.
❷ 何良.讲好疫情防控的中国故事[N].学习时报，2020-02-24.

### （三）文化精神的全球表达

当今世界，人类是命运的共同体。史上历次的公共卫生危机、重大灾害，任何国家都无法独善其身。中国踏步走向国际舞台中央，在重大疫情面前勇于担当，为疫区雪中送炭，而在"全球大流行"的国际舞台上，个别国家、媒体无视中国抗击疫情的巨大努力，无端攻击、质疑之声不绝。在抗疫防疫的没有硝烟的战场上，不但需要有理有据地驳回指责，击破谣言，为疫情防控营造良好国际环境，还需要更加敏锐、充分地把握变幻莫测的时代环境和国际形势，主动发声、主动传播，增强国家话语权、提高抗疫主动权，这不仅是推动国际舆论环境更加真实、更为健康的应有之义，更是向世界展示一个全面、真实、立体的中国的有利时机。

**讲好中国故事，才能诠释文化精神**。一个民族的复兴需要强大的物质力量，也需要强大的精神力量。传统文化是中华文化精神的蓄水池，从传统文化中挖掘瑰宝，讲好文化故事，是传递文化精神的有效途径。而在中国公众对本土优秀传统文化的实质性了解上，还存在文化自信不足的问题。根据人民论坛课题组对中国公众文化自信指数的调研，一是中国公众在全球化语境中的文化自信有待提高。数据显示，30%的民众在国际文化交流和参与全球竞争中，不约而同表现出文化自卑、自负心理，并存在一定程度上的封闭倾向。二是中国公众对传统文化的认同度不高，尤其是对革命文化缺少了解。在青年民众中，这一现象尤为突出。三是中国公众对传统文化的理解存在"认同高、认知低"的窘境。对了解、传播中国文化的必要性认知较高，但对如何参与并弘扬传统文化认识不足。由此可见，对中国传统文化的表达，直接影响到了公众对文化价值的认同，并进而影响到了文化精神的感召力，究其根源，就是由于文化精神的表达不足。中华文化坚守本根又不断与时俱进的时代精神，中华民族保持坚定的民族自信和强大的修复能力的历史传统，以及中华儿女所具有的共同的情感和价值、共同的理想和精神，没有得到全面的表达和传播。

**做好全球表达，才能巩固文化自信**。中国的现代化，是坚持全球眼光，秉承世界经验的现代化，更是立足中国文化传统，坚守历史文化传承的现代化。中国的现代化，从来没有照搬西方经验，也没有盲目复制成功模式，而是着力于探索一条适应本土、启迪全球的文化道路。但许多人却认为，中国是经济全球化的受益者，中国发展的成功充满偶然并具有不可持续性，究其原因，一定程度上由于未能充分诠释中国发展背后的制度根源和文化基因，尤其是中国国家治理体系与发展模式。❶新冠肺炎疫情暴发和蔓延的背后，既有世界再提"去中国化"，又有部分西方媒体对中国乃至亚裔的"污名化"。然而，中国在疫情中采取的措施，既保护了中国人民，也保护了世界人民，并为世界赢得了抗疫防疫的宝贵时间。在国际舞台讲好中国抗疫防疫故事，以及在后疫情期继续讲好中国故事，不仅是提升国家治理体系和治理能力的重要议题，也是极大地提升中国国际形象和国民信心，更有底气应对西方媒体不实指责的有力举措。做好全球表达，在疫情期要将有关新型冠状病毒的研究成果以及应对大规模传染病的经验和有关医学研究、公共卫生管理、公共服务治理等专业领域的思想向国际发声，将中国全员调动、全力以赴抗疫防疫的普通人的故事、医护人员的精神向世界传播，从而提高中国参与全球治理的影响力，塑造负责任的大国形象。不但做好官方发声，也鼓励公众自媒体传播，融通中外，把我们想讲的和国外受众想听的结合起来，把"陈情"和"说理"结合起来，向世界展现中国集中力量办大事的制度优势和"一方有难，八方支援"、万众一心群防群控的团结精神。❷在后疫情期，要更加善用生动精彩的故事，讲清楚中国独特的文化传统、历史命运、基本国情，回答好中国共产党为什么能、中国特色社会主义制度为什么管用等重大问题，阐释好中国道路、中国理论、中国制度、中国文化，❸提高中华文化的吸引力、感召力和传播力，既借船出海，借助发达国家现有传播途径、借助不同国家推崇的价值观讲好中国故事，更在继承与创新中推进中国特色话语体系建设，让世界更好地读懂中国。

### （四）文化治理的中国方案

中国特色社会主义制度是具有显著优越性和强大生命力的制度。新冠肺炎全球大流行，凸显出国家治理制度和治理体系在抗疫防疫方面的优劣与否、先进与否。把国家制度和国家治理体系的显著优势更加充分地发挥出来，是推进国家治理体系和治理能力现代化的方向。新冠肺炎疫情下，中国的国家治理方案进一步凸显出以人民为

---

❶ 王义桅. 表达中国 应如何表达？表达什么？[N]. 人民日报, 2015-09-01.
❷ 何良. 讲好疫情防控的中国故事[N]. 学习时报, 2020-02-24.
❸ 人民日报宣言：向世界讲好中国故事[N]. 人民日报, 2016-12-03.

中心、尊重人民主体地位、代表人民根本利益的制度优势，深深扎根于中国的社会土壤，在我国历史传承、文化传统、经济社会发展的基础上长期发展、渐进改进、内生性演化而来的国家制度，是国家文化治理体系建设的根基，是传承历史精髓、继承文化传统，又与国情相符合的富有根基、固有源头、具有生命力的文化形态。

**寻求均衡的城乡文化治理方案**。新冠肺炎疫情的暴发、蔓延和"全球大流行"，反映出全球化和城市化进程中城乡关系变化、城市和乡村治理存在的固有问题。伴随全球新一轮科技革命和产业变革蓄势待发，新冠肺炎疫情的蔓延，催生了城市现代化、智慧化的转型，也催生了中国社会结构的加速变动。全球经济变化和社会发展的外部形势，使中国城乡结构、收入分配结构发生改变，对人口结构和家庭结构、社会组织方式带来影响，还造成了社会规范和价值观念一系列的变化。完善城市治理体系和城乡基层治理体系，树立"全周期管理"意识，在超大城市现代化治理和乡村治理中，寻求文化领域的解决方案，是后疫情期城乡规划、建设和管理需要集中解决的问题。

而从新冠肺炎疫情相对严重的城市看，从中国的武汉到美国的纽约，以及感染人数较多的洛杉矶、芝加哥，超大城市不仅因为人口数量众多产生城市病，而且因为人口的高密度、高流动性而难以遏制病毒传播，各种经济、社会和文化危机也更为严峻。由此，也引发出重大疫情背景下寻求均衡的城乡治理方案的迫切需求。而处于中国转变经济发展方式、优化经济结构、转换增长动力机遇期和城市化不断加速、城市社会、文化和经济发展因素交叠影响加速期双重影响下的城市空间，开始产生明显的"空间转向"。在新的转向下，"城市空间"不再仅是传统意义上人们居住的一种场所，而且是城市中各种力量成长、重组的重要变量。❶在疫情中，社区居家隔离对小尺度的文化生活圈提出了更强的发展诉求。作为一种在城市更新的时空转向下应运而生的一种人类聚居结构，文化生活圈强调"生活"的文化价值和场景精神，是新时代城市治理的核心所在。以文化生活圈为单元的公共文化服务供给、健康管理、社会保障，以生活圈为特色的文化消费场景搭建，以及以智能化、高科技的社会参与方式提高社区参与的透明度、信息公开的准确率和敏捷性，为数字化、

---

❶ 景天魁."时空重塑"：时空社会学的旨趣[N]. 北京日报，2018-06-11.

人工智能、机器人、区块链等现代科学技术在危机管理、风险防控中的运用和作用发挥提供了现实依据，为中国化危为机、化险为夷提供了一次难得的机会，❶为更好地优化社区文化治理，提高社区文化凝聚力，提升社区治理的效能提供了现实路径。

就乡村而言，在当前社会结构转型背景下，人民日益增长美好生活的需要和不平衡、不充分的发展之间的矛盾在乡村也表现得更为突出。在快速城市化带来城乡关系迅速转变的同时，乡村人口结构发生巨大变化，大部分的农业劳动力，特别是绝大多数农村青年劳动力，转移到非农产业就业，大部分以进城务工为主，造成了乡村的"空心化"；而这部分劳动力群体又是流动性最大的群体，尤其是在春节等传统节假日，流动人口数量和频次都较大，并且乡村至今仍是熟人社会、半熟人社会，在村域内的流动性也较大，在重大疫情期间，如果无法做好乡村治理，就无法有效开展疫情防控。乡村的特点使疫情期间乡村防疫的难度增加，乡村治理能力面临考验。同时，乡村还是相对贫困地区，城乡基本公共服务差异与适龄流动人口结构的变化，都造成了乡村"文化贫困"的加剧，而由于"文化贫困"所导致的代际贫困、连片贫困问题却更为突出。由于教育水平、风俗观念、思想意识等问题造成的"文化贫困"更容易使乡村贫困陷入长期贫困。因贫困导致的思想意识、治理理念，都使树立乡村居民的防疫意识相对城市而言更加困难。然而，乡村治理也有其固有的优势。以文化价值观为引导的乡村生活中，人们以"生于斯、死于斯"，以"故土"为核心的生活和以"耕种"为核心的生产，构筑起独特的社会制度和文化形态。围绕"乡土性"而带来的"当地感"和"历史感"所构成的怀乡范式和乡愁思绪，构筑起传统文化、农耕文明互相浸润和渗透的乡村生活规则。从这一层面看，文化维系着乡土居民的关系、引导着乡村文化的情结，为后疫情期乡村治理提供了有力的根基和有利的工具。发挥基层组织的文化示范作用，激发乡贤参与乡村治理的文化影响力，强化乡村"摆渡人"的角色，在乡村社会秩序和乡村社会发展中，以文化之力促进制度与机制以及管理和控制行为的优化，在社会生活中促成平稳的、常态化的社会关系，进而生成良好的乡村社会秩序❷，让乡村成为"回得去的故乡"。

---

❶ 唐任伍．新冠肺炎疫情给中国未来带来的五大变化［N］．光明日报，2020-03-17.
❷ 陆益龙．乡村社会治理创新：现实基础、主要问题与实现路径［J］．中共中央党校学报，2015,19（5）：101-108.

**寻求优质的文化治理方案**。在重大疫情中，文化所包蕴的理想信念、价值操守、科学素养等，融入人们的血液，影响着人们的行为规范。疫情期间，世界各国人民在文化交流的深度和广度上又跨进了一大步，在疫情防控中体现出来的中华优秀文化，特别是中国特色社会主义先进文化，也越来越得到全世界有识之士的认同。例如，美国彭博社在报道武汉暂时关闭离汉通道等举措正在取得积极进展时指出，这体现出一种深深植根于中华文化的"舍小家为大家"的理念。❶ 党的十九届四中全会凝练概括了我国国家制度和国家治理体系13个方面的显著优势，涵盖党的领导和经济、政治、文化、社会、生态文明、军事、外事等领域，第一次全面系统地向世人展示了"中国之治"的制度"密码"。❷ 文化是"中国之治"的重要组成部分，文化制度的构建亦是国家制度建设的重要一环。使文化发展和文化制度构建相融相洽、相辅相成，是坚持和完善繁荣发展社会主义先进文化制度的题中应有之义。文化不仅在重大疫情中发挥着重要的价值凝聚作用，而且是当代中国发展进步的根本保障。党的十九届四中全会《中共中央关于坚持和完善中国特色社会主义制度、推进国家治理体系和治理能力现代化若干重问题的决定》指出，我国国家制度和国家治理体系具有"坚持共同的理想信念、价值理念、道德观念，弘扬中华优秀传统文化、革命文化、社会主义先进文化，促进全体人民在思想上精神上紧紧团结在一起的显著优势"。这一重要论断表明：发展社会主义先进文化、广泛凝聚人民精神力量，是坚持和完善中国特色社会主义制度、推进国家治理体系和治理能力现代化的深厚支撑。❸ 后疫情期，人类命运共同体的作用将更加凸显，中国在全球化舞台的角色也将更加重要，在全球治理体系亟待健全、新的国家发展模式和国际博弈方式不断演进、公共卫生危机使世界各国舆论对当前世界经济运作模式产生怀疑的语境下，继续坚持以改革创新激发文化发展活力，以文化创新激励国家文化自信，以先进文化赋能治理之力，以中华民族的文化吸引力和凝聚力，实现国家现代治理体系的制度化，让文化成为与人民生活相伴的自觉行为和日常准则，才能真正让"中国之治"成为长久和有生命力的精神力量。

---

❶ 夏文斌. 疫情防控的文化启迪［J］. 红旗文稿，2020（6）.
❷ 曹平. "中国之治"的制度"密码"［N］. 人民日报，2019-12-06.
❸ 王永贵. 厚植"中国之治"的文化根基［N］. 人民日报，2020-01-14.

## 二、百年大变局下国家文化自信的思想理路

在全球抗击新冠肺炎疫情的背景下,一个国家的精神支柱构成了战胜重大灾难的基底,一个国家的文化安全构筑了民众坚实的心理防线,一个国家的价值观则彰显出文化治理的智慧、文化发展的气度和文化精神的气韵。福山曾提出,西方国家的自由民主也许是"人类意识形态进步的终点"和"人类统治的最后形态",是人类发展的"历史终结"。他把西方的民主制度吹捧成了世界上最好的制度,❶ 而新冠肺炎的全球大流行却暴露出西方国家治理的制度弊端,中国国家制度自信的优势由此凸显出来并激发出更为深刻的文化自信。

### (一)夯实"中国梦"的精神支柱

文化自信是以文化建设为纽带,构建中华民族共同体的关键。在中华文明孕育的过程中,涌现出无数优秀的文化文明形态,历经了多重革命磨难并经历了社会主义先进文化的洗礼,因而积淀着中华民族最深层的精神追求,代表着中华民族独特的精神标识。这些宝贵的文化给养和精神财富,是构建全民族的文化自信的基石,更是新的历史时期实现中华民族伟大复兴的价值核心。

*"中国梦"将国家和民族的发展与社会进步、个人发展等维度有机结合,体现出以人民为中心的发展理念。* 国家、民族、社会与个人的多维发展是"中国梦"旨归,❷"富民梦""强国梦"与"复兴梦"唇齿相依、相辅相成,共同构成了完整、完美、完善的"中国梦"的构想,这不仅是中国文化自信的基础和缘起,也是新时代中国民众以文明为起点,以文化共识为方向,以文化参与为方式,努力实现民族复兴的动力。改革开放以来,中国经济高速增长,城乡居民收入大幅增长,2019 年,中国人均可支配收入突破 3 万元,居民恩格尔系数为 28.2%,居民品质化、个性化、多样化消费活跃,社会抗压能力大大提升。不可否认,疫情给我国宏观经济运行、

---

❶ 张继焦. 从全球战"疫"中读懂中国自信 [J]. 社科院专刊,2020(4):55.
❷ 景俊美. 文化自信与中国梦 [EB/OL].(2019-04-15)[2020-02-10]. https://baijiahao.baidu.com/s?id=1630841132698019610&wfr=spider&for=pc.

企业经营和就业前景带来了较大的挑战，然而，与2003年"非典"时期相比，现在中国经济体量已为当时的7~8倍，基础设施、通信网络、科学技术和医疗条件等明显增强，应对疫情的"硬度"显著提升。为了强化金融支持疫情防控，保持民生和支持实体经济的发展，中央经济政策接连发力，向市场传达了坚定有力的政策信号，有利于市场做出理性判断，坚定了人们对中国经济增长的信心。❶而根据《中国公众的世界观念调查报告（2017—2018）》发布的调研数据，在2500名有效受访者中，约六成受访者认为美国的全球影响力正受到动摇。另有超过三分之二的受访者认为中美经贸摩擦对全球经济增长带来负面影响。超过半数的中国民众对中国经济发展、科技发展将超越美国持有信心❷。事实上，中国公众对中国目前的发展普遍有较高信心，尤其是在新冠肺炎疫情暴发之后，中国彰显的制度优势、中国经济在世界舞台的影响力和中国文化在全球发展中的感召力，都使人民群众更加坚定地树立起道路自信、制度自信、理论自信和文化自信。

**中国全域性防疫抗疫的突出成就巩固文化自信成果。**在应对本次新冠肺炎疫情的挑战下，中国抗疫防疫在较短时间内取得了突出的成果，在超大规模的高风险语境下，提出了解决全球性危机的"中国方案"，首先得益于经济社会发展为中国治理准备的丰富主体。改革开放40年来，高速的经济增长促进了国内职业、收入和阶层的分化。在经济领域，中国建立起包括国有企业、集体企业、民营企业、外资企业和个体工商户等市场主体在内的市场经济体系。在社会领域，高度发展的生产力减少了人们对行政系统的依赖，产生了大量体制外的"社会人"。相对自由的个体、迅速成长的社会组织，以及城市和农村基层治理的社区，共同构成我国治理的中坚力量。其次制度和技术保证治理主体之间的高效协作。治理的核心是多主体在公共领域平等协作，最大限度地增进公共利益，这就要求在制度上明晰各方权责，在技术上实现信息、人员、资金和物资的有效对接。新冠肺炎疫情暴发前，我国已构建起自治、法治、德治相结合的城乡基层治理体系，建立了社区管理和服务机制，构

---

❶ 杨红运.坚持制度自信，坚决打赢疫情防控心理战［EB/OL］.（2020-02-26）［2020-04-28］.https：//theory.gmw.cn/2020-02/26/content_33594354.htm.
❷ 华中科技大学国家传播战略研究院，人民智库.中国公众的世界观念调查报告（2017—2018）［EB/OL］.（2019-06-27）［2020-02-10］.http：//www.sohu.com/a/323393274_120026214.

建了统一指挥、上下联动的应急管理体制，搭建了信息平台，为治理主体之间的协作夯实了基础。❶ 而这些经济社会发展和制度技术保障体现在抗疫防疫中，表现为对上千万人口的武汉采取"封城"；用十天时间建成火神山、雷神山两家收治患者能力过千、符合防疫要求的医院；全国调遣三万余名医护人员支援武汉及周边地区以及军队接管火神山医院，支援武汉运输配送生活物资等全域化治理举措，有效阻止了疫情传播，提升了国家话语权和治理自信，也获得了世界卫生组织的肯定，还实现了全员抗疫对世界的庄重承诺。

**中国全方位的发展为建立文化自信夯实基础**。2011年以来，中国已超过美国成为全球第一制造业大国；2013年以来，中国连年力压美国，蝉联全球第一贸易大国；2018年，中国首次超过美国，成为全球最大消费市场，内需对经济增长贡献连续多年超过60%。近20年来，对美贸易在中国对外贸易总量中的比重，从近40%下降到目前约15%。❷ 从发展历程看，中国人民秉承"幸福都是奋斗出来的"精神追求，在对美好生活的期待和向往中，比美国民众更加具有底气，拥有魄力。应对当前的修昔底德陷阱及其造成的诸如中美贸易摩擦等问题，中国有广袤的战略回旋空间，也有巨大的文化经济成长空间和文化消费拓展空间。中国改革开放和创新发展是中国国家文化自信树立的坚实基础，这也更加坚定地表明，只有坚定不移地推进改革开放，坚定文化自信，才能从实质上解决问题。

当今世界正经历百年未有之大变局。尽管霸权主义和强权政治依然存在，但推动国际秩序朝着更加公正合理方向发展的呼声不容忽视，国际关系民主化已成为不可阻挡的时代潮流。尽管单边主义、贸易保护主义、逆全球化思潮不断有新的表现，但"地球村"的世界决定了各国日益利益交融、命运与共，合作共赢是时代大势。❸ 在滚滚向前的经济全球化大潮中，新兴市场国家和发展中国家对全球经济增长的贡献率已经达到80%，日益拥有推动经济全球化发展的能力。中国秉持"共商、共建、共享"原则，努力构建全球互联互通的伙伴关系，致力于实现各国互利

---

❶ 方茜.在疫情大考中锤炼中国治理能力［N］.社会科学报，2020-03-12（001）.

❷ 王文.高度警惕国内恐美情绪，客观审视美国优劣短长［EB/OL］.（2019-05-26）［2020-02-10］.https://www.guancha.cn/WangWen/2019_05_26_503151.shtml.

❸ 人民日报评论员.共同把经济全球化动力搞大、阻力搞小：论习近平主席在第二届中国国际进口博览会开幕式上主旨演讲［N］.人民日报，2019-11-08.

共赢、共同发展。近六年来，"一带一路"建设成果斐然。据商务部数据显示，2018年，我国企业在"一带一路"沿线对56个国家非金融类直接投资156.4亿美元，同比增长8.9%；2019年4月北京召开的第二届"一带一路"国际合作高峰论坛期间，有150多个国家和90多个国际组织的近5000名外宾应约而来。❶近年来，不管是倡议共建"一带一路"、推动更高水平对外开放，还是提出推动建设人类命运共同体，将中国"和为贵"的发展理念传递到"地球村"的每个角落，中国继续按照自己的时间表和路线图坚定不移地推进改革开放，拓宽朋友圈，深度融入全球产业分工体系，已成为全球产业链和供应链的关键节点。重大疫情下，中国的国际化更加不可阻挡，在全球产业链中的分工更加重要，中国作为世界经济增长的主要稳定器和动力源，连续多年对世界经济增长贡献率超过30%，目前已是130多个国家和地区的主要贸易伙伴，在全球价值链、供应链、消费链中的角色和定位，让国家和人民更有底气，对中国梦更具信心。

### （二）守护国家安全的文化基底

疫情的发生和蔓延再次表明，国家安全不仅包括传统的军事安全和政治安全，也包括公共卫生、生物等非传统安全，不仅关乎国内安全，也涉及国际安全，不仅需要一国积极应对，更需要全球合作抗击。❷坚定文化自信，是事关国运兴衰、事关文化安全、事关民族精神独立性的大问题。

**维护文化安全是构建国家文化治理体系的底线。国家文化安全是国家安全总体布局的重要组成部分。** 当前我国正处于体制转轨、社会转型的关键期，多元思想文化交织活跃、社会思潮纷繁复杂，影响主流思想文化的指导地位，消解文化发展信息，也危及国家文化安全。在2014年4月召开的中央国家安全委员会第一次会议上，习近平指出，要"构建集政治安全、国土安全、军事安全、经济安全、文化安全、社会安全、科技安全、信息安全、生态安全、资源安全、核安全等于一体的国家安

---

❶ 于嵩昕. 加强一带一路话语体系建设［EB/OL］.（2019-06-19）［2020-02-10］.http：//www.cssn.cn/skjj/skjj_jjgl/skjj_jjxm/201906/t20190619_4920054.shtml.

❷ 全球疫情下人类命运共同体视角的国家安全［EB/OL］.（2020-04-15）［2020-05-10］.http：//china.qianlong.com/2020/0415/3993954.shtml.

全体系"。在党的十九大报告中,习近平对十八大以来的思想文化建设进行了回顾和总结,指出这五年来在加强马克思主义指导地位和增强国家文化软实力等方面都"取得重大进展",但"意识形态领域斗争依然复杂,国家安全面临新情况"。随着全球化的不断深入,中国融入世界舞台的幅面更宽,参与更深,中国对外开放也进一步扩大,这也在一定程度上导致本土文化和外来文化、社会主义文化和资本主义文化相互激荡。在全球化与本土化有吸纳又有排斥、有融合又有斗争、有渗透又有抵御的过程中,意识形态领域的斗争更加复杂。这也使得社会主义文化建设面临着两个大的挑战:一是如何在对外开放的多样化社会里,坚持用一元化的指导思想统领意识形态;二是如何消除负面文化或者说劣质文化的影响。这两方面的问题如果处理不好,势必严重危及国家文化安全。❶文化意识形态工作充满了现实困难,对如何通过强化教育引导、媒介宣传及制度保障等方式,落实社会主义核心价值观培育与践行,将其贯穿到社会各个领域、渗透于社会生活的方方面面,潜移默化地影响人们的日常生活与行为,提出了更高要求。

**坚守核心价值是坚守文化安全的关键所在**。从人类命运共同体的高度审视国家安全,习近平总书记指出,坚定文化自信,是事关国运兴衰、事关文化安全、事关民族精神独立性的大问题。从历史发展规律来看,背弃了文化传统,背叛了历史发展,不可能获得长久的发展。在全球化背景下,文化安全防范难度要大于传统国家安全,一个民族的文化一旦被其他文化所侵蚀和主导,必然逐步走向消亡。当前,世界关系正处于动荡与调整变化中,新冠肺炎疫情影响全球经济格局,以美国为代表的部分西方媒体和政治人物仍在使用"武汉肺炎""中国病毒"等带有明显污名化色彩的表述,为疫情植入文化偏见和政治隐喻,不但引发严重的次生灾害,而且造成群体性文化恐慌,既不利于亚裔群体在全球文化自信的建立和巩固,又对国家文化安全造成影响。维护国家文化安全必须要构建文化自信,激发文化自觉,实现全民族的文化认同。全球化的浪潮中,如果我们无法在众多思潮中掌握自己的话语权,建立文化安全防线,树立文化自信意识,掌握意识形态的主动权,世界就不会了解一个真实、完整的中国,而且这些外来思想的长驱直入会影响我们的价值观,

---

❶ 周逢梅,邵小文. 习近平对维护国家文化安全的战略思考[J]. 党的文献,2019(1).

甚至消解我们的民族精神。正确认识中国文化的核心，理解中国意识形态的本质，建立文化认同，加强文化自信，既不完全顺应美国的文化诉求，又有策略地讲好中国文化故事，迫在眉睫。

**处理好生物安全、生态安全与文化安全的内在关系是国家安全的命脉。**国家安全是安邦定国的重要基石。疫情的暴发，对中国的治理体系和治理能力进行了一次实战检验，既显示了治理体系和治理能力的有效性和成绩，也暴露了其中的不足和缺陷。长期以来，人们奉行"万物皆为人食"的观念，贪食野生动物而导致 SARS、埃博拉、新冠肺炎等各种病毒传染于人类，这次疫情后，无论从立法上还是人们的生活习惯、动物伦理、价值观念上，都将有大的改善，人们将以更加理性的态度来处理人与自然的关系，更加尊重自然、敬畏自然、善待野生动物。❶"备豫不虞，为国常道。"新冠肺炎的全球大流行更加坚定地表明，在国家治理之路上，必须"安而不忘危，存而不忘亡，治而不忘乱"。当前中国国家安全的内涵和外延比历史上任何时候都要丰富，时空领域比历史上任何时候都要宽广，内外因素比历史上任何时候都要复杂，必须坚持总体国家安全观，以人民安全为宗旨，以政治安全为根本，以经济安全为基础，以军事、文化、社会安全为保障，以促进国际安全为依托，走出一条中国特色国家安全道路，既是重大疫情为当代治理划出的重点线，也是后疫情期中国参与全球对话、应对全球各种威胁和世界诸多挑战的高光点。面对新冠肺炎疫情给人民生命安全和身体健康带来的巨大威胁，必须处理好生物安全、生态安全和文化安全的关系，以生物安全打造新的"国之重器"，为维护生命安全、生物安全提供技术支撑与保障，❷以生态安全创造新的"生活之境"，让人民群众在绿水青山中创造金山银山，而文化安全则为国家治理现代化提供源源不断的道德滋养，是推进国家治理现代化的兴国之魂、强国之魄。

### （三）涵养社会主义价值观的源泉

习近平总书记指出："中国传统思想文化体现着中华民族世世代代在生产生活中形成和传承的世界观、人生观、价值观、审美观等，其中最核心的内容已经成为中

---

❶ 唐任伍. 新冠肺炎疫情给中国未来带来的五大变化［N］. 光明日报，2020-03-17.
❷ 程宇，陈晓芳. 提高国家生物安全治理能［N］. 人民日报，2020-04-07.

华民族最基本的文化基因。"文化自信的基础是中国国家文化治理体系的不断完善，文化竞争力的逐步提高。虽然当前美国在经济总量上仍强于中国，尤其是在科技创新实力和国际贸易把握力等方面也居于主导地位，但中国近年来的快速成长，逐渐将中美之间的差距缩小。此外，中国以人口红利和消费市场空间的实力和前景，在重塑世界市场格局方面，越来越显示出较强的竞争力。在高技术制造业领域以及新兴科技领域，越来越多的国家和地区与中国合作的需求，无法人为切割。❶

**提升文化自信需要弘扬中华优秀传统文化，增强中国文化产业竞争力**。今天，世界各国已有越来越多人为古老丰富的中国传统文化和现代优质的中国文化产品所吸引，中国文化产业已经成为战略性新兴产业，赋能经济发展，创造就业增量，激发城市活力。根据国家统计局发布的数据，2019 年全年中国社会消费品零售总额41.2 万亿元（人民币，下同），同比增长 8%。消费连续六年保持中国经济增长第一拉动力，消费对经济增长贡献率 57.8%，拉动 GDP（国内生产总值）增长 3.5 个百分点。与此同时，在中国居民消费中，还表现出服务消费增长快于商品消费、线上消费增长快于线下消费、中高端商品消费增长快于基本需求消费等特征，特别是品质化、个性化、多样化消费不断增多。尤其是本次新冠肺炎疫情蔓延以来，数字经济被进一步激活，丰富的文化科技应用和多元的文化创意产品在满足中国民众更高品质的精神文化需求方面产生了重要作用。疫情期间，诸多原本发生在线下的集聚型文化活动被搬到线上。"云博物馆""云旅游""云音乐会"等在疫情期间不断涌现，人民网、腾讯以及各地政府对"云端展会""云端论坛"首次进行了大规模实验，各地景点基于 VR 和全景视觉技术开发线上游览平台并向社会投放，消费者居家期间的文化需求在网络时空中得到一定填补。此外，移动游戏、短视频平台、社交网络等媒介在全民居家时期的全线暴发，使得线上文化产业发展表现抢眼。在文化生产方面，线上办公新形式迅速普及。数字化技术的运用带来新的社会认识，培养了新的消费习惯，创造了新的效率增长空间。❷ 后疫情期，凝练中华优秀传统文化、富含优秀思想精华的线上消费内容、数字服务类型，继续成为城乡居民新消费

---

❶ 关铭闻. "不愿打、不怕打、必要时不得不打"：中美经贸摩擦背后的历史之思、未来之问［N］. 光明日报，2019-06-03（001）.

❷ 文化产业拥抱数字化转型［N］. 人民日报海外版，2020-04-01.

习惯下的新需求。中国文化产业在疫情中挖掘文化自信，传承文化精髓，凝练文化自觉，并以现代化的形式、数字化的载体、互联式的渠道、多元化的供给为中国居民提供优质多元的文化供给，是新时代文化产业发展的重要思路，更是国家文化治理体系建设的重要方面。

**提升文化自信需要以文化改革创新向世界提供文化方案。**改革开放以来，中国文化产业迅速发展，已经成为国家经济社会发展战略的重要组成。党的十五届五中全会将文化产业纳入国家发展的战略视野；党的十六大将国家文化建设的步伐继续推进，并提出了"文化事业和文化产业"并重；党的十六届四中全会提出"解放和发展文化生产力"；党的十六届五中全会继续明确部署发展文化产业的系列任务；党的十七大将文化产业上升到国家文化软实力的认识高度，文化产业成为国家战略的重要组成；党的十七届六中全会则集中探讨新时期的深化文化体制改革，以期全面推动社会主义文化大发展大繁荣，并提出建设社会主义文化强国的战略目标；❶党的十八大提出新理念、新思想、新战略，文化产业在推动国民经济保持中高速发展中发挥更加重要的作用；党的十九大更加坚定新时代坚持中国特色社会主义文化发展道路，文化建设开始作为激发民族文化创造力，建设社会主义文化强国的重要战略组成。以人民为中心，"秉承中国的文化价值理念，坚持中国的文化立场，立足于当代中国的文化发展现状，思考和解决当代中国人关心的文化问题，提出中国的文化方案"❷成为新时代文化建设的着力点。培育和弘扬核心价值观，有效整合社会意识，是社会系统得以正常运转、社会秩序得以有效维护的重要途径，也是显示国家治理体系和治理能力的重要方面。任何一个国家要想治理有序，都应有其稳定的主导文化取向，特别是稳定的价值观取向，这是整合多样化社会意识的基石。❸

---

❶ 齐骥.理论与实践：中国文化产业十年总揽（上）[J].学术探索，2012（2）.
❷ 祁述裕.党的十九大关于文化建设的四个突出特点[J].行政管理改革，2017（11）.
❸ 马建辉.先进文化与中国之治[N].中国文化报，2020-01-13.

# 第二章
## 全球公共危机下的公共文化服务创新发展*

新冠肺炎的全球大流行，使社区不仅成为城乡居民封闭久居的生活空间，也成为阻击疫情、联防联控的前沿阵地。疫情对邻里空间半径的改变以及现代公共文化服务下沉社区的趋势，疫情对公共卫生、舆论传播、社会心理以及城市治理等方面的角色重构与价值重塑，都对公共文化服务提出了更加精准化、网格化、数字化的服务要求。构建"同一健康"理念和共同体视域下的社区生活圈，以高标准的公共文化服务设施网络、高效能的公共文化治理理念、高质量的公共文化服务体验，满足新时期城乡居民不断升级、日益多元、更加精准的文化需求，是对公共文化服务体系建设的新要求。

---

\* 本章由亓冉、齐骥共同完成。亓冉系中国传媒大学文化产业管理学院博士研究生。

## 一、新冠肺炎全球大流行中现代公共文化服务体系的作用

当前,政府在文化建设与社会治理方面的价值观念逐渐转变为自上而下的集体管控与自下而上的多元主体治理相结合,为现代公共文化服务体系的建立健全提供了良好的社会土壤。在本次新冠肺炎疫情中,以社区为单位,以小尺度、网格化的精准管理方式,有效遏制了疫情的传播、扩散,而以社区为文化生活圈所建立的健康的文化传播机制、科学的信息引导机制,对坚定城乡居民抗疫信心、战疫决心起到了重要作用,以社区为邻里单元所提供的优质文化服务、所创造的居民文化参与,对树立以人民为中心的价值导向,用社会主义核心价值观引领群众、凝聚力量,共同建立文化共同体起到了决定性作用。

### (一)以健康文化传播推动社区居民互助

公共文化服务是以人民群众的文化需求为转移的文化服务体系,是公众在日常生活中实践公民权利与文化权利的重要通道。公共文化服务同时兼具政治属性与公共属性,联结着政府与公众双方的话语关系。在突发事件的危机舆情治理当中,公共文化服务在一定程度上承担着政府进行舆论引导、提供相关舆情信息以及提高公众健康信息素养的信息平台功能。高效的公共文化服务体系,首先是良好的健康传播平台,科学的舆论引导平台,因而才能够在公共危机中有效地发动社区居民凝聚共识,互帮互助,以共同体意识应对灾害。

**树立健康理念,建立社区共同体意识**。新冠肺炎疫情的长周期潜伏、传播面多元等特点,决定了防治工作重心很大一部分将从点对点的医疗救治转向以社区为载体的面源管控。[1]这也意味着社区作为疫情防控的第一阵线,在公共危机治理的社区参与当中塑造良好的社区健康文化、培养社区居民公共精神,以构建基于共同命运与公民意识的社区共同体是社区疫情防控有力的重要支撑,公共文化服务作为深度嵌入到居民日常生活当中的文化服务,在疫情防控关键时期,无疑是与社区居民

---

[1] 刘佳燕.重新发现社区[N].北京日报,2020-02-17(10).

距离最近的健康文化宣传与知识普及的渠道。公共文化服务本身作为政府构建基于认同、信任与包容的公共精神的行动策略，也为社区提高疫情治理效率营造了良好的公共文化氛围与集体意识。虽然在疫情防控期间，诸多聚集性的群众文化活动取消、各类公共文化场馆也暂时闭馆，居民纷纷选择居家隔离，但是在互联网时代，公共文化服务的服务模式早已突破了传统的身体"在场"❶的消费体验，转而借助互联网媒介拓展了公共文化空间。疫情持续阶段，不乏许多城市各类公共文化机构与政府主体通过整合数字文化服务、丰富线上公共文化资源、构建公共文化服务云平台，既普及了防疫抗疫的科学知识，又满足了城乡居民多元化、多层次的公共文化需求。

**加强健康传播，激发社区文化凝聚力**。我们身处一个传统安全与非传统安全问题相互交织的时代，包括重大传染性疾病在内的各种非传统安全问题对人类社会构成日益严峻的挑战。只有加强全社会的文化凝聚力，才能更加深入地参与全球文化治理。疫情在促进了健康文化在社区的传播的同时，也激发了共同体意识驱使之下居民对于健康社区构建的文化参与与自助互助，既有的社区社会组织也从兴趣型转向公益互助型。在国家和社会动员力量之外，社区的行动组织展现出小社群、高度连接与熟人网络的优势，尤其是在农村社区的疫情防控当中，与城市高度发达的信息通信网络有所差异，社区自组织的优势与作用更为凸显。在农村社区，以党员为主体自发组成志愿团队，通过大喇叭、流动小喇叭，以村民自己的声音和语言讲解疫情防控知识、做好新冠肺炎疫情预防措施，这种充满乡土气味的共情传播成了此次疫情当中一道独特的文化景观，并增强了社区居民的文化认同感。

## （二）以优质文化供给做好居民心灵陪伴

面对突发公共事件，做好公众心理疏导工作，谨防疫情突发所造成的社会心理危机也是危机治理的重要方面。此次疫情暴发范围广、传染速度快、发展不明确等特点极易造成公众的心理恐慌和焦虑，"封城""封村"等出行禁令迫使下的"宅家

---

❶ 所谓"在场"指的是由特定的大众传播制度及相应实践所构筑的媒介时空中的一种"结构化"存在及其象征意义。参见郭建斌."在场"：一个基于中国经验的媒体人类学概念[J].新闻与传播研究，2009，26（11）：37-54，127.

战疫"更是让原本处于高度敏感中的公众极易被负面情绪裹挟并且衍生次生危机，尤其是对于疫情中心的人民来说更容易产生群体危机事件，如何正确地对公众进行心理疏导，将对于疫情的负面情绪转化为共同抗疫的集体意识与公共精神尤为重要。而有效的公共文化服务，能够将新时代的社会主义思想贯串于城乡居民的理想信念、价值理念、道德观念中，形成团结一致的精神力量。在这一语境下，现代公共文化服务成为居民居家的重要心灵陪伴。

**支援城乡居民精神文明建设**。当下，对消费文化的强烈需求与社会网络的相伴而生，已经成为城乡居民生活的重要组成。疫情所带来的强制停工与居家隔离，阻断了城乡居民与文化消费之间的物理空间联系，电影院、图书馆、文化站等公共文化服务设施暂时歇业停工，而疫情在对"在场"公共文化服务设施造成一定制约的同时，也在一定程度上激发了"在线"公共文化服务需求的激增、消费的活跃。以互联网为载体的公共文化产品不断突破异地物理空间的阻隔，在疫情防控期间"逆流而上"。因应疫情期间公众活动与心理行为的这一变化与需求，在政府引导和社会参与下，各公共文化场馆充分利用门户网站、APP、微信公众号等媒介，向公众免费提供电子图书、报刊、戏剧、展览、影视、艺术等数字文化资源，以服务于公众宅家学习充电与休闲娱乐的需要，成为在疫情防控期间支援公众心理建设的重要精神文化物资。

**支持城乡居民心理健康建设**。公共文化服务对于公众心理建设方面的作用，在于其在潜移默化当中培育了城乡居民的集体意识，从而加强了关系陪伴。文化的作用与本质在于"以文化人"，从心灵的陪伴到素养的培育再到集体的培力，公共文化服务对于人的教化是一个长期的无声无息、潜移默化的过程，并且使处于一个文化共同体当中的公民更能够经受住突发危机事件所带来的从心理到治理上的考验。处于一个共同体当中的公民，基于相互的信任、包容与集体认同所建立的亲密人际关系，能够在疫情危机到来之际互帮互助甚至自愿结成抗疫队伍，尤其是在社区当中，有着较强共同体结构的社区往往有着更强的抗压能力与心理素质，这在乡村地区表现得更为突出。远离城市的农村与城市社区的紧张氛围不同，俨然成了一处不受疫情影响的"世外桃源"，互相信任、包容、认同的邻里关系所造就的传统共同体结构，使得农村虽然信息闭塞、设施落后，但是却有着更强的集体意识和生存弹性，同时也让我们重新认识与反思城市社区在危机到来之际所展现出来的脆弱，以公共文化服务体系建设强化社区邻里、促进社会交往是城市发展的题中之要。

### （三）以有效社区参与深度嵌入文化治理

对新冠肺炎疫情暴发和蔓延的全面应对，显示了我国整合社会资源方面的能力，各级政府及时动员社会力量实行联防联控，企业个人纷纷捐献救济，社会组织有效"渗透"，志愿者积极参与，迅速形成了抗疫合力。❶ 而公共文化服务则以有效的社区参与机制，强大的社区动员能力，无形的社区凝聚力量，深入融入社区共建共治共享的现代治理建设，以文化为凝聚力，形成战胜疫情强大的精神力量。

*形成社会流动的稳定剂*。当前，全球化所带来的包括人口、族群、资本、信息、文化的全球流动是当今世界与以往世界的最大不同，这种流动不是单纯从一个点到另一个点的直线式运动，而是全方位的互动、扩展与传播。❷ 全球化为疫情更广范围的传播和蔓延提供了便利条件，城市化则加速了因为人口流动、产业转移造成的病毒的人际传播。公共文化服务体系建设，是全球化和城市化进程中社会加速流动的稳定剂。本次疫情以社区隔离、社区防治为主要方式，科学的信息传播和有效的舆情引导，对居民树立抗疫信心、维护社会稳定具有很大的作用，但由于城乡居民文化素养参差不齐，部分居民法律意识淡薄，在突发公共危机中，隐瞒真相、信谣传谣、扰乱社会秩序，还有居民缺乏责任意识和责任担当，不参与疫情防控，不承担公民责任。精准化、高效率的公共文化服务体系的建立，对完善社区网格化管理服务，为社区居民提供精细化管理服务，具有有效的治理价值；对以多样化、人性化的文化服务提高全民文化素质，以人民为中心、高质量的文化供给满足居民疫情期间心理需求的文化治理体系建设，具有强力的推动作用。

*推动多元治理的加速器*。社区是疫情防控的"第一线"，是发现疫情的"哨点"，也是疫情防控的前沿阵地。做好维护社会稳定工作，是有效应对重大疫情的重要保障。以城乡社区为单元，构建党组织引领，自治、法治、德治相结合的疫情

---

❶ 宋言奇. 疫情之下社会治理如何拿出"应考"新策略？［N］. 苏州日报，2020-02-25.
❷ 范可. 流动性与风险：当下人类学的课题［J］. 中南民族大学学报（人文社会科学版），2016（2）：57-66.

防控体系，既是当下疫情防控的必要，又是社区实现善治的必然。❶ 在此次疫情中，流动的公众是携带病毒的潜在病原体，实现对于公众的管理与治理是重中之重，因此既需要政府管控，也需要社区参与，这正是公共文化服务发挥作用的应有之意。在危机的事前预防当中，公共文化服务通过扎根社区构建熟人社会而提高了社区的抗风险能力；在危机的事中应对中，公共文化服务发挥信息传递与舆情传播功能，为政府提供决策依据，为公众提供精神陪伴；在危机的事后修复当中，公共文化服务将成为重新激活社区活力、重塑完整社区共同体的重要文化力量。公共文化服务以凝聚众志成城抗疫情的强大精神力量和对社会主义文化认同，成为推动城市危机治理和社区多元治理的重要加速器。

## 二、公共危机中现代公共文化服务发展的诉求

在新冠肺炎疫情暴发和蔓延并造成全球大流行的背景下，现代公共文化服务体系在营造社区文化生活圈、为城乡居民筑牢思想根基、凝聚精神纽带、塑造集体意识、建立命运共同体方面发挥着中坚力量。但现代文化服务理念的滞后，文化参与机制的薄弱，文化治理效能的低效，也对新时期公共文化服务体系提出了更高的要求。

### （一）营造健康的社区文化生活圈

营造健康的社区文化生活圈，是疫情暴发阶段对公共文化服务提出的基本要求。健康的社区文化生活圈，既需要公共文化服务从硬件上能够应对突发的公共卫生事件所带来的危机和挑战，在社区小尺度范围内有效保障居民的文化需求，又需要从软件上为社区居民提供便捷、多元的文化供给，在信息传播和舆论引导上为社区居民提供稳定可靠、科学及时的疫情信息，从而保证社区的安全、稳定。

**健康的社区文化生活圈是社区居民心理的稳定器**。2020 年 2 月 10 日，习近平总书记在北京市调研疫情防控工作时，对做好社区防控工作作出重要指示："社区

---

❶ 张润君. 构筑"三管""三治"结合的社区疫情防控体系［N］. 光明日报，2020-02-27.

是疫情联防联控的第一线，也是外防输入、内防扩散最有效的防线。把社区这道防线守住，就能有效切断疫情扩散蔓延的渠道。全国都要充分发挥社区在疫情防控中的阻击作用，把防控力量向社区下沉，加强社区各项防控措施的落实，使所有社区成为疫情防控的坚强堡垒。"在这场筑牢社区疫情防控坚强堡垒的硬仗中，社区的价值体系对居民的防疫信心与防疫行动起着关键作用，尤其是在现代社区中，居民的生活方式与交往方式相比起睦邻友好的传统社区来说更趋向淡漠与疏离，现实的地缘关系面临着解体，金钱、权利所造成的人的"物化"与"异化"也使得当今城市社区居民缺乏归属感与认同感，并严重影响着居民的社会心理健康状况，在这一背景下，统一社区居民"大健康"的文化理念，营造社区封闭但心灵不封闭的社区氛围，具有重要意义。从人的身体健康、心理健康到城市的生态健康，以社区居民健康为核心的健康社区生活圈建设，是社区健康人文的目标，是实现大健康人文的重要基石，❶更是社区居民共同应对公共卫生危机的信心之源、力量之源。

健康的社区文化生活圈是实现美好生活的价值指南。社区文化生活圈是在传统居住区规划基础之上一种更加注重人的需求与发展的创新性城市规划方式。相比起传统社区规划聚焦于空间资源的摊派，社区生活圈的本质在于通过资源在物理空间上的适需分配实现社会资本在时空上的生产与再生产，营造人本社区，塑造文化公民，提升城市品质。从上海的"15分钟社区生活圈"到雄安新区发展规划中的"社区－邻里－街坊"三级生活圈，社区文化生活圈规划尤其是以公共文化服务为核心的社区生活圈，都反映出城乡居民对更加便捷的公共文化服务的急迫需求。本次疫情对社区的封闭和居民居家隔离的要求，凸显出重大公共危机背景下小尺度文化生活圈建设的重要意义。以"15分钟公共文化服务圈"构建公共文化服务的四级设施网络，开展公共文化的"订单式"与"家门口"服务模式，更好的贴近和满足了公众的精神文化消费需求，已经成为当前和今后一段时期城乡居民公共文化服务的新方向。如何以高质量、高标准的公共文化服务产生社区培力、激发社区活力、提升社区吸引力，营造大健康社区人文，并与在地文化、人群结构、职住场所、公共空间以及交通系统、街道邻里产生积极互动和耦合关系，❷已成为城乡公共文化服务体

---

❶ 姚尚满，段志光. 基于社区营造的社区健康人文 [J]. 基础医学教育，2017，19（12）：897-901.
❷ 柴彦威，于一凡，等. 学术对话：从居住区规划到社区生活圈规划 [J]. 城市规划，2019，43（5）：23-32.

系建设的重要议题。

### （二）提升现代公共文化服务效能

线上文化内容和数字资源的多样性、丰富性和开放性，是本次疫情持续阶段，城乡居民对现代公共文化服务体系提出的急迫需求。此次疫情高度传染性的特点与城乡公共服务设施暂停开放、公共文化活动暂缓举办的管理方式对"非接触式服务"提出了新的要求。在公共文化服务从"在场"向"在线"、从实体到数字的转型过程中，公共文化服务内容资源的稀缺、平台的脆弱、管理能力的薄弱、智能程度的不足，对提高线上公共文化服务效能提出了更为紧迫的要求。

**公共文化的社会服务资源亟待数字化、智能化。** 党的十八大报告中提出："完善公共文化服务体系，提高服务效能"，我国的公共文化服务体系建设也从规模覆盖进入到内涵提升的新阶段。同时，党的十九大报告中提出我国的社会主要矛盾转变为人民日益增长的美好生活需要和不平衡不充分发展之间的矛盾，人民对于文化生活的需求愈加强烈，同样对于公共文化服务供给的模式效能提出了更高的要求，而这一需求在疫情期间进一步被刺激。社区隔离、居家办公、网络上课、在线娱乐的居民对公共服务领域从业者、设施、设备等生产要素数字化提出了更广泛的需求，对互联网医院、数字图书馆、数字文化馆、虚拟博物馆、虚拟体育场馆、慕课等文化内容资源提出了更深层的要求，而这些文化需求暴发式增长的同时，也反映出公共文化服务线上资源储备量不足、文化服务体验较为低端以及公共文化服务产品同质化等问题，公众体验方式的改变、多元的文化体验需求与单一的文化资源供给之间的矛盾。如何推进公共文化服务资源的全方位数字化、智能化，实现优质资源放大利用、共享复用，已经成为公共文化服务体系建设的重中之重。

**公共文化的社会服务主体亟待均等化、均质化。** 本次疫情突如其来并持续较长时期，对城乡居民的文化生活带来了持续性影响。一方面，在全面复工复学尚未开启的疫情持续期，居家办公、居家上课的方式促使以在线教育、网络游戏、网络视频为代表的数字文化产业快速发展，实现数字化与智能化的场景升级越来越成为现代公共文化服务体系建设的重要内容。另一方面，在疫情期间，广大居民消费和享受公共文化内容资源时，缺乏高质量、高品质，反映主流价值观、引导抗疫信心、凝聚文化核心的优质内容资源开放不足、共享有限，解决在疫情期间所反映出来的公共文化服务供给低端与同质化的问题，同样迫在眉睫。值得关注的是，疫情中的孤寡老人、隔离病人、留守儿童和残障人士等特殊群体则因为本身存在公共文化服务资源的稀缺，加之疫情暴发对普惠性公共文化服务的大量需求激增，面临着享受公共文化发展成果更大的权益性困难和更少的针对性服务。而在偏远乡村地区和贫困地区，由于城乡、区域间优质社会服务资源配置不均衡，网络接入和基础能力建设不足，居民很难享受在线文化内容资源，优质社会服务难以全面惠及更广大人民群众。

### （三）升级公共文化服务治理体系

新冠肺炎的全球大流行，充分说明治理机制日益完善、治理主体广泛参与、治理措施不断创新是战胜疫情、消灭疫情的有力武器。全面升级公共文化服务治理体系，着力破除体制机制障碍，探索以社会参与为单元、以市场为主导、政府有效引导的多元化供给机制，是新时期公共文化服务的发展方向，也是本次疫情反映出的核心诉求。

*多元化促进公共文化服务领域的社会参与*。本次疫情暴发和持续阶段，基层社区在防疫和战疫中承担了超负荷的工作，一方面，由于疫情的突发性和性质的特殊性，使社区工作难以顾及公共文化服务体系的建设。另一方面，由于以社区为单位的公共文化服务治理体系尚未健全，市场化、社会化的数字文化资源难以在特殊时期为居民全面提供文化服务，使公众精神文化需求无法得到全面满足。在后疫情阶段，继续深入推进公共文化服务体制体系提质增效，以社会服务和社会参与的方式推动数字文化资源配置效率，对公共服务治理体系建设提出了新的要求。如何提升社区公共文化服务服务信息化、智能化水平，探索文化教育、医疗健康、文化旅游、文化体育等领域线上线下融合互动的社会服务供给体系，被进一步提上日程。如何吸引社会力量参与公益性公共文化服务平台建设，探索多领域跨界融合发展，推动医养结合、文教结合、体医结合、文旅融合，实现公共文化服务与文化产业的无缝对接，营造健康活力的文化生活圈，现代高效的社区共同体，更加紧迫。

*深层次解决公共文化服务领域的供需矛盾*。本次疫情的暴发，进一步凸显出当

前我国公共文化服务领域的突出矛盾,即公共文化服务的刚性供给与城乡居民文化需求弹性发展的矛盾。一方面,公众文化体验活动越来越趋向于私人空间体验的自主化与个性化,且由于当今社会愈加分化的社会阶层,使得公共文化需求的异质性程度不断增高,此外,公众对于公共文化服务的便利性和产品的内容质量也表现出高度关注;另一方面,公共文化服务体系供给形式老套、活动相对单一、城乡服务体系差异大,以及民众文化需求表达机制缺乏,使得公共文化服务与民众文化需求脱节等问题突出❶。两个方面的矛盾决定了当前我国公共文化服务体系应以人民群众的精神文化需求为本,不断寻求体制机制的改革创新。此次疫情突发不仅要求公共文化服务体系建设要不断优化服务效能,进行数字化的创新转型,同时还要求公共文化服务体系要建立因时而变、随事而制的弹性机制与应急机制,可以应对各种突发情况的考验以及随时变化的公众需求,从而能够更好地服务大众的文化需要。

## 三、百年大变局中的现代公共文化服务体系创新

从2003年"非典"疫情暴发到2019年的新冠肺炎疫情席卷全球,世界重大公共卫生事件不断警示着现代社会的风险性和不确定性,尤其是在信息科技高速发展的全球化时代,任何一次公共事件的发生都可能导致整体性的社会灾难。随着新冠肺炎疫情在全球范围的扩散,人类对于"共同体"意识的呼唤比以往任何时间都更为强烈。针对疫情暴露出来的公共文化服务领域的短板和不足,也反映出新时期城乡居民应对全球变化、面对突发事件,对把疫情防控中积累的经验真正转化为应对突发重大公共卫生事件的文化治理体制机制的迫切愿望。在此背景之下,建设健全高效、城乡一体的现代公共文化服务体系,优化数字网络环境下公共文化资源的布局,加强共同体视域下国家文化治理能力的提升,建立基于认可、包容与信任的公共文化以及形塑行动者之间的共同价值追求的公共精神的行动策略❷更加急迫。

---

❶ 孙政,吴理财.公共文化服务刚性供给与文化需求弹性发展的矛盾及解决之道:基于12省25县(区)的公共文化服务体系问卷调查[J].广州公共管理评论,2013(00):72-94,348.

❷ 颜玉凡,叶南客.城市社区居民公共文化服务弱参与场域的结构性因素[J].南京师大学报(社会科学版),2016(2):57-66.

### (一)建设同一健康理念下的韧性社区

灾难的发生,根源于社会结构和社会过程以及背后隐藏的文化观念所导致的结构性社会问题。❶ 在突发性公共事件暴发时,如何主动提高城乡防灾抗灾能力,不断增强社会韧性与生存弹性,是现代治理体系建设的重要内容。社区是城市运行的基本单元,也是社会恢复、提高韧性的基础单元,以社区公民为代表的基层志愿者队伍在抗疫中体现出的团结、信任、包容的共同体意识,是对集体意识和公民精神的升华。后疫情阶段,更应当以现代公共文化服务体系建设为载体,广泛渗透"同一健康"❷理念,在社区规划建设中体现"同一健康"价值,以绿色生活方式和健康栖居环境的塑造,营造良好的邻里生态,打造可持续的邻里网络。

形塑韧性社区,首先要加强公共文化服务基础设施韧性,提高社区治理的组织韧性。后疫情期,增加社区对干扰、冲击或不确定性因素的抵抗、吸收、适应和恢复能力,在社会—经济—自然复合生态系统中,以"同一健康"理念,打造"韧性城市"❸,建设居民文化素养高,应对危机的学习、适应能力强,社区组织、自治能力高的韧性社区,是实现城乡居民美好生活的关键。提高社区治理的韧性,首先需要增强社区基础设施的韧性,构建交互性强、吸引力大、体验性好的文化空间,打造面对不确定因素文化资源储备丰富、文化平台坚固稳定、文化舆论引导科学强大的文化组织,从而才能够在面对未知的风险和危机时做好风险的预警预防机制以及危机到来时的应急管理机制,通过多元主体的良性沟通与互动机制,公共文化服务资源有效配置的合作机制,将系统化的应急准备、应急响应和灾后学习机制贯串城市治理与韧性社区营造的全过程。❹

---

❶ 黄瓴,夏皖桐."同一健康"理念下的价值重塑与规划应对[EB/OL].(2020-02-17)[2020-04-10]. http://www.gdupi.com/Common/news_detail/article_id/7469.html.
❷ 同一健康(One Health),是涉及人类、动物、环境卫生保健各个方面的一种跨学科、跨部门、跨地区协作和交流的新策略,其使命在于:认识到人类健康(包括通过人与动物的结合现象产生的心理健康),动物健康与生态系统健康密不可分。"同一健康"是一种设计和实施方案、政策、立法和研究的方法,在这种方法中,多个部门相互沟通,共同努力,以实现更好的公共卫生成果。
❸ 2013年6月11日,纽约市发布了《一个更强大、更具韧性的纽约》的纽约可适性计划,该报告解释了"韧性"(resilience)的含义:一是能够从变化和不利影响中反弹的能力;二是对于困难情境的预防、准备、响应及快速恢复的能力。
❹ 王柳.面对疫情,让城市更有"韧性"[N].杭州日报,2020-02-18.

*形塑韧性社区，更加需要不断增强公民的文化韧性和社会的文化韧性*。经过此次疫情，全球民众对突发公共卫生灾害及其他突发事件的风险意识将普遍提升，韧性城市和韧性社区的规划也将越来越受到重视。在城市规划和社区营造中，以文化韧性促进社区柔性[1]，以柔和的社区管理对抗强大的突发灾情，通过调动社区的人际关系网络和熟人社会的关系网络，发动人的韧性力量，凸显韧性城市中人的韧性潜能，更能突显出文化治理在缓解社会组织关系压力、灾后重建心理压力方面的优势。要将健康与安全融入现代公共文化服务体系框架当中，做好公民的健康卫生教育以及应急素养的培育，开展多元的健康教育活动，宣传自助、互助与公助意识，提升公众的防灾自救能力。同时要为志愿者组织与公共机构提供多元的沟通交流合作平台，促进社区志愿队伍广域合作。针对社区内人口不同年龄结构，提供精准化与多元化的公共文化服务，尤其是面对当前的老龄化社会问题，公共文化服务供给要具备更多针对性与适应性的政策布局。同时要注意破壁由于差异化的文化阶层区隔所造成的社区邻里关系与社会交往的分界，通过提供活泼生动与贴近社区的文化产品与文化活动，为群众的文化情感互动营造良好的氛围与参与环境。

### （二）打造集体意识理念下的乡村聚落

得益于以熟人社会为核心的传统共同体结构，在此次疫情防控中，乡村聚落比城市社区表现出了更强的生存能力与更低的传播风险。但是伴随着疫情的逐步发展，乡村危机治理与农民小农心态之间的矛盾逐渐凸显出来，熟人社会的人情关系使得村级防控越来越趋向形式主义，密集的人员流动给防控工作造成巨大压力；村民对于疫情的防范意识逐渐减弱，农民工囿于趋利心理相继复工，也让后疫情阶段的乡村疫情防控变得更为复杂。要转变农民的小农心态，解决城乡居民在应对危机时的文化素质不一与文化认同不足的问题，需要将公共文化服务打造成为邻里守望相助、家园共同维护与增强凝聚力的平台，以此提升农民文化素养，增强农民自觉性与认同感，发挥集体意识的正面作用。

打造文化凝聚的乡村聚落，根本在于以农民为主体，实现公共文化服务的精

---

[1] KOMITOL L. The Net as a Foraging Society: Flexible Communities [J]. The Information Society An International Journal, 1998（2）.

准供给与特色塑造。公共文化服务的精准供给就是按照农民意愿提供服务，要求乡村公共文化服务建设要扎根乡村本土文化，形塑特色文化乡村。乡村文化资源丰富，底蕴深厚，乡村公共文化服务体系建设一方面要充分依托乡村本土文化资源，利用乡村特色文化节庆、习俗、技艺等开展文艺作品创作，通过特色的公共文化服务传承乡村生生不息的文化脉络。此次疫情的暴发也更加要求乡村公共文化服务要关注农民心理素质的培养，关注乡村留守人口的精神文化需求，这是乡村公共文化服务体系建设的重点。另一方面要激活乡村居民公共文化参与的积极性。推动多元主体的治理参与，激发乡村社区内生动力，突破传统乡村公共文化服务自上而下的行政化供给体制，积极鼓励乡村社区主体自发组成文化队伍，激发乡村居民文化参与活力与文化创作活力；促进农村公共文化服务社会化，推动社会力量与新乡贤参与乡村公共文化服务建设。❶

打造文化凝聚的乡村聚落，重点是要不断提升公共文化服务效能，促进公共文化服务均等化。与相对充分的城市社区公共文化数字资源不同，由于乡村社区的公共文化服务更多依赖于公共文化服务的线下供给，此次疫情全面禁封期间，乡村公共文化服务的供需矛盾愈发突出。后疫情阶段，乡村公共文化服务体系建设的首要目标是统一城乡之间公共产品的供给标准与尺度，实现由城乡差序的非均衡格局向城乡同一平面的均衡格局转变，缩小城乡公共产品供给标准和水平之间的差距。❷这就需要补齐乡村文化发展短板，不断推动乡村公共文化服务基础设施建设，特别是公共文化的数字化建设，助力乡村跨越数字鸿沟，创新乡村公共文化服务体系的供给模式，以满足乡村居民多元化、多样化的精神文化需求。其次，还需要创新乡村公共文化产品的供给方式，扩宽乡村公共文化服务的供给来源，由政府单一的提供的模式转为政府与民间共同供给。搭建城乡均等化公共文化服务网络，实现城乡公共文化服务的一体化建设，以保障乡村能够得到全面充足的、与城市均质等量的公共文化服务产品。

---

❶ 祁述裕. 提升农村公共文化服务效能的五个着力点 [EB/OL]. (2019-06-26) [2020-02-10]. http://theory.people.com.cn/n1/2019/0626/c40531-31196819.html.

❷ 孙钰. 提高乡村公共产品供给效能 [N]. 光明日报，2019-06-18.

### （三）优化数字化网络下的公共文化资源布局

随着互联网、大数据以及人工智能等信息技术的发展，数字公共文化服务在城乡居民中发挥着越来越重要的作用。疫情期间，各种城市防疫"云数据"为公众及时了解疫情进展并进行自我防护提供了便利，后疫情阶段，加强城市更新和乡村振兴中的公共文化服务设施升级，加快优质数字文化资源的内容供给，不断完善和健全智慧城市网络下的数字文化平台建设，是现代公共文化服务体系建设的应有之意。

*优化数字化网络下的公共文化资源布局，首先要加强小尺度、人性化的数字公共文化设施供给，形塑优质文化生活空间*。在当今高度阶层分化的社会当中，形塑人际关系与社会交往空间是城乡规划治理当中"以人为本"理念的重要体现，尤其是在疫情突发时，如何做到"生活隔离，关系不隔离"是对城市规划治理的重大挑战。智慧城市网络建设的根本，仍然遵循"以人为本"的城市理念，是以城市信息化与智能化建设形塑更为美好的社会环境、更为和谐的邻里关系与更高品质的生活场景，推动智慧城市网络支撑下的社区公共文化服务体系建设，将智能技术服务和数字平台建设融入小尺度、人性化的社区营造中，形塑更为便捷、安全、优质、高效的文化生活空间，实现社区邻里之间的互联、互通、互动，是新时代实现社会管理与服务创新，推动城乡社区精细化治理的有效途径。

*优化数字化网络下的公共文化资源布局，还需要以智慧社区形塑优质文化生活空间，要"以人为本"配置功能需求*。智慧城市网络下的公共文化设施供给创新与公民文化需求的激活，仍然要以社区群众的幸福感为出发点，一方面要通过大数据与人工智能技术帮助政府实现决策的精准化与精细化，从而避免文化资源的过度浪费，另一方面要充分借助数字技术提高社区文化资源的整合效益与转化能力，通过打造社区文化服务云平台，创新社区公共文化供给，以更加广阔的虚拟文化空间激发更为活跃的文化需求，提高社区文化活力，提升社区公共文化服务供给效能。这就需要上下联动，最大程度激发社区自治。数字技术以最低的参与资本赋予了每个人更为充分的社区参与权利与进行文化生产的可能，"人人都是生产者"的网络话语特点在智慧社区构建过程当中也让"人人都是社区主人"，邻里互信与群体责任感在社区居民不断进行文化参与当中逐步构建起来，而社区居民在进行参与的同

时，也在共享技术进步带来的成果，从而让社区文化发展趋向永续。

*优化数字化网络下的公共文化资源布局，更需要完善城乡数字公共文化服务体系，加强优质数字文化内容供给。* 后工业化城市的发展中，城市建设与社会发展已经从过去高污染、高消耗的大机器生产转向了更为低碳与健康的资源节约型、环境友好型的发展方式，因应这种发展转向，以互联网、大数据、人工智能等为代表的数字技术颠覆了以往对于工业文明的认知，带来了一个信息文明的时代，进而引发了文化领域的深度变革、多维生态与创新发展。此次疫情期间，对数字文化资源大规模、长时期的公共需求，也反映出公共数字文化服务资源类型单一、同质化等问题，如何加强数字文化内容供给，成为文化建设的重要方面。必须意识到，公共文化服务数字化建设并不是从线下内容到线上平台的简单转移，而是以数字化手段实现内容与形式双层面的改革创新。一方面，要充分借助数字网络所提供的信息平台，积极实现与其他行业的深度融合，提供覆盖全领域的文化服务，以实现文化内容的多元供给，而不仅限于馆藏资源的线上数字化；另一方面，要以更加开放、多元、智能的发展理念创新服务生态，让文化资源变为民众的普遍共享，推动公共文化场馆的"无墙化"运营，借助物联网、大数据等实现智慧化的服务与精准化的需求对接等，不断探索数字化服务新模式。

### （四）加强共同体视野下的文化治理能力建设

在新冠肺炎全球大流行中，中国特色社会主义制度和国家治理体系展现出强大的思想和精神凝聚力。这些思想文化成就极大激励和凝聚了文化自信，为团结一心、步调一致抗击疫情提供了强大精神动力。这也进一步说明，全球化时代，在疫情危机面前，没有任何一个国家、民族及个人能够独善其身，只有树立人类命运共同体意识，社会各界齐聚力，将尊重自然、保护自然的自然命运共同体意识，家国同构、休戚与共的民族命运共同体意识以及利益交融、安危与共的人类命运共同体意识的树立与培养与国家文化治理体系现代化深度结合起来，才能为建设社会主义文化强国提供文化之源，夯实文化之基。

*创新文化治理理念，让绿色健康生活方式成为美好生活新常态。* 历次重大公共卫生危机所引发的，都是人类对于生命、健康、安全以及人居环境的反思。本次疫

情造成的影响，既是折射中国社会结构、社会体制、社会关系的一面镜子，又是影响中国社会结构、社会体制、社会关系变化的加速器。后疫情期，深度反思国家治理体系，以文化治理体系的现代化构筑起更基本、更深沉、更持久的文化自信，才能够更为广泛地凝聚人民精神力量，构筑起国家治理体系和治理能力现代化的深厚支撑。提倡绿色健康的美好生活、形塑和谐相处的生态文明、促进消费模式的绿色转型，以实现更有创新活力的经济发展，提供更为平等均衡的公共服务，形成更为健康安全的生态环境，促进命运共同体视野下的城市可持续发展，是全人类共同的愿景，更是现代文化治理体系的目标和现代公共文化服务体系发展的依据。创新文化治理理念，要营造优质共享的公共文化服务网络，不断完善优质公共文化服务设施布局，建设城乡一体、均等均质的公共文化服务体系；还要以中华民族优秀传统文化为核心，形塑具有地方特色的公共文化服务体系；更要将生态安全、生物安全与文化安全建设高度融合，让公共文化服务体系建设在文化本位上真正回归价值理性，形成"人—社会—国家"的治理理念，最终实现文化发展与国家治理的高度融合。

*动员社会文化参与，让共建共治共享的文化生活圈成为城乡建设新场景*。历次公共卫生危机所改变的，是全球公民的共同体意识、家园意识与主人翁意识的深度重塑与彻底反思。正是因为本次疫情中城乡居民以社群为单元，通过群防群治、联防联控以及网格化与地毯式的管理，才有效防止了疫情的蔓延和扩散。而以社群集体意识为主导的文化理念，则源自于公共文化服务体系建设对现代公民的价值形塑、对社会文化参与的积极倡导和对健康文化的精神引导。动员社会文化参与，核心是让全社会共同参与国家文化治理能力建设，在完善文化生产经营能力，建设和完善公共文化服务体系与转变政府文化职能的同时，积极建构企业法人治理、社团法人治理和国家治理相统一的"三位一体"的国家文化治理机制，实现文化的政治、经济、社会的价值性转换，进而改变和重塑国家治理模式。❶动员社会文化参与，不仅需要文化产品与设施的供给，更需要优化公共文化资源的资源分配、社会整合和政治认同，通过设施、产品等文化资源的配置和流动，打造具有社会主义文化价值的公共文化空间，塑造具有社会主义先进文化和核心价值的城乡居民。事实

---

❶ 胡惠林.国家文化治理需让更多公民参与［N］.光明日报，2013-11-14.

上，新时期的中国国家文化治理能力建设，如何以完整的制度形态和制度系统实现文化产业更好地参与全球表达，文化创新更好地赋能经济发展，公共服务体系建设更好地服务美好生活，为"人类对更好的社会制度探索提供中国方案"❶提供重要的文化价值尺度和文明标准体系，是中国文化建设的责任，也是中国国家治理体系建设的担当，更是本次疫情带给全人类的集体文化反思与文明进步。以疫情为契机，在公共卫生危机中实现现代文化治理体系的转型，健全现代公共文化服务体系建设迫在眉睫。后疫情阶段，加强提升国家文化治理体系，在同一健康理念下，建立公共服务预防预警机制，在智慧城市网络中凸显社区规划的文化价值，在命运共同体视域下，以价值提升、制度优化、科学助力和人才创新为触角，加快文化治理转型，将社会主义制度优势转化为国家文化治理效能，必将为全球文化治理提供有益的中国经验。

---

❶ 胡惠林.文化产业发展的中国道路［M］.北京：社会科学文献出版社，2018：475.

# 第三章
## 全球公共危机下的文化经济创新发展*

从世界卫生组织宣布新冠肺炎疫情为"国际关注的突发公共卫生事件",到构成全球大流行,重大疫情对世界经济和社会环境带来了巨大冲击,令众多诸如旅游、餐饮、电影、交通运输等行业在短期内蒙受惨重损失。但与此同时,数字互联环境下的新经济业态却以多元丰富的居民消费需求为动力,以大规模的"居家避疫"生活场景为载体,在充满不稳定性和挑战性的市场中突围而出,实现逆势上扬。事实上,历次重大公共事件在对生产、生活方式造成巨大影响、蒙受重大损失的同时,也在一定程度上赋予了新兴产业快速发展的历史契机。新冠肺炎疫情的暴发,一方面彰显了市场供需双方对新生活方式的期待,另一方面也预示着数字革命驱动下多元供给需求、虚拟场景体验、居家生活方式变化下消费品质升级的新动向。

---

* 本章由陆梓欣、齐骥共同完成。陆梓欣系中国传媒大学文化产业管理学院硕士研究生。

## 一、新冠肺炎全球大流行中文化经济的新动向

从新冠肺炎蔓延到构成全球大流行,世界各地居民开始减少外出,居家防疫,传统模式经济发展和消费市场受到较大冲击,却在一定程度上促进了"宅经济"的迅速发展,由此催生的新生产方式和新消费范式,需求激增、范围扩大、品质升级,有效提高了居民美好生活的安全感、满意度。在新时代消费习惯更加灵活多样、消费诉求更加多样丰富、消费场景更加交互创新的背景下,"宅经济"彰显出新技术应用、新时空交融和新生活方式重塑的主要特点。促进宅经济在后疫情时代持续高质量发展,应顺应时代新趋势,解决"宅经济"目前遇到的种种问题,加快新基础建设,优化城乡居民科技体验;培育新业态,激发经济转型发展动能;创造新供给,提高相关产品服务质量;融入新治理,共建和谐网络生态系统。

### (一)数字经济发展塑造国家影响力

数字经济是新一代信息技术与经济社会深度融合的产物,是未来全球经济增长的重要引擎之一。全球化时代,加快推动数字产业化,不断催生新产业新业态新模式,释放数字对经济发展的放大、叠加、倍增作用,是世界各国发展的重要着力点;推动治理数字化,让大众在数字经济的发展中获得更多的幸福感、安全感,让全球共享数字经济发展成果,是释放数字经济红利的主要落脚点。毋庸置疑,数字经济在塑造国家影响力、推动区域竞争力方面,扮演着愈来愈重要的角色。

全球数字经济按下"快进键",新文化业态应运而生。新冠肺炎疫情下,不同于城市、工厂和学校因为居家隔离和保持社交距离而按下"暂定键",新一轮科技革命和产业革命则在蓄势待发中,在契合新消费需求和创造新供给诉求中按下"快进键"。

根据中国国家统计局 2020 年 1—2 月份数据显示,全国规模以上工业增加值同比下降 13.5%,而智能手表和智能手环则分别逆势增长 119.7% 和 45.15%;服务业生产指数同比下降 13.0%,而信息传输、软件和信息技术服务业则实现增长 3.8%;社会消费品零售总额同比下降 20.5%,而实物商品网上零售额则同比增长

3.0%。从这一系列对照数据可以发现，以传统产业为代表的旧动能在应对外生冲击时表现出明显的无能为力，而以数字经济为代表的新动能在对冲不确定性方面展现出巨大的发展潜力，数字技术提升国民经济柔韧性的能力得到充分体现。为经济系统注入更强的柔韧性，充分发挥数字经济作为宏观经济稳定器、缓冲器和加速器的作用，让国民经济在面临冲击时能够更有韧性地调整生产、分配和消费，已经成为下一步经济发展的共识和方向。❶ 在全球大流行中，数字经济成为战役中迸发的强大力量。中国信息通信研究院发布的《中国数字经济发展与就业白皮书（2019）》显示，2018年中国数字经济规模达到31.3万亿元，占GDP比重达34.8%，对GDP增长的贡献率超过2/3；2016—2018年，数字经济连续3年维持20%以上的名义增速，高于同期GDP名义增速十余个百分点，为换挡阶段的中国经济提供了重要支撑。数字经济吸纳就业能力显著提升，2018年我国数字经济领域就业岗位为1.91亿个，占当年总就业人数的24.6%，同比增长11.5%，显著高于同期全国总就业规模增速。❷

不仅在中国，数字经济依托数据、算法、通信技术、平台等网络资源要素即可实现运转，打破了对人力资源、物质资源的依赖，使线上办公会议、教育学习、娱乐消费激增，在全球许多国家，利用互联网和数字基础设施布局、在疫情期间享受数字冲浪已成为消费新常态。疫情引发对全球供应链的担忧，各国加速布局5G、工业互联网、数据中心等数字经济基础设施建设，推动工业自动化、智能化与规范化，促进全球化利弊的再平衡。从疫情"震中"美国的情况看，数字化战略是美国经济的重要发力点。20世纪90年代中期，互联网的兴起从根本上改变了美国人的生活、工作和交流方式。20世纪90年代后期，美国、日本等国家对数字经济的界定多聚焦于电子商务领域。随后，世界各国开始相继布局数字经济战略。《数字英国》（2009年）、《数字德国》（2010年）、《意大利数字战略日程表2014—2020》（2014年）、《数字法国计划》（2015年）等国家数字经济发展规划相继出台，数字经济自此迎来了快速发展期，全球有近30个国家制定了数字经济战略，以信息通信

---

❶ 陈维宣，吴绪亮．疫情将如何重塑数字经济新范式？［N］．金融时报（中文版），2020-04-10．
❷ 姚亚奇．中国数字经济全面提速［N］．光明日报，2020-03-15．

领域为重点的狭义数字经济成了这一时期各国数字经济战略的核心。❶早在2017年，数字经济就占美国国内生产总值的6.9%，即1.35万亿美元。2017年，数字经济支撑了510万个就业岗位，占美国1.521亿个就业岗位总数的3.3%。数字经济在总就业中的份额与运输和仓储行业的份额大致相同。2017年，在数字经济领域工作的员工平均年薪为132223美元，相比之下，美国整个经济领域的人均薪酬为68506美元。美国商务部经济分析局的一项研究报告指出，数字经济的增长速度是美国国内生产总值的3倍。数字经济已经成为塑造全球影响力的重要国家治理砝码。

**数字经济重塑国家全球影响力**。数字平台在世界经济中越来越重要。据联合国贸发组织估计，2017年，全球市值超过1亿美元的平台公司的总价值超过7万亿美元，比2015年高出67%。一些全球数字平台在某些领域占据了非常强劲的市场地位。例如，谷歌占据了全球约90%的互联网搜索市场；脸书占据了全球社交媒体市场的三分之二和全球90%以上的经济体；亚马逊在全球在线零售活动中拥有近40%的份额，其中亚马逊网络服务（Amazon Web Services）在全球云基础设施服务市场中也占有类似的份额。而在中国，微信则拥有超过10亿的活跃用户，支付宝的移动支付解决方案几乎占领了整个中国移动支付市场，并同时占据了中国电子商务市场近60%的份额。从全球范围看，有几个因素解释了这些数字巨头迅速崛起并占据主导地位的原因。一是网络效应（即一个平台上的用户越多，它对每个人来说就越有价值）。二是数字平台提取、控制和分析数据的能力。就像网络效应一样，更多的用户意味着更多的数据，更多的数据意味着拥有更强的能力来战胜潜在的竞争对手，并具有先发优势。三是平台牵引力。一旦一个平台开始获得牵引力，并开始提供不同的综合服务，用户转向其他服务提供商的成本就开始增加。全球数字平台已采取措施巩固其竞争地位，包括收购潜在竞争对手，并向互补产品或服务领域扩张。与此同时，传统领域的跨国企业与全球数字平台企业的战略合作也在探索之中。例如，沃尔玛与谷歌合作使用谷歌助理；福特和戴姆勒也加入了百度的阿波罗平台；谷歌与沃尔沃、奥迪共同打造安卓汽车平台；英特尔和脸书则正在合作开发一种新的人工智能（AI）芯片。

从中国的情况看，《数字中国建设发展报告》显示，2018年我国数字经济规模

---

❶ 范周. 数字经济变革中的文化产业创新与发展[J]. 深圳大学学报（人文社会科学版），2020，37（1）：50-56.

达 31.3 万亿元，占 GDP 的比重达 34.8%。数字经济在文化领域不断渗透发展，数字技术已经成为文化发展中一种新的经济生产要素，通过强调促进科技文化创新链与产业链有效对接，提高不同内容形式之间的融合程度与转换效率。随着数字技术在基础 5G、人工智能、云计算、大数据、区块链、超级计算等领域的迅猛发展，前沿科技有效地推动文化新业态的诞生，体量巨大、类别繁多的信息和数据在科技手段的作用下开始发挥更大的价值，文化新业态也在人工智能、大数据等各种新技术迅速发展的驱动下，赋予静止的信号、数据以新的内涵，通过将其提炼、整合、挖掘，改变人们的知识结构与认知模式，进而改变文化生产、传播、消费模式。❶ 在数字经济创造全球影响力的同时，其产业特性也在重大疫情期间加速了家庭数字化的趋势，并催生"宅经济"的加快布局。

**数字经济催生新业态布局**。随着新冠肺炎全球大流行，"居家隔离"和保持"社交距离"成为大部分疫情流行地区的主要应对措施，这也在很大程度上激发了"宅"经济的快速发展。"宅"一字的文化内容最初来源于日本，意为热衷隐于宅中，痴迷于网络中的游戏、动漫、小说、网聊等娱乐活动，依靠网络提供的外卖等商品配送服务满足生活需求的生活方式，而秉持这种生活方式的人又称为"宅男""宅女"。与之相对应，狭义上的宅经济则主要是指以电子商务、在线娱乐、游戏等为代表，满足"宅人"群体消费需求为目的的线上经济以及产业链❷。但随着互联网领域对人们生活各方面的渗透，宅经济的内涵早已在时代发展中逐步扩大，当下兴起的宅经济是以互联网等信息技术为支撑，涵盖娱乐、消费、工作、学习等多领域的经济发展模式。人们对"宅"生活的印象也逐渐从具有"懒散""颓废""无所事事"的消极含义中摆脱出来，演变成为有效利用网络技术进行学习、工作、休闲、娱乐等活动的积极生活状态和高质量生活方式。

### （二）数字经济普及促生"宅经济"快进

新冠肺炎全球大流行中，从虚拟会议到自动化工厂，从在线订单到无人驾驶飞

---

❶ 范周.数字经济变革中的文化产业创新与发展［J］.深圳大学学报（人文社会科学版），2020，37（1）：50-56.

❷ 李文明，吕福玉."宅经济"的发展状况与引导策略［J］.学术交流，2014（11）：112-116.

机交付，数字服务的重要性越来越强，渗透到越来越多的行业和活动中。数字化企业正在成功地适应当前的危机，其他企业也在迅速适应智能化时代，以创新来应对商业模式的挑战。而数字经济作为中国经济转型升级的新引擎，在全球大流行之前便开始发挥着扩大消费需求和促进经济高质量发展的作用。在此次新冠肺炎疫情期间，以"宅经济"为代表的数字经济更是充分利用自身高效率、低成本、非接触等优势和特性，快速补位临时大规模停业的实体经济，为居家避疫的大众提供有效供给，实现多元化社会需求的激增。

**众多宅经济典型行业消费需求大幅增加**。此次疫情的暴发与国内春节假期重合，让原本旺盛的春节消费线下需求被大规模的压抑，居家避疫的人们无法像正常春节假期一般外出聚餐、娱乐、旅游。在这种背景下，以生鲜电商、网络视频、网络游戏为代表的典型宅经济线上行业充分发挥代替性功能，为亟待满足的生活刚性物质需求和精神文化需求提供了疏通渠道，推动宅经济短期内持续推高。根据艾瑞咨询提供的相关数据显示，疫情期间外出就餐、国内旅游、出境旅游等线下消费指数分别为 −0.70、−0.74、−0.59，均大大低于 2019 年同期用户消费水平。相比之下，疫情期间长视频（0.20）、短视频（0.23）、网络游戏（0.19）、在线教育（0.12）等线上行业用户消费指数均高于 2019 年[1]，用户的数量和使用时长均不同程度地增加和延长。

更多丰富的新型宅生活需求被催生出来。根据麦肯锡测算，线上消费每增加 1 个单位，61% 为替代原有需求，39% 为新增需求[2]。新冠肺炎疫情使原本春节火热的线下活动纷纷暂停，无法在现实空间中得到满足的用户转场线上虚拟场景。而线上消费的不断增加，刺激着新需求的涌现，也为宅经济发展提供更多创新活力。如原本在夜店酒吧的蹦迪娱乐活动便借助抖音等直播平台，摇身一变成为"云蹦迪"，吸引超过 121.3 万人参加直播，一夜为夜店带来 193.16 万元的收益[3]。另外，能实现

---

[1] 艾瑞咨询. 疫情影响下的用户消费指数趋势报告［EB/OL］.（2020-02-23）［2020-03-09］. http://report.iresearch.cn/report/202002/3527.shtml.
[2] 刘功润. 数字经济扛住疫情冲击，是对经济结构转型的生动检验［EB/OL］.（2020-03-02）［2020-03-09］. http://zw.china.com.cn/2020-03/02/content_75763437.html
[3] 中国音乐财经. 夜店的直播狂欢，一场"云蹦迪"打赏上百万［EB/OL］.（2020-02-11）［2020-03-09］. https://36kr.com/p/5291192.

健身运动游戏化、居家化的任天堂体感新游戏《健身环大冒险》也受到追捧，在销售量大幅上涨的同时价格也从原本的550元上升至近2000元，实现近4倍的涨幅❶。云蹦迪、云健身游戏等新型宅生活需求不断推动着现有业态的转变升级，也将激发大量创新业态的诞生，在为人们的美好生活提供多元化实现渠道的同时也在为经济发展赋予更多发展活力。而在人们消费水平日益提升和网络科技及配套服务不断升级的基础上，宅经济在疫情的催化下实现了服务范围的扩张。

**从横向范围来看，宅经济实践范围扩大**。以往宅经济服务对象主要局限在青年群体中的"御宅族"，服务领域也主要集中在以网络视频、动漫、游戏等业态为代表的互联网娱乐行业。新冠肺炎疫情的暴发，让不同年龄段、不同职业、不同地域的人群主动或被动地体验宅生活，迅速扩大、丰富了宅经济的服务对象范围。另外，为了尽可能减少疫情对人们生产生活的影响，大量的企业和学校打破锁定效应，积极选择了不同于以往传统线下的远程办公学习。前所未有的大规模线上复工复学，推动宅经济实践服务领域从以往的宅消费扩展到宅工作、宅学习等更丰富的领域，在加快"互联网+"对人们生活的渗透速度的同时，也为宅经济发展开拓更为广阔的空间。

**从纵向范围来看，宅经济地理范围从城市扩展到城镇，甚至下沉到农村地区**。凭借着拥有更加发达和完善的网络基础设施、配套服务及更为密集的宅居群体，宅经济作为一种新兴经济模式，首先在城市尤其是特大城市兴起。而这次春节的疫情期间，全国范围内居家隔离的要求使宅经济的地理范围第一次迅速从城市扩展到城镇农村，让不少农村人第一次体验到"乡村宅"，也让城镇农村的青年们也首次尝试了网络远程工作。根据Mob研究院相关数据显示，线上办公软件钉钉的新增用户有超过60%来自于下沉市场，即三四线城镇地区。❷教育培训、医疗健康、内容消费资源也更多向低线城市渗透。疫情的发生激发了城镇以及农村用户的宅需求，将有望进一步提高农村地区的网民规模，填平中国城乡数字鸿沟，扩展宅经济的发展空间。

---

❶ 木斯.Switch健身环，怎么就涨价涨成了"年度理财产品"［EB/OL］.（2020-02-21）［2020-03-09］. https：//36kr.com/p/5293852.

❷ Mob研究院.2020疫情下的移动互联网数据洞察［EB/OL］.（2020-02-11）［2020-03-09］.https：//baijiahao.baidu.com/s？id=1658166170531062015&wfr=spider&for=pc.

## （三）数字经济应用推动线上消费升级

新冠肺炎全球大流行时期，"居家令"使数字经济领域的消费呈现出新的发展趋势。一是消费者平均每天有超过 8.8 小时在接触各种数字内容产品，年轻一代数字内容消费的时间每天平均还要增加两个小时或更多，例如"Z 世代"平均每天数字内容消费时长为 11.4 小时，"千禧一代"平均为 10.9 小时。此外，不管是 Z 世代还是千禧一代，数字内容消费的载体主要是移动设备，而超过 25% 的千禧一代同时使用三个或更多设备来接触数字内容，同比增长 130%。二是数字时代的消费者对糟糕的体验几乎没有耐心。研究发现，超过三分之一（35%）的消费者对页面加载速度慢感到最沮丧。对于千禧一代来说，这一比例则高达 41%。同样值得注意的是，超过一半的消费者（51%）表示，如果下载时间过长，他们将完全停止观看内容。此外，数字创意内容是否优质（39%）或数字产品设计是否精良（28%）也影响到数字消费者的产品选择。三是使用新兴技术消费数字内容的趋势正在上升。新冠肺炎病毒的全球大流行，促使越来越多的消费者选择在线消费，而新技术的加速应用，在充裕的居家时间内，使消费者从接触到习惯并选择信赖。智能扬声器和可穿戴设备上的内容接触越来越受到年轻一代的欢迎，17% 的 Z 世代使用智能扬声器/家庭助理来购物，而此前一年该选项的比率则接近于 0。四是通过大数据调研分析为消费者提供精准、个性的消费内容亦成为大势所趋。随着消费者现在一天中会使用多种设备进行数字消费，人们期望在从一种设备移动到另一种设备时，个性化的体验和水平将是连续和无缝的。而利用大数据精准获取消费需求，也将成为必然之势。

新冠肺炎全球大流行时期，中国文化企业广泛利用数字经济创新供给，丰富消费内容。从中国数字消费的情况看，一方面，数字经济领域的相关行业充分结合市场供需条件，运用灵活、科学、高效的运营方式，在保持原有消费品质的基础上不断升级产品质量和服务水平。如面对线下餐饮复工难、线上快递配送人手短缺的问题，生鲜电商平台盒马生鲜发挥互帮互助的精神，积极与线下餐饮、零售行业合作，实现灵活的"共享员工"模式，在扶持线下行业同时，也保证乃至提升自身平台的配送速度；为了让用户摆脱"避免与他人近距离接触"的难题，快递平台及时推出了无接触送达服务，为用户提供安全便捷的服务体验；而为了解决线下实体服务业大面积停业导致用户刚性生活需求难以被满足的问题，盒马生鲜、京东到家、叮咚买菜、美团、苏宁等电商纷纷发挥布局已久的商业模式优势，竞相为用户提供配送覆盖范围更广、配送时长更短、价格更低、商品品种更全的优质服务体验。另一方面，文化企业广泛应用科技赋能消费品质提升。新冠肺炎疫情期间，不少高新技术助力防疫抗疫，如利用 AI 技术的测温仪能有效构建智慧体温疫情监控测量预警系统，运用大数据技术锁定感染源及密切接触人群等。同样在宅经济领域，高新技术也充分赋能，推动消费品质持续提升。在宅经济前端的配送和服务环节，京东、美团、苏宁、顺丰等线上物流企业开始较大规模地应用无人机、无人配送车、人工智能机器人等高端技术设备，在提高配送服务效率和安全度的同时，也为人们提供更加先进、更具科技感的体验。再一方面，在宅经济后端的供应链和生产环节也更广泛地使用云计算、大数据等技术，更精确地掌握不同地区的用户对不同产品和服务的需求，助力产品生产、物资仓储、调拨申请等多环节的精细化高效管理，满足人们多元化、个性化、高品质的消费需求。

## 二、社交距离下文化经济的新特征

新冠疫情全球大流行中，"宅居"的生活方式促生了以"人人宅家"的特殊社会环境为特征的文化经济形态。以线上服务为主的宅经济提供了文化经济转型意想不到的催化剂，推动宅经济在短期内实现需求的激增、范围的扩大和品质的提升，获得飞跃性的发展。随着人们消费习惯的养成、政府政策性的鼓励和扶持以及市场投资规模的扩大，宅经济短期优势将逐步在技术应用、时空领域和生活方式上形成利于长期发展的新趋势、新特征，持续为新一轮的高质量发展提供充足的增长动力。作为新文化业态的重要方式，重大疫情所催生出的"宅经济"形态具有典型的代表性。

### （一）新技术：软件和硬件同步，内容与平台并重

加快发展数字经济有利于更好满足人民对美好生活的需要，是推动消费升级的新动力。依托数字基础设施所形成的智慧城市、智慧医疗、智慧交通、智慧家居等

智能服务体系，能够提高公共服务质量，为医疗、教育、交通、餐饮、娱乐等领域深度赋能，催生更多消费新形式，提升消费服务水平，改善民生福利。❶ 新冠肺炎全球大流行，加速了社交距离下新消费方式和生活状态的常态化，也加速了数字经济下软硬件的加速更迭，催生了文化生产和消费界限的模糊和生态的重塑。

**软件应用和硬件设备同普及**。新冠肺炎全球大流行下，复工复学的压力让社会各界把目光集中于远程办公和线上学习的软件，也让其充分意识到提高企业和机构的信息化水平，依托技术软件实现便捷随地办公学习的重要性。疫情期间，大量远程办公软件应用市场凭借着线上会议、远程招聘、健康打卡等功能吸引了更为广泛的用户，使在线办公、线上教育成为一种生活方式。而对于服务供应方而言，在全球大流行中，积极地谋求长期稳定、安全灵活的优质软件应用，提高自身信息化水平以提升公司运营效率和抗风险能力，也将成为数字经济行业发展的重要方向。在硬件设备方面，同样为了应对远程工作和学习，平板电脑、办公电脑、鼠标、蓝牙耳机等硬件网络设备销量激增，为便捷的数字消费和优质的数字共享提供了良好条件。

新冠肺炎全球大流行期间，全球消费者对数字化生活方式和消费习惯的培育和养成，得益于数字经济的快速发展。随着互联网用户渗透率进一步提升，流量变得越来越昂贵，用户驱动增长的模型难以为继，对数据的收集与精准运营成为共识，精细化运营、效率提升成为主要命题，服务中心快速由 C 端向 B 端倾斜，数据成为标准消费者脉搏、研判文化市场供给的重要方面。同时，全球大流行不仅让全球产业链面临重塑，对数字经济的产业链而言，更加精准的效率提升与资源优化配置也被提上日程，通过线上线下的融合，实现线上线下互相导流，线下强化用户体验，线上提升交易效率，将成为全球大流行后文化经济新业态发展的方向。从简单连接到给产业链赋能，互联网对商业的影响是通过技术进步不断加深在商业中的渗透，使得商业的发展朝向更高效率、更低成本、更优体验、更好互动的商业模式演进。

**内容制作和服务运营齐创新**。为了在满足人们精神需求和安全抗疫之间达到平衡，不少领域也充分利用技术手段实现内容创新，全世界许多景区和博物馆在全息

---

❶ 政武经. 新型基建助力数字经济高质量发展［N］. 经济日报，2020-05-08.

呈现、AI、VR360°全景展示等技术基础上，生产了大量"云旅游""云展览"等数字内容，助力大众足不出户游世界。除此之外，"居家令"让更多的消费者同时转变为生产者，或兼具双重属性，在数字平台生产、传播数字内容产品，而数字平台服务运营的多元化和灵活性也为这一新的生产消费形态提供了便利。与此同时，大量综艺作品、艺术活动、文艺创作也以云服务为创新性制作模式，凭借着制作灵活、成本低以及限制少的优点与更为完备的制播技术结合，为观众提供更高质的娱乐体验。

纵观历史，在历经金融危机、公共事件等引发的经济低迷时期，众多创业型科技公司、数字平台相继诞生并在传统经济范式和商业模式中脱颖而出。正如2002—2003年的非典最终导致了中国电子商务的发展，并促生了像京东这样的一些网络购物偶像的崛起，由此判断，当新的企业巨头出现时，新冠肺炎病毒可能会在不知情的情况下成为一个重要的转折点，驾驭社会对新兴技术突然的、不可预见的需求。❶ 世界经济论坛预测，到 2025 年，人类将仅有占 48% 的劳动力，数字工作者将占 52%。麦肯锡描绘了各种公司沿着数字达尔文主义曲线的发展过程，将它们从实验主义者、快速跟随者评级为领导者。除了这些预测，Innosight 还预测到 2027 年，50% 的 S&P 500 公司将从名单上消失。毋庸置疑，全球大流行推动了数字经济崛起时代的加速到来，数据已逐步成为重要乃至是关键的生产要素。要牢牢把握住数据这一生产要素，才能获得更大的用户数据资本以在激烈竞争的数字经济场域中取得优势。全球大流行后，充分运用大数据、云计算、物联网等高新技术，创新内容，优化服务，提供个性化、便捷化、人性化的服务，提升供给与需求、平台与业务的融合度，将成为新的全球化力量，而消除数字发展鸿沟，创造包容共享的数字生态，也将成为百年大变局中人类发展的新诉求。

## （二）新时空：白天和夜晚相通，线上与线下互融

宅经济所孕育的新业态新模式为众多行业度过危机创造了条件，为创新新消费供给孕育了机遇。在新技术、新政策、新金融等要素构造的商业生态系统中，白天

---

❶ LU CHUANYING. COVID-19 spells fresh start for digital economy［N］.China Daily, 2020-02-17.

与夜晚的边界将逐渐模糊，现实空间与网络虚拟空间的界限也终将会被打破，展现出宅经济发展白天与夜晚相通，线上线下互融的新时空特征。

**白日黑夜边界日益模糊，延伸夜间在线消费**。以网络技术为基础的宅经济原本便具有突破时间限制的能力，一方面，疫情的突发则加速了其白日连通黑夜的渗透性，从时间上打破白天和黑夜的界限，在扩大人们工作和消费空间的同时，将日常生产活动从白天延续到黑夜，为人们提供更富选择性的生活方式。在疫情发生前，线上宅消费早已是夜间经济的重要组成部分。相比于线下夜间经济需要为日间业态的延续投入更多的资金、人力、管理成本，线上宅经济则能凭借较低的边际成本为用户全天候地提供优质产品和服务。另一方面，对于用户而言，进行夜间线上娱乐消费比外出节省更多的出行精力和时间成本，也更能规避夜间出行的安全风险，是更为理性的选择。面对疫情来袭，各类线下夜市、夜间景区、夜店酒吧等夜间经济业态不可避免地受到冲击，但相比之下，夜间宅经济受影响程度较小，为了共同战"疫"，丰富人们居家隔离期间的精神文化生活，甚至涌现出不少夜间线上新活动形式，例如"广州塔亮灯致敬逆行者"的万人云合唱公益活动、《天天云时间》《嘿！你在干嘛呢？》等夜间播放的云录制综艺节目、夜间直播的"宅草莓"音乐节和线上夜店云蹦迪等。而《武汉十二锣》（12: Prayer and Blessing）和"同一世界：共同在家"（One World: Together At Home）更是将云端娱乐推向至高点。另外，为了减少疫情对人们正常生活的影响，社会各机构纷纷推出云服务平台，部分如医疗、银行、法律等行业和机构甚至通过线上推出24小时不打烊的云服务，使一些原本只能日间外出办理的事情也能在夜间家中轻松完成，为人们的生活提供更多便利。疫情期间，以互联网为介质的夜间文化消费将进一步模糊时间的界限，激发彰显区域发展的新活力。

**线上线下加速融合，构建互联经济场景**。为了配合防控疫情，户外类型的服务行业积极响应国家号召停止营业，也因此承受着巨大下行压力。线下娱乐、百货零售、餐饮等服务业除失去了以往春节假期巨额的营业收入外，还须顶着租金、员工薪酬、设备维护等持续运营成本至社会秩序恢复，可谓损失惨重。原本不少百货商场、超市、剧院等提供线下产品和服务的企业已在互联网产业冲击下变得摇摇欲坠，而此次疫情或许会成为压倒它们的最后一根稻草。无论是实现危机自救还是长远的发展,线下与线上互融早已成为众多行业的新趋势。但是由于保守的思维方式、转型融合的巨额成本以及所需技术未到位等问题,不少线下企业均缺乏打通线上渠道,进行双向融合的动力。而此次疫情的暴发则激发线下从业者主动或被动进行新思考,尝试新实践,以满足被困宅中人们的需求。如本应在鼠年春节期间于院线上映的电影《囧妈》面对疫情来袭的突发状况,果断调整发行方式,创新性地与字节跳动合作,并于大年初一在其短视频网络平台免费放映,从而获得了3天内点击量突破6亿的成绩。同样,旅游、音乐节演唱会、健身运动等典型线下服务行业也纷纷开拓线上场景和线上服务,致力于利用线上渠道新模式激发新消费需求,孕育发展新机遇。传统线下企业行业纷纷着手新变革,加速线上线下融合,从技术到平台再到服务全产业链发展变革,推动线下企业向数字化转型。

### (三)新生活:生产和消费共域,工作与生活共栖

新冠肺炎全球大流行中,"互联网"和"居家令"共同促进了网络社交、网络游戏、网络购物等宅经济领域的快速发展。而宅经济业态和模式的不断创新,反过来影响着人们的生活方式,重塑着人们行为习惯和生活理念。

*生产和消费物理空间上的共域。*宅经济的出现和发展不断推动着生产和消费活动共域,改变着人们生活方式。根据相关数据显示,中国2018年的远程办公渗透率仍不到1%,疫情的突发让更多的企业迅速采取措施,打破以往惯性带来的锁定效应,开始涉及远程办公。2020新春复工期间,中国共计超过4亿用户使用远程办公应用,其中日新增用户逐步走高,例如2020年2月10日当天突破400万[1]。新冠肺炎疫情催化远程办公需求激增,使人们尝试性地将工作场景从传统办公室转移到家中乃至其他地方,减少员工工作中的通勤时长和环境氛围压力。从全球看,ZOOM和SKYPE远程办公和通讯软件已经成为链接生活和就业的载体,疫情期间居家隔离的要求也让更多用户群体使用电脑、手机、互联网电视以及智能设备进行消费娱乐,同一个家庭空间既成为了工作的生产场景也成了娱乐的消费场所,生产和消费在物理空间上的实现共域。

---

[1] Mob研究院.2020疫情下的移动互联网数据洞察[EB/OL].(2020-02-11)[2020-03-09].https://baijiahao.baidu.com/s?id=1658166170531062015&wfr=spider&for=pc.

与此同时，新冠肺炎全球大流行也让人们开始更加注重建立健康的生活理念、良好的生活习惯。利用 5G、人工智能等技术推动公共卫生服务体系的数字化转型和智能化升级被进一步提上日程。疫情期间，公共卫生事件网络直报、监测预警、应急管理和疾病预防的数字化平台对提高重大公共卫生风险的发现、预警和响应处置起到了重要的作用，而探索打造跨域联合共建共享的"医共体"等数字化医疗和健康服务平台，推广"5G+"远程会诊系统，也将成为新冠肺炎全球大流行后公共服务发展的重要方向。一方面，搭建疾病预防控制机构、常规医疗机构和重大疫情救治体系间的数字化协同平台，强化信息共享、资源统筹调配和业务协同配合，打通全链条的防控救治环节，将成为"大健康"背景下生活服务的保障和配套，另一方面，随着"城市大脑"在智慧城市建设中的中枢作用逐渐凸显，持续推进智慧城市建设，构建适应数字经济、智能社会发展需求的基础设施体系，提升公共服务水平，也将成为大多数城市深度智能化建设的重要方面。搭建数字化城市管理平台，将数字基建与交通、教育、商务、医疗、金融、安防等城市智能场景相结合，改善市民生活质量，是新时期公共服务的重点任务，也是优化城市资源统筹协同能力、提升城市应急响应能力和应急保障能力等，促进公共服务智慧化、社会治理精细化、安全监管精准化的基本要求。❶

**工作与生活精神层次上的共栖**。除了表层上的生产和消费空间的共域，人们新时代生活方式的构建还表现在更为深层次的统一，即工作与休闲生活在精神层次的共栖。步入后工业化的时代，越来越多的人开始从事商业、教育、法律、设计、编程等创造性知识性的工作。而其中进行相关工作的关键"创意"作为一种突发闪现的结合工作和娱乐的奇妙混合体，决定了人们以往"日出而作，日落而息"生活作息方式被不断打破❷。人们越来越多的在应该休息的时间工作，在应该工作的时间休息，工作与休闲的界限变得越来越模糊。这种特征在疫情期间人们的宅生活中体现得尤为明显，如许多喜欢美食、宠物、影视、购物的明星达人、视频平台 up 主也通过吃播、拍摄发布视频、带货等形式生产原创内容，把居家休闲变成了工作，在满足自己兴趣爱好的同时获得收入财富。还有许多宅居在家的人们，以有限范围内

---

❶ 政武经.新型基建助力数字经济高质量发展［N］.经济日报，2020-05-08.
❷ 理查德·佛罗里达.创意阶层的崛起［M］.司徒爱勤，译.北京：中信出版社，2010：14-15.

的生活圈为观测对象，描摹下疫情期间日常生活和居家工作的景象。例如在"城市实验室"（CITYLAB）的首页上，有一个醒目的横幅——分享你亲手制作的封锁下的生活地图。在新冠肺炎全球大流行导致多国多地颁布"宅居令"时，观察社区日常生活，近距离感受邻里空间，了解生活圈的文化艺术，成为疫情期间人们释放压力，缓解焦虑的一种方式。这一"征集令"得到了来自全球各地的民众的响应。正如发起者所说，"当你每天的通勤距离缩小到你的床和沙发之间的距离时，这个世界看起来会很小。对于每天冒险进入大流行的重要工作者来说，这也是可怕的。在世界各地城市的人们中，疾病、焦虑和日常生活的混乱正把注意力集中在生活中最重要的事情上，无论是爱人、收入来源，甚至是窗边的一个阳光明媚的地方。"在全球大流行期间，来自世界各地的因为"宅居令"而留在家中的人们，绘制了大流行的"生活地图"。在这些地图中，虽然表达了因为"隔离"产生的空间限制，以及由此带来的一系列对生活的困惑和对人生的反思，但是，大部分"生活地图"则反映出人们对生活的热爱，因为经济社会的"暂定键"而放出的更多的温情和美好。新冠肺炎全球大流行后，随着人工智能的广泛应用，智慧城市的逐渐推进，也将有越来越多枯燥、简单、重复性强的工作活动交付给人工智能，人类只需专注于各自的所喜所好，把工作揉进休闲生活中，真正实现"劳动成为人们生活的第一需要"。

## 三、百年大变局下的文化业态创新

在当下互联网信息时代，疫情带来的危机往往能转换为推动以宅经济为代表的数字经济进入下一轮快速发展的契机，成为推动经济快速复苏、引领后疫情时代经济发展的新动能。要把握好宅经济发展的新趋势、新特征，处理好宅经济发展过程出现的种种问题，需加快新基建，优化城乡居民科技体验；创造新供给，提高文化产品服务质量；培养新消费，创新经济发展业态模式；融入新治理，共建和谐网络生态系统，从而实现文化新业态的持续高质量发展。

### （一）加快新基建，优化城乡居民科技体验

当今时代，科技创新是综合国力的重要支撑，是社会生产方式更新和生活方式

变革的强大引领。新时代，全球科技创新更加活跃，新一轮科技革命和产业变革正在重构全球创新版图，重塑全球经济结构。❶新冠肺炎疫情暴发以来，数字经济发挥信息科技优势，在疫情防控、促消费稳增长、助复工促生产、惠民生保稳定等方面发挥了不可替代的作用，成为推动我国经济发展的新动力。但在疫情的突击考验下，同样暴露了信息基础设施建设的不完善制约宅经济充分发展的问题，体现在具体层面上则是：产业上传统行业数字化基础薄弱，虚拟经济与实体经济融合度低，制约宅经济新需求、新模式的涌现；生活上出现远程工作学习在场感低、网络卡顿等问题，限制宅经济消费体验的升级；空间上乡村网络基础设施落后，城乡数字鸿沟阻碍宅经济市场范围扩大，影响农村及偏远地区的人们享受宅经济带来的数字红利。因此，要推动宅经济在后疫情时代持续发展，加快科技导向的新型基础设施建设是基础。只有建设完备的新型基础设施，才能加快传统产业的数字化转型，营造高效、高质、有活力的网络场景，补齐农村基础设施和公共服务设施建设短板，为文化新业态长期稳定发展打下扎实的基础。

**借力政策、投资优势，积极推进落实新一代信息基础建设**。新基建指的是以 5G、人工智能、工业互联网、物联网为代表的，旨在构建数字经济时代和推动实现经济社会数字化转型的信息基础设施。随着互联网经济规模的日益扩大，以高新技术为导向的新型基础设施建设早在 2018 年便成为国家打造现代化基础设施体系的重要议程。新冠肺炎疫情暴发期间，以互联网为基底的宅经济所彰显出来的巨大发展潜力，更是进一步提升了国家政府对投入建设 5G、工业互联网、大数据中心、人工智能等新型基础设施的决心。2020 年 3 月 4 日，中共中央政治局常务委员会召开会议，明确提出需加快 5G 网络、数据中心等新型基础设施建设进度。而要进一步积极推进新一代基础设施的建设，首先政府部门应统筹全局，利用政策做好整体导向工作，力促各地各级政府相关部门因地制宜落实有关政策，应对新型基础设施建设中遇到的实际问题灵活调整辅助政策，形成新基建政策工具箱，充分释放政策红利。此外，除了加大政府投资力度外，还需充分发挥市场的作用，调动社会资本参与新基建的积极性，从而释放新型网络基础设施建设的溢出效应，激发宅经济远程办公、智能居家、虚拟云旅游

---

❶ 武卫政，赵永新，余建斌. 提升科技创新能力［N］. 人民日报，2019-02-18.

等新领域新业态的生成，为文化新业态进一步创新升级和深度发展打下硬件基础。

**推动新基建惠及城乡，助力全民体验智慧高质宅生活**。5G网络等新型基础设施的建设不应局限在城镇，智慧生活的体验也不应是城市居民的独享。2019年5月，中共中央办公厅、国务院办公厅印发《数字乡村发展战略纲要》，强调数字乡村是乡村振兴的战略方向，也是建设数字中国的重要内容。数字乡村的建设是开拓宅经济供需市场，助力全民享受美好生活的重要环节。但是从疫情带来的考验来看，乡村信息基础设施短板所带来的城乡数字鸿沟仍有待进一步缩短。为此，新型基础设施建设不应忽略乡村地区，反而应该利用鼓励新基建的契机，加大对农村地区的资源投入，进一步建设完善乡村信息基础设施。通过5G网络、云计算、物联网、人工智能等新基建的普及，建设涵盖政务、交通、医疗、教育乃至生产等多领域的智能社区，为城乡居民提供高效、便捷、舒适的高质宅生活。另外，需以完善乡村信息基础设施为助力，搭建云端互联网农产品供销系统的同时，完善农村地区的物流系统，通过减少城乡产品商品的双向流通障碍的方式，实现数字经济扶贫，文化创意减贫，提高乡村居民的生活水平。

### （二）培育新业态，激发经济转型发展动能

新冠肺炎全球大流行期间，"人人宅家"的特殊社会环境为宅经济这一文化新业态的发展提供意想不到的催化剂，在短期内催生不少如云娱乐、云办公、云就医等的新业态和线上线下联动、无接触服务、共享员工等的新模式，这些新业态、新模式的出现不但为疫情期间人们正常生活提供有力保障，还赋予宅经济更多的发展活力和升级空间，成为激发经济转型发展的新动能。但是同样由于这些新业态、新模式仅是在疫情刺激下应急产生的临时性解决方案，不少还面临着新业态、新模式自身不成熟、难持续、难盈利；企业主体规模小、能力弱，难以应用新业态、新模式实现自救等问题。为了避免宅经济这样的新业态、新模式"昙花一现"，持续发挥其激发市场活力、推动消费升级的功能，应积极探索有价值、有前景的业态模式，为业态模式的培育营造良好环境，从而加速文化新业态的成熟和可持续发展。

**摒弃陈旧观念，积极实践，把握有价值有前景的新型业态模式**。要让新业态、新模式为己所用，充分发挥其解放生产力、激发新需求的优势，首先就是要摒弃以

往陈旧的观念，打破固态的惯性思维，以积极开放的心态去认识新事物，找准互联网时代的发展规律。然后，在充分认识网络市场特征规律的基础上，企业应通过科学的调查和创新的思维积极探索筛选有发展潜能的模式和适用于其行业转型升级的业态，结合自身条件优势，深入探索实践可行升级路径；相关管理部门则应为新业态的发展提供先进的模式引领、有力的政策支持和规范的法律保障。最后，应主动归纳总结成功的做法，助力先进经验在文化新业态适用的行业内推广，促进成熟新业态、新模式的广泛应用。

*加强多方多层次的合作，助力融合创新业态模式*。文化新业态的良性发展有赖市场的充分竞争，优胜劣汰，筛选出更能满足需求、提供优质产品和服务的业态模式。但另一方面，后疫情时代宅经济新业态、新模式的培育更需要具备合作意识，加强产业链上下游间的合作，利用先进的技术管理缩短上游生产段、中游供应端和下游服务端的距离，培育高质量、低成本的宅经济服务模式；加强不同行业领域间的合作，如大数据、云计算、人工智能等新兴技术行业和文化创意设计服务行业与传统制造业的深度合作，通过跨界融合创新业态，实现生产效率提升和消费体验升级；加强国际在数字技术、跨境贸易、数据流通和人才培训等方面的交流与合作，丰富国内供给类型，扩大宅经济海外市场❶。只有不同行业领域间乃至国际的合作，才能充分发挥多方、多层次、多领域的优势资本，构建利于多方的生态型业态模式，助力合作主体共渡难关，实现互利互赢。

### （三）创造新供给，提高相关产品服务质量

疫情期间，隔离效应催生的新需求和新业态在扩大文化新业态发展空间的同时，也对新业态的供给内容和供给形式提出更高的要求。供给质量的好坏直接影响着消费需求能否获得真正的满足，检验着新业态、新模式是否获得成功。目前，许多文化新业态的内容供给数量和供给服务形式基本能满足用户在短期内的需求，但是仍存在产品内容品质不尽人意、平台硬件服务器质量有待提升、生鲜不鲜、教而不育等消费服务体验不佳等问题。要在后疫情阶段持续性地高质量发展，利用网

---

❶ 中国产业经济信息网.数字经济：新模式新业态加速成熟［EB/OL］.（2020-01-14）［2020-03-09］. http://www.cinic.org.cn/xw/cjfx/708983.html.

络效应发挥文化新业态在网络平台上的价值和效应，还需要在积极创造新供给的同时，提升产品服务的质量❶。

**以优质多元的供给内容吸引人，培养大众消费新习惯。**根据行为心理学有关习惯的相关研究表明，习惯的养成仅需要 21 天的重复。疫情带来的隔离效应为大众消费新习惯的养成提供有利的条件。但是要在激烈的市场竞争中吸引用户使用并培养持久的使用习惯，还是有赖高质的供给内容。要提升产品服务的供给内容质量，首先需要以人为本，充分考虑不同目标群体的需求和偏好。疫情加速中国互联网用户的"暴发式增长"，网络用户加速向两端延伸。因此，在进行内容生产供给时，需要结合最新用户群体的特征，在把握年轻人等传统网络用户主体的消费偏好的同时，也要充分考虑儿童、中老年人等群体对优质内容的需求。其次，应以科技为手段，优化内容质量。目前，云蹦迪、云旅游、云展览等文化新业态的供给获得了大量的关注，但是由于硬件终端设备等技术的缺失，仍存在五感体验缺位，在场性、互动性、真实性弱等问题。故要提高数字供给内容质量，还需要借力虚拟现实等科技手段，提升用户体验。最后，需遵守相关管理要求，积极承担社会责任，提供更具精神内涵、更有价值的数字文化产品。在抗疫期间，《关于进一步加强电视剧网络剧创作生产管理有关工作的通知》《网络综艺节目内容审核标准细则》等网络内容管理准则陆续发布，相关内容生产主体只有自觉遵守相关法律法规，掌握相关标准规范，才能真正生产出大众喜闻乐见的高品质、多元化文化内容产品，给群众提供丰富优质的精神食粮，引导大众养成更加健康积极的消费新习惯。

**以高效便捷的供给形式留住人，提升平台运营能力。**重大疫情的暴发和蔓延，让许多行业意识到单一供给渠道的局限性和风险。文化新业态要吸引人、留住人，除了提供优质的内容，还需要保证供给渠道方式的高效便捷，提升平台整体运营能力。因此，对于新业态中生鲜零售、餐饮等提供实体产品的行业应加快"智慧社区"的布局，积极推进线上线下联动模式，打造智能化的供给渠道。对于旅游、展览、演出等极具场景性的内容服务行业则需要加强 VR、AR 技术的应用，在提供现实娱乐空间的同时，也要开拓虚拟体验渠道。对于电影、综艺、短视频等娱乐服务

---

❶ 网络效应：网络价值同网络用户数量的平方成正比，即 N 个连结能创造 N 的平方量级的效益。

则应充分挖掘不同内容、不同播放设备的特性，积极探索成熟商业模式，打通内容娱乐多频多端的供给渠道。此外，文化新业态领域的各行业均需充分利用好数据这一生产要素，发挥大数据云计算的功能，找准、适应、跟上用户需求及其变化，不断根据需求调节供给内容和供给方式，为用户提供精细化、个性化、品质化的产品服务。

### （四）融入新治理，探索全球数字治理之路

重大疫情加快了以线上为主的文化新业态向大众消费、社交、工作、教育等方方面面的渗透速度。技术的发展以及大众对网络的日益依赖推动着现实世界的场域逐步扩大涵盖至虚拟网络空间。能充分利用虚拟网络空间的文化新业态固然能为人的生活带来诸多便利，使人们足不出户便能获得生活、工作、教育、社交等多个方面上的满足，但是网络空间与现实世界关系越密切，就意味着互联网领域的问题暴露面会越广越深。根据《2020年百度315搜索大数据报告》显示，2019年全年网民搜索维权相关内容的热度同比2018年上涨19%，其中网络购物和金融服务成为消费侵权的重灾区。在疫情期间的2020年2月10日至3月11日，维权相关内容的搜索热度环比上涨110%，口罩质量和快递相关问题增长较快。除了趁"疫"打劫，线上出售高价劣质产品等乱象频频出现外，个人和企业等网络主体还面临着个人信息泄露、网络谣言、黑客入侵、保密数据被窃等问题，严重影响大众的线上生产生活。文化新业态的发展离不开健康有序的网络空间环境，只有构建和谐稳定的网络生态系统，才能充分发挥互联网的溢出效应，为企业、社会、网民等多利益主体带来积极影响。为文化新业态营造良好的产业生态，推动新业态可持续发展，需要以国家治理体系现代化为依托，以文化治理的创新要素为核心，提升网络空间治理能力，加强多主体协同合作，共建和谐网络生态系统。

**以国家治理体系现代化为依托，提升网络空间治理能力**。网络空间的治理范围随着数字经济的快速发展而逐步扩大，面临的问题也随之繁杂。要为文化新业态的发展营造有序安全的网络市场，给大众网民营造清朗和谐的网络环境，就必须贯彻落实党的十九届四中全会精神，推进网络空间治理体系和治理能力现代化[1]。为此，

---

[1] 夏锦文. 国家治理体系和治理能力现代化的中国探索[N]. 光明日报，2019-11-19.

网络空间新治理首先需要坚持党的领导，在牢牢把握意识形态领导权、学会利用互联网规律的基础上，提升对网络舆论的引导能力和网络安全的管理能力。其次，应进一步发挥顶层设计的作用，理清各领域各级部门的职权分配，落实好各级各部门所对应的职责。同时加强各部门的合作，搭建涵盖技术、经济、文化、法律等多维度的治理体系，提高网络治理的系统性和协同性。最后，相关部门在执法的过程中需把握好管理尺度，提高治理手段的灵活性和精细度，在坚守红线底线和遵守法律的同时需保证网民的自由表达、自由创作等权利，为文化新业态的出现提供足够的发展空间。

**鼓励多主体协同共治，共建和谐网络生态系统**。在文化新业态中，数字文化产业以其迅捷化、便利化、个性化、差异化、视听奇观化等消费特点，日益融入年轻人群的日常生活，成为文化消费的热点和痛点。数字文化产业发展态势和导向将直接关乎国家文化安全，在文化回归本性、文化和社会愈发互文的当下，文化价值观的传播问题凸显，如何形成正确的国家观、民族观、历史观和审美观至关重要。[1] 在文化治理中，除了政府的监管，良性网络生态系统的营造还有赖网络信息内容的生产者、服务平台、使用者乃至行业组织的努力。新一代科技革命把人们带进信息爆炸的时代，依靠以往以单一的科层制为基础的行政主导模式完全无法对互联网空间中无限生产和快速传播的信息内容进行全面把握和及时监管。因此，对于网络治理需打破传统思维，创新运用多元参与、协同共治的治理模式，使内容生产者自觉守法，为大众精神家园的构建负起应负的责任；使网络企业服务平台履行主体管理责任，积极培育向上的网络文化；使网络使用者在文明使用网络的同时，积极对不良信息进行监督投诉；使网络行业组织完善行业规范，发挥服务指导和桥梁纽带功能。多主体自觉、积极地参与，才能为文化新业态的发展构建出科学健康的文化生态和成长氛围。

**打破数字经济鸿沟，探寻全球数字治理的中国方案**。在数字经济创造文化新业态，催生"宅经济"迅速发展，与新生活方式和新消费习惯无缝对接、平稳过渡，并将在后疫情期和今后相当长的一段时期，重塑经济增长方式的同时，我们也更加

---

[1] 范玉刚.新时代数字文化产业的发展趋势、问题与未来瞩望[J].中原文化研究，2019，7（1）：69-76.

清醒地看到，尽管数字技术的进步在创纪录的时间内创造了巨大的财富，数字经济也迅速成为全球布局和国家博弈的着力点，但不得不引起注意的是，数字经济创造的财富一直集中在少数国家的少数个人和少数公司身上。在当前的政策和法规下，沿着这一发展轨迹可能将进一步加剧全球数字经济发展的不平等，造成更多的数字鸿沟。就中国城乡发展而言，也存在同样的风险。如何打破数字经济发展的鸿沟隔阂，避免分而治之？如何正视世界上有一半以上的人上网受限或无法上网？如何在全球创造一个具有包容性的数字经济的服务环境？这些议题进一步对全球社会可持续发展、健康治理、科学治理提出挑战。后疫情期，新技术特别是人工智能，将不可避免地导致全球主要的劳动力市场的转变，包括一些行业和地区的工作岗位消失。数字经济也对全球劳动力市场提出了新的要求，包括驾驭数字化和智能化所需要一系列新的和不同技能。而应对数字化，如何优化新一代的社会保障政策，如何构建更加智能的城市大脑，如何创造无时不在、无处不有的数字化公共服务，如何打造泛在的文化经济新时空，都为国家治理提出了新的命题。与此同时，数字经济也带来了网络安全漏洞等新的风险协助非法经济活动，挑战私隐的概念。全球治理体系中，人类共同体也必须共同努力寻找新的解决方案。

# 第四章
## 全球公共危机下的文化艺术创新发展

新冠肺炎疫情暴发和全球大流行以来，许多城市陷入"停摆"，全球约1/3的人口处于禁闭状态，在全球最繁忙的道路和高速公路上，车辆几乎绝迹。自2020年1月以来，全球地铁的公共交通客运量下降了80%以上。全球大流行下不可避免地影响着文化艺术领域的生存和发展。但在公共空间按下"暂停键"的同时，在线上展览、虚拟消费、数字场景等领域却按下了"快进键"，创造出全新的场景叙事、散发出温暖的艺术精神、塑造了充满人文关怀的创意生境。

## 一、新冠肺炎全球大流行中文化艺术的新态势

新冠肺炎全球大流行背景下,公共艺术机构"无薪假""裁员""临时性或永久性关闭"等措施,在某种程度上有效抑制了因为人群集聚带来的疫情扩散,但也让公共艺术空间的生存和发展面临空前挑战。根据联合国教科文组织估计,全世界约 6 万家博物馆中有 90% 左右正处于全部、部分关闭状态或面临关闭风险。各类博物馆——无论规模、位置或地位,都面临着严峻的挑战,包括保护藏品、确保员工安全和健康、处理财务问题以及与公众保持联系等。除了作为公共文化机构的博物馆,包括美术馆、音乐厅、剧院和电影院等在内的艺术机构都纷纷关闭,遭遇的重创是不言而喻的,尤其是对那些私立艺术机构而言。一方面,它们广泛寻求社会赞助,呼吁全世界人民团结起来,共同为人类艺术发展度过至暗时刻而努力;另一方面,大部分艺术机构亦通过 Facebook 和网站保持活跃,或者探索数字旅游或虚拟参观的方式,在网络时空向世界开放,以促进人类因为文化艺术而团结起来,抚慰心灵或点亮温暖。

### (一)全球艺术机构遭遇重创

新冠肺炎成为"全球大流行"以来,公共艺术领域"无薪假""裁员""临时性或永久性关闭"等措施,在某种程度上有效抑制了因为人群集聚带来的疫情扩散,但也让公共艺术空间的生存和发展面临严峻挑战。从美国百年历史艺术名校旧金山艺术学院宣布将在 5 月毕业季后考虑暂停课程并寻求重组可能性,到美国迪士尼宣布 4 万员工停薪休假,从亚洲、欧洲的文化机构陆续关闭,到美国各州文化机构掀起关闭潮,越来越多的博物馆、艺术机构和文化部门宣布裁员,艺术产业及相关从业者在疫情期间遭受重大打击,让全球艺术领域在疫情期间面临艰难处境。

**全球大流行使艺术机构进入至暗时刻。**从疫情对全球艺术机构的影响看,疫情大流行和在全球超过 200 个国家的蔓延使全世界都面临着艺术发展的艰难时刻,博物馆、艺术馆、美术馆等公共艺术机构在疫情中受到严重影响。例如全球大流行期间,世界规模最大,也是欧洲资格最老的艺术博览会之一欧洲艺术和古董博览会

(TEFAF)受到疫情影响,出现其历史上的首次提前闭幕。意大利在疫情期间关闭了全国所有博物馆和大型遗产型景区,艺博会和双年展、米兰艺术博览会、米兰艺术周等大型人员聚集活动均陆续宣布改期。德国首都柏林也关闭了所有博物馆和文化机构,包括影院及音乐厅等,科隆国际艺术博览会、柏林画廊周等大型活动同样宣布暂停或改期延迟。美国在疫情影响下,也相继关闭公共文化艺术空间,各州宣布进入"紧急状态",大部分州颁布了"宅居令",以遏制疫情传播。疫情最为严重的纽约州关闭了大都会艺术博物馆、现代艺术博物馆、古根汉美术馆、惠特尼美国艺术博物馆、佩斯画廊、豪瑟沃斯、卓纳画廊等,华盛顿国家艺廊、史密森尼学会、波士顿美术馆、波士顿当代美术馆、洛杉矶盖蒂博物馆等也相继关闭。包括英国苏格兰爱丁堡艺术节、东京奥运会等全球性大型活动,也在新冠肺炎疫情的影响下取消或延期。

美国艺术协会(Americans for the Arts)在调查了遍布全美50个州的文化艺术机构,访问了11004个艺术组织(其中75%为非营利性艺术组织)后,估算出美国艺文界的经济损失截至2020年3月底已经高达45亿美元,疫情导致的财政损失达119943020美元,疫情导致的意外支出为6922458美元,因疫情而取消活动的艺术组织百分比为94%(即约10340个),损失的观众数目达到55188127人(平均每个组织58524人),这个数字还只是涵盖艺文界的非营利组织,而不包括相关商业机构在内。调研数据同时显示,在受访的11004个艺术组织当中,23%(约2530个)已经因为疫情而裁减员工数目,另外43%(约4730个)则认为裁员只是时间早晚问题。纽约大都会艺术博物馆宣布因为疫情影响紧急闭馆至2020年7月,而这项决定预期至少会有1亿美元的损失,纽约现代艺术博物馆已决定取消所有与外部的艺术教育合约。❶ 美国作为疫情暴发和蔓延人数最多的国家,在疫情影响下刺激了预算的紧缩,美国旧金山现代艺术博物馆在全球疫情危机不断升级的情况下被迫大幅裁员。随着机构的暂时性关闭,该博物馆裁掉了135名待命人员,意味着仅余200名员工以维持博物馆的使命(其中包括186名全职员工和最新的30余名兼职工作者);

---

❶ Americans for the Arts.The Coronavirus Pandemic Has Cost American Arts Organizations a Collective $4.5 Billion So Far[EB/OL].(2020-04-13)[2020-05-10].http://www.artslifenews.com/news_in.aspx?siteid=&ver=&usid=&mnuid=1115&modid=4&mode=&isgb=1&nid=1605&noframe=.

除此之外，旧金山现代艺术博物馆的领导团队也将会实行减薪策略，在博物馆实行"无薪假"策略期间工资被减掉50%；洛杉矶当代艺术博物馆实行全部或部分的"无薪假"政策，及大幅减薪；纽约新当代艺术博物馆同样宣布大规模实行"无薪假"政策。其150名员工中的近三分之一将被裁员，这意味着来自各个部门的共计41名全职和兼职职员失业；匹兹堡卡内基博物馆宣布员工临时性"无薪假"和暂时性减薪。克利夫兰博物馆对兼职员工实行"无薪假"方案并暂时性解雇部分工会员工，其中包括安保人员等；此外，印第安纳波利斯当代艺术博物馆也在疫情中于官网宣布将永久性关闭。著名艺术机构苏富比则实行裁员和强制休假措施，约200名苏富比员工（占总数约12%，员工总数约1700名）需要强制无薪休假。而未被裁员或无须休假的美国及英国员工需要减薪20%，高级管理层方面则减薪30%，并暂停发放加班费和基于绩效的奖励金。

欧洲、亚洲许多国家和地区的文化与艺术产业也在新冠肺炎疫情期间面临着艰难的处境。欧洲博物馆联合会（The Network of European Museum Organizations）发布的调查初步结论综合了新型冠状病毒肺炎对来自41个国家（包括美国、伊朗和所有27个欧盟成员国）的650余家博物馆的财务影响，其结果显示，旅游区的博物馆收入损失高达75%~80%，大型艺术机构如阿姆斯特丹国立博物馆、维也纳艺术史博物馆和荷兰阿姆斯特丹市立博物馆每周损失在10万~60万欧元；法国专业画廊委员会的专项调查发现，新冠肺炎疫情可能会导致三分之一的法国画廊在2020年年底前关闭。该行业协会的279个成员画廊预计2020年第二季度的总亏损将达到1.48亿欧元。英国慈善基金会国家信托基金会在疫情期间削减1.4万名工作人员，并对约1.12万人实行无薪假方案。疫情期间，许多亚洲国家的文化和艺术机构同样面临考验。日本东京都现代美术馆、京都市京瓷美术馆等都在疫情期间宣布暂停开放；韩国国立现代美术馆、泰国当代艺术博物馆等知名机构为了避免疫情蔓延，也纷纷采取闭馆措施；中国香港地区的大部分艺术机构和文化场馆在疫情期间也处于关闭状态。

**新冠肺炎全球大流行使中国文化市场进入寒冬**。在新冠肺炎全球大流行中，中国艺术市场的不同行业、不同领域同样受到冲击。一方面，居家隔离和博物馆、艺术馆等文化艺术机构关闭，聚集性文化艺术活动、旅游演艺、电影院线放映取消或推迟，限制了疫情期间的艺术观赏和文化参与，文化消费受到冲击。另一方面，以文化艺术产品生产、交换和流通为代表的文化贸易，因为全球交通物流数量锐减限制了产业发展。

从疫情对文化艺术机构的影响看，国有博物馆的市场经营收入有门票收入、文化产品销售收入、项目经费收入、其他服务性收入、资产性收入（出租等）、奖励性收入，甚至还有基金会等，但是主要的财政来源是政府财政，民营博物馆的收入则对举办者的投入依赖特别大。尽管中国89%的博物馆是免费开放的，门票收入对国有博物馆的影响相对国外较小，但多数民营博物馆依然受到客源减少、消费低迷的冲击。随着博物馆文创业的发展，在博物馆自主创收收入中，依靠博物馆文创产品获得的增值收入占据博物馆收入的重要部分。根据不完全统计，2017年全国博物馆的文创产品开发收入大约为35.2亿元，约占2017年博物馆收入的11%，阿里平台数据统计称，2019年博物馆跨界文创产品销售规模相比2017年增长2.5倍，姑且以3倍计算，2019年博物馆文创收入约占据博物馆总收入的35%，而这一部分收入则在疫情期间受到冲击。从中国艺术机构在疫情期间的生存境况看，根据AMRC艺术市场研究中心等多家艺术媒体、艺术机构共同倡议并发起的"新型肺炎疫情对中国艺术行业的影响调查"❶的调研结果，79%的受访对象认为疫情对于艺术行业影响很大，最主要的影响方面来自于艺术展览、公共教育等聚集性活动的减少、机构收入减少资金紧张等。有24.1%的受访对象认为将会影响2020年上半年收入的50%以上，另有29.8%的人认为疫情对收入的影响无法估量……显然，艺术行业已成为新冠肺炎疫情影响下的重灾行业。

从疫情对中国文化艺术行业的影响看，以内容生产为核心的视听艺术产业同样遭遇发展寒冬。从中国艺术行业发展看，疫情暴发和蔓延的高峰期正逢春节假期，按照传统惯例，春节档票房可以占到全年票房的近10%（2018年春节档票房57.23亿元，占全年票房的9.4%，2019年春节档票房58.26亿元，占全年票房的9.1%），

---

❶ 本调查报告由AMRC艺术市场研究中心、雅昌艺术市场监测中心（AMMA）和艺术市场通讯联合撰写。报告就受访者受武汉新型冠状病毒感染肺炎疫情影响的情况及诉求进行了整理和分析，包括收入下降幅度、可维持的时间、面临的主要挑战、自身对策及对政府诉求等问题。雅昌艺术网，新型肺炎疫情对中国艺术行业的影响调查结果。

而在 2020 年春节期间，除了《囧妈》网络播出之外，其他春节档影片全部撤档，各地影院暂停营业，根据国家电影资金管理委员会发布的全国电影票房日报数据显示，2020 年春节档总计报收 2357 万元，同比下降 99.6%，春节档的票房萧条可能对 2020 年全年的票房增长带来影响。另外，影视拍摄制作业也相继暂停，在一定程度上也增加了成本费用的支出，进而影响影视制作公司的项目进程。从疫情对创作表演等艺术活动的影响看，文艺创作与表演以及群众文体活动等演艺创作活动在疫情中也受到较大程度冲击。从演出行业整体情况来看，2016—2018 年，其市场规模总体增速在 5% 左右，预计正常情况下 2020 年将达到 567 亿元，其中商业演出占比 60% ~ 70%，营收达 340 亿 ~ 397 亿元。而疫情防控期间各类演出活动取消，会对演出行业整体造成消极影响。例如，2020 年 3 月中旬时，保利剧院、国家大剧院、上海大剧院等纷纷取消了 4 月的演出，截至现在，演出行业整体仍然零复工，再加上演出节目较长的审批时间，整个演艺行业的恢复期比其他行业要长。根据中国演出行业协会的不完全统计，2020 年 1—3 月份已经取消或延期的演出近 2 万场，造成的直接损失已经超过了 20 亿元。在宋城演艺发布的财报同样显示，2020Q1 营收的下滑降幅可能在 50% 以上，达 2.5 亿元，而伴随着疫情后期旅游市场的暴发增长和高速反弹，以及政府在资金、税费等方面的扶持政策，预计将会对冲部分业绩下滑压力。根据国家统计局数据显示，2017/2018 年艺术表演场馆演出营收在 40 亿元左右，疫情期间各大剧场、影剧院、音乐厅等艺术场馆关闭造成的直接损失预计在 5 亿元左右。与此同时，自 2020 年 1 月份以来，由于国际、国内的航空、航运等纷纷取消班次，艺术品行业的重要环节——物流运输也因为运力班次的大幅度缩减、人员停工等受到严重影响，作品的进出仓、运输、清关、交收等纷纷告急，计划近"停摆"，艺术行业在日趋国际化的发展空间中受到严重挤压。

### （二）艺术机构广泛寻求破冰

在新冠肺炎疫情影响下，"全球大流行"暴露了艺术行业一系列紧张关系——从劳资关系到商业模式，再到对"基本"工作真正含义的理解。面对疫情产生的公共文化困境，关闭的博物馆、美术馆和艺术机构等开始广泛寻求支援，艺术家一方面在全球大流行中广泛寻求基金支持、社会捐助，以度过艰难时刻，另一方面也积极创作富有人文关怀的作品以温暖全球大流行中人们的心灵。

**公共艺术机构通过社交媒体寻求支援**。在博物馆等机构关闭期间，博物馆不仅没有收入，而且也很脆弱。例如，2020年3月29日，在荷兰辛格·拉伦博物馆因为新冠肺炎全球大流行关闭期间，馆内收藏的凡·高画作《春天花园》被盗，这也使博物馆面临继续为员工提供支持，确保安全，并保护藏品的更为严峻的挑战。

据美国博物馆联盟（AAM）粗略估计，全美博物馆闭馆期间每天至少损失3300万美元，如果没有政府迅速的财政支持，30%的博物馆（大多位于偏远和小型的社区中）将无法重新开放。在美国疫情快速暴发、"宅居令"在各州开始陆续实施期间，美国博物馆联盟于2020年3月24日向国会寻求40亿美金的求助，大都会艺术博物馆也递交了一份请愿书并在社交媒体上发起以"国会拯救文化"（Congress Save Culture）为标签的行动计划，通过扩大传播来寻求最广泛的社会赞助。在"国会拯救文化"发起的同时，受疫情影响的许多艺术机构均开始在社交媒体上呼吁帮助，如"博物馆花卉"（Museum Bouquet）由纽约历史学会在社交媒体上发起。该学会将一张19世纪美国画家马丁·约翰逊·海德（Martin Johnson Heade）描绘苹果花（Apple Blossoms）的作品图片上传至其官方推特账号，然后配上一段祝福文字并通过添加"@"符号的方式告知史密森尼美国艺术博物馆与伦威克美术馆，随后，史密森尼学会将一张亨利·莱曼·萨昂（Henry Lyman Sayen）的作品《银莲花》发送给了俄亥俄州的阿克伦艺术博物馆的推特账号。此后，数以百计的博物馆社交媒体账号参与到了这个网络行动中，如古根海姆博物馆、库珀·休伊特史密森尼设计博物馆、弗里克美术馆、菲尔德博物馆、芝加哥当代艺术馆，甚至波及了位于澳大利亚的维多利亚国家美术馆和位于加拿大的安大略美术馆等世界知名博物馆和美术馆。❶ 这些博物馆通过推特等社交媒体所发布的信息、发起的行动、发出的声音、传递的内容，一方面表明了公共艺术领域受到疫情影响之广、受挫之重，另一方面也说明了艺术在疫情期间和后疫情阶段对社会发展和公众情绪的重要价值。"经济复苏关键在于令人民踏出家门，再次消费，而艺术正有此功效。"不论是艺术节庆、博物馆展览、美术馆展出，还是艺术表演、文化活动，都能够令人们走出家门，创

---

❶ 于奇赫. 新冠疫情下美国博物馆的社交媒体互动与交流［EB/OL］.（2020-04-08）［2020-05-10］. http://dy.163.com/v2/article/detail/F9MREPGO0521ISHJ.html.

造社会及经济机遇。研究数据显示，72%的美国人相信，"艺术能打破年龄和种族隔膜，团结社区"，81%美国人认为艺术是"动荡世界中的积极正面经验"，美国艺术协会则呼吁全部艺术机构和从业人员团结一致，共度时艰。

面对疫情的蔓延，以艺术点亮心灵、康复情绪、缓释因疫情造成失业等社会压力，也成为艺术界的共识。例如，在波士顿马萨诸塞州艺术博物馆的社交媒体上，艺术家对作品附加的赠言是"在这些困难时期里，我们认为每个人都需要一朵舞动的雏菊来点亮他们的每一天"。在悉尼的新南威尔士美术馆的社交账号写着"亲爱的@昆士兰艺术画廊，请接受代表这里每一个人的博物馆花束。这是诺拉·海森（Nora Heysen）在1938年创作的《春天的花朵》，虽然它和现在的季节不太匹配，但它所描绘的在黑暗中绽放的场景与我们所希望的新生、光明相符"。而赫施霍恩博物馆则@泰特美术馆并留有附言"给你一些鼓励"。意大利罗马配合社交媒体运动#iorestoacasa（我待在家里），由行业协会发起了一项新的基于电影的倡议——将电影带入人们的家庭。这项名为"Cinemadacasa"的倡议旨在重塑罗马这座城市并以电影艺术为其注入活力，以补充市民之间的社会联系。疫情期间，每天晚上10点，各种各样的电影图像和片段被投射到整个城市的城市建筑外立面。罗马居民可以在他们的窗户和阳台上欣赏经典电影，也可以自己放映他们最喜欢的电影场景。Cinemadacasa作为一项创新和参与性举措，凸显出罗马坚定不移地致力于让电影行业成为社会包容和凝聚力的关键驱动力，尤其是在当前文化艺术创造力变得比以往任何时候都更为重要并充满挑战的形势下，电影为疫情期间的生活点亮了希望。

**公共艺术机构的未来充满不确定性。**尽管艺术能够让疫情下的生活增添温情，然而疫情暴发后，诸如博物馆、艺术馆这样本该提供给人类接触、反思、希望的公共空间相继关闭。美国博物馆联盟称，在美国，由于新型冠状病毒，博物馆每天将损失约3300万美元，预计将有30%的博物馆（大多为小型博物馆与社区博物馆）在没有联邦政府援助的情况下永久关闭。欧盟博物馆联合组织对欧洲、美洲、马来西亚、伊朗等的650余博物馆的一项调查结果显示，游客的缺失将使一些大型博物馆减少75%~80%的收入，70%的博物馆每周损失超过7000欧元。维也纳艺术博物馆、阿姆斯特丹市立博物馆和荷兰国家博物馆则宣称，他们每周将损失数十万欧元。而私人博物馆受到的打击更为惨重，许多私人博物馆将在闭馆期间（可能持续

至 2020 年 9 月）失去所有资金来源。❶

在边界封闭的当下，博物馆、艺术馆中所呈现的多元文化相互依存和交流的论调开始得到艺术家群体和文化艺术部门的重视，然而，更值得关注的是公共艺术机构的文化治理方式。在过去几十年中，因为英美公共文化的商业化，使许多国家收藏暴露在艺术市场的种种变幻莫测之中。在美国，大都会博物馆已宣布预计亏损1亿美元。相比之下，在德国，文化部长莫妮卡·格鲁特斯（Monika Grutters）谈到了"文化和创意部门的巨大负担"，并承诺联邦政府将为艺术家和文化场馆提供支持，并称"我不想让你们陷入困境"。在英国，国民无须支付博物馆入馆门票，公共资金也在减少，这必然催生博物馆高度商业化的风气。与此同时，疫情的发生使博物馆的零售、场地租借、巡回展览、会员活动都遭受毁灭性打击，而且这种打击还将在未来延续，这将导致数百万英镑的赤字。更重要的是，以博物馆、美术馆为代表的艺术行业支撑着创意生态，这个生态中包括布展设计人员，甚至是照明生产企业，如今他们的生计也将受到影响。然而，创意产业每年为英国经济贡献约 1120 亿英镑，但依然无法让公共艺术机构在现行治理范式下规避风险。❷ 在这一境况下，探索全球化的文化经济时代有效的文化治理范式，为公共艺术空间和公共艺术资源寻求高效的治理路径，成为全球公共艺术领域共同面临的议题。

### （三）艺术家释放文化创造力

公元前 430—前 427 年，古希腊雅典城邦的瘟疫大暴发之时，正值伯罗奔尼撒战争期间。突发的瘟疫对雅典城邦造成沉重打击，从而结束了雅典的古典民主时代，也结束了希腊的民主时代，导致战后希腊奴隶制城邦的危机，整个古希腊文明开始由盛转衰。17 世纪比利时画家米希尔·史维特斯的《雅典鼠疫》生动复原了修昔底德描述的见闻："有些病人裸着身体在街上游荡，寻找水喝，直到倒地而死。甚至狗也死于此病，吃了躺得到处都是的人尸的乌鸦和大雕也死了，存活下来的人不

---

❶ 王岩. 博物馆 30% 将倒闭？疫情使得海外博物馆运营陷入停滞 [EB/OL].（2020-04-15）[2020-05-10]. https://new.qq.com/omn/20200415/20200415A0QDE900.html.
❷ 澎湃新闻. 疫情下海外艺术机构一瞥 [EB/OL].（2020-04-06）[2020-05-10]. http://wap.art.ifeng.com/? app=system&controller=artmobile&action=content&contentid=3499020.

是没了指头、脚趾、眼睛，就是丧失了记忆……"作为艺术家记录人类重大灾难的开始，艺术在人类危急时刻从未缺席。艺术家对灾难的记录，对人类艰难时刻的诠释，对公共危机的表达，引人警醒，令人深思。

**艺术表达：社交媒体提供艺术交流平台**。新冠肺炎全球大流行期间，艺术机构在社交媒体上的相互鼓励也感染了全球艺术家在疫情期间继续创作温情的作品以鼓舞人心。美国儿童图书插画家和艺术家卡森·埃利斯（Carson Ellis）在照片墙（Instagram）上建立了一个隔离艺术俱乐部，每天为被困在家中的人们播撒艺术的种子；鹿特丹爱乐乐团的音乐家采用了新一代技术来录制贝多芬《欢乐颂》的虚拟版本，让更多的人在线感受到音乐的魅力。音乐家在他们的视频中说："我们正在适应新的现实，我们必须找到解决方案以便相互支持。"更多的艺术家在社交媒体上展现自己的作品，也有更多的公共机构在社交媒体上宣布开放更多艺术资源，让人们可以免费获取艺术的力量。显然，艺术在激励社会创新、激发文化参与方面的力量是强大的。艺术家认为，"创意力量可以为我们提供帮助，让我们跳出思维框架，并利用创新来保持我们的联系并使其相互协作。因为如果我们一起做，我们将会成功"。美国娱乐网站 Billboard 整理了参与直播节目的艺术家和乐队的名单，希望通过"在这段艰难时期分享音乐上的喜悦"来充实心灵。还有许多艺术家发起了"绘制社区文化地图"的行动，希望人们在"宅居令"下能够近距离观察自己的邻里和生活的空间，那些平时难以观测、被生活疏忽的场景，让生活变得温馨。艺术可以帮助人们在黑暗时期渡过难关，即使在"全球大流行"期间也是如此，这使我们虽然无法在相同的物理空间中面对面体验艺术和文化，却在同一的虚拟空间中心连心相互鼓励和支持。[1]

随着时间的流逝，新冠肺炎对生活造成的不便、产生的影响将逐渐淡去，而公共艺术的表达却将以既具有仪式感又能够融入生活的方式，深刻地记录和纪念这一人类历史上的重大灾难。追溯历史，灾难中的艺术作品往往产生持久的艺术价值，鼓舞和激励着人们珍惜生活的美好。也许生于灾难、长于苦痛的人往往更具同情能力，也拥有更强烈的创作欲望和潜藏的艺术天赋。意大利表现主义艺术家阿尔贝

---

[1] 于奇赫.新冠疫情下美国博物馆的社交媒体互动与交流［EB/OL］.（2020-04-08）［2020-05-10］. http://dy.163.com/v2/article/detail/F9MREPGO0521ISHJ.html.

托·布里（Alberto Burri）便是其中的典型，回看他传奇深刻的一生，最宏大、创作时间最久，也是他最后一件完成的作品《大裂纹》（Grande Cretto）。这件占地 8000 平方米的混凝土景观作品，是为了纪念自己的家乡——1968 年被里氏 6.1 级地震夷为平地的西西里小镇吉贝尔立纳（Gibellina）而生。灾难过后，这座小镇已经无法在原址上重建，但布里选择在旧城的废墟上进行再创作，作品虽然遮盖住了灾后遗迹，却将缅怀无限放大，使消逝的城镇和文明通过艺术得以重生，也将艺术的纪念性无限放大。他在废墟上覆盖大型的白色混凝土块，并在上面割划出条条裂纹，这件"受了伤的艺术"隐喻着灾难带给社会和公众的无尽创伤，引发了观众心头的隐隐作痛。相比属于突发性灾害的地震，其他类别的自然灾害是累积和渐进的，公共艺术通过多种艺术形式，诱导公众参与其中，从而塑造他们的问题意识，提高社会集体警觉。灾难主题的公共艺术的形态和地域文化、地理特征息息相关，在灾难类型下各具特色，但却无一例外具有相似性，在公共灾难面前，公共艺术能够形成一种团结力量——为亡者及消逝的祈福和缅怀；对生者的激励和宽慰，公民灾难意识的集体觉醒，公共意识内在与外在的社会和文化价值都不容忽视。在所有支撑公众挺过灾难的力量之中，有一支队伍由艺术家、作家、演员、歌手等职业者构成，他们手无寸铁，没有专业救灾技能，看上去毫无特殊，只有画笔、意识、旋律和声音，但他们的呼唤和鼓励，尤为令人动容，别有一番持续且绵长的力量。

**云端艺术：云舞台的全球云合作**。艺术作品的本质在于它超越了个人生活领域而以艺术家的心灵向全人类的心灵说话。❶武汉解封后的第 5 天，知名作曲家、指挥家谭盾"云端"集合了中国、美国、俄罗斯、日本、保加利亚、法国、韩国、挪威、德国、以色列 10 国艺术家，借助 3D、5G 技术，于武汉、上海、纽约三地联袂演奏，完成了《武汉十二锣》（*12: Prayer and Blessing*）的中国首演。《武汉十二锣》是谭盾在纽约飞往布鲁塞尔的飞机上不休不眠写成的。这部作品是为奋战在抗击新冠肺炎疫情一线的武汉人民而作，锣声中蕴含着对人类生命的赞美，对武汉人民、全国乃至世界医护人员的崇高敬仰。而演出采用的是"云合作"模式——六面锣在云舞台上，另外六面锣在中国，《武汉十二锣》是声音的书法。3D、5G 是科技，

---

❶ 卡尔·古斯塔夫·荣格. 心理学与文学［M］. 冯川, 苏克, 译. 上海：上海三联书店，1987.

让它跟灵魂拥抱，跟传统拥抱。天长地久，万物合一，天地与我，大焉为一。锣声依次炸裂，人声轻轻吟唱，撞击着人们的心弦，抚慰着心灵的伤痛，也传递着希望、温暖和爱的祝福。❶ 而从艺术意向上看，在中国文化中，生命以十二为一循环，十二时辰、十二节气、十二生肖……十二响代表着祈福美好，共振生命，❷ 这也进一步阐释了艺术在重大灾难中的作用。在世界舞台上，全球线上公益演唱会"同一世界：共同在家"（One World: Together At Home）也释放出艺术在塑造全球公民中的作用。这场由世卫组织和国际倡导组织"全球公民"组织举办的虚拟音乐会使受新冠肺炎疫情影响的人们聚集在一起。全球大流行时期，公共艺术在教育、娱乐、审美中继续创造价值，也因为疫情的特殊性而具备抚慰心灵、疗愈精神、缓释抑郁的慰藉作用。正如同文学可以"维系作为语言符号动物的人的精神生存与健康"，❸ 艺术也因为以审美之镜折射世界之美、人性之美而创造出危机中的温情。

**跳出困境：多元力量支持公共艺术共渡难关**。在艺术家们应对疫情开展创作，以艺术力量安抚社会不安、缓释居家焦虑的同时，艺术家自身也面临生存困境，艺术救助也成为本次新冠肺炎疫情中的一项重要工作。在全球许多国家，很多艺术家因此而失去了关键的委任项目、展览和其他工作机会，尤其是那些刚刚起步的艺术家，他们正面临租房、食物等开支的压力。一些艺术基金会与政府部门开始参与到对艺术家的援助中，希望在危急时刻为他们提供最基础的保障。以美国为例，疫情期间，安迪·沃霍尔视觉艺术基金会拨出 160 万美元的应急补助金，用以支持受到新冠疫情影响的艺术家个体。美国 16 个城市将分别获得 10 万美元拨款，帮助艺术家们支付如食物、租房、医疗开支与照顾孩子的基本开支。纽约艺术基金会与劳申伯格基金会则合作发起了一项针对艺术家的医疗紧急援助计划。劳申伯格紧急援助金将为视觉艺术与媒体艺术家、编舞家一次性提供最多达 5000 美元的补助，以分担各种预料之外的医疗支出。此外，纽约艺术基金会还与"隐匿的女性"基金会合作，专门为因疫情而失去收入或工作机会的 40 岁以上女性视觉艺术家提供补助总

---

❶ 朱渊. 云舞台上"云合作"，谭盾带着《武汉十二锣》回家了！[N]. 新民晚报，2020-04-13.
❷ 吴桐. 谭盾携《武汉十二锣》回家 上演"云交响"[EB/OL].（2020-04-13）[2020-05-10]. http://ent.people.com.cn/n1/2020/0413/c1012-31671306.html.
❸ 叶舒宪. 文学治疗的原理及实践[J]. 文艺研究，1998（6）.

共 25 万美元的资金，每位接受者可以获得最多 2500 美元。除了民间基金会，一些政府官员也参与了这场艺术家的援助。在伊利诺伊州，根据社会组织伊利诺伊州艺术联盟的一份调查，艺术与文化组织因新冠肺炎疫情而遭受的收入损失预计将超过 8400 万美元。该调查发现，由于该州企业的关门，有 3563 人失去了他们的全职工作，13144 人失去了兼职。芝加哥市市长洛莉·莱特福特（Lori Lightfoot）和伊利诺伊州州长杰·罗伯特·普利兹克（Jay Robert Pritzker）与一批慈善机构合作，发起了一项新的补助项目，受疫情影响的伊利诺伊州艺术家与艺术文化机构都可以申请补助金。该项基金目前已经从私人和公共机构募得 400 万美元，从而得以支持伊利诺伊州的创意行业。艺术家个体可以申请一次性达 1500 美元的补助，非营利艺术与文化群体可以根据各自的需要，申请 3000 ~ 6 万美元的资助。❶在全球艺术发展与全球大流行一同进入历史上的至暗时刻时，政府、社会和个人的捐助为缓释疫情对公共艺术的影响发挥了重要作用，然而，从全球经济社会的发展而言，艺术一直在崛起——作为影响全球治理、艺术营造和文化参与的力量，艺术在全球大流性后的复兴，靠的是艺术自身的力量。

## 二、"全球—本土"下艺术的文化价值

在全球大流行中，艺术发挥着重要的作用，为宅居生活带来娱乐体验，减缓社交隔离期间的心理焦虑。全球大流行后，艺术在治愈心灵创伤、激发社会活力和创造产业氛围上，也将承担重要的社会功能。

### （一）构建城市精神的叙事场景

为了纪念人类历史上的重大灾难改造而成的城市公园、艺术场所、文化场景，创造而出的美术作品、创意装置以及各种艺术形态，不但引发了人类对于灾难的思考，对于生命的敬畏，更通过记录灾难充满了人文关怀。

---

❶ 澎湃新闻. 浅聊美国疫情中的艺术救助［EB/OL］.（2020-04-03）［2020-05-10］. http://wap.art.ifeng.com/?action=content&app=system&contentid=3498921&controller=artmobile.

**立足于灾后重建的社会需求，创造有温度的城市。** 在城市发展中，公共艺术空间既可以介入灾害前的警示镜鉴，对人类世界灾难频发引发的生存反思、人类生活方式与自然获取方式的预警起到重要作用，又可以发挥灾难后的复原功能，对灾后社会心理重建的缓冲，尤其是对受灾区域民众心灵的抚慰、家园重建时温情的守望、道德的塑造做出社会贡献。2005年卡特里娜飓风袭击美国新奥尔良，城市几乎被淹没，2000多民众在灾难中丧生。为了抚慰心灵而举办的"前景1号 新奥尔良国际双年展"表现了艺术家群体对灾难的祭奠，意图使遭受灾难的新奥尔良发出的声音更大、更具有影响力，改变传统的灾难报道模式和媒体传播效益，从一个具体的艺术事件的角度来延续外界对于新奥尔良卡特里娜飓风事件的关注。2012年被桑迪飓风袭击后的美国提尔顿堡垒建在满目疮痍的洛克威半岛。纽约现代艺术博物馆和洛克威公园共同组织的"洛克威！艺术节"，重启了洛克威半岛面向公众的开放，完成了灾后重建和艺术展览的结合。每件作品和每处展览场地都能让人在面对自然的雄美宏伟和人造物质的衰败破落时心生宁静，如何恢复心灵平静，如何温和地注入乐观精神，如何借用偶像的力量引发更多关注，用艺术的手段让当地与域外的人们在面对现实的同时重燃对生活以及对城市美好事物的向往。同样在桑迪飓风袭击之后，"大西洋"公共艺术公园的诞生彰显出艺术在恢复城市重建中的力量。1995年日本神户大地震对神户及周边地区造成了严重伤害，超过6500人丧生，作为国际海运货物大集散地的神户港也全面陷入瘫痪，直接经济损失达2000亿美元。震后，神户市编制了以"共生社会"为基本理念，旨在带动城市复兴的《神户震后重建规划》，建立了三个恢复目标和五个政策体系，其中"以促进吸引游客为导向"的产业振兴，旨在进行"创造性的恢复"，以期在城市重建的同时也着力于城市形象与口碑的恢复。❶ 其中值得一提的是，与许多提供给地震中失去家园的人们的廉租住房拔地而起相伴的，是一项特殊的"户外改善计划"。艺术家通过将震后廉租房之间的空地转化为两块需要耕种和培育的小农场，为这群陌生人搭建一个能彼此产生社会性关系和联结的"舞台"。在这个公共艺术介入灾后重建的过程中，体现的不仅是公共艺术作为灾区的人与人之间情感关系互动中介的价值，还囊括了一种地方

---

❶ 睿途旅创.旅游危机来袭，看看世界各地是如何恢复灾后旅游的？[EB/OL].(2020-02-10)[2020-05-10].https://mp.weixin.qq.com/s/9rf3DYWDwZfaZtF5tXv0Ug.

或者说更高一级政府对于灾后重建的高度重视和人性化关怀。❶

**立足于记录的心理感受，表达人类面向灾难时的情感**。与灾后重建的公共艺术空间和纪念灾难的公共场所不同，记录灾难的美术作品，表达更隐晦，色调更灰暗，文化的隐喻也更强烈。例如，毕加索创作的壁画《格尔尼卡》（Guernica），是以1937年4月26日德军对西班牙格尔尼卡的大轰炸为创作来源。在此事件中被深刻触动和激怒的西班牙艺术家在画面中塑造了怀抱死去孩子的母亲；手中握剑伏地死去的战士；被长矛刺穿的老马和一盏由画外介入的、照亮整个血腥场面的油灯。格尔尼卡大轰炸后的混乱让观赏者唏嘘不已，并与画家产生共情，作品引发的对战争深刻反思以及对人类的和平呼吁和向往，表现出了艺术的文化价值。在世界美术史上，也不乏描绘人类疾病、瘟疫的作品，它们往往通过作品反映出一定的文化价值，诠释出社会发展阶段的文明程度。例如，法国寇马安特林登博物馆的《伊森海姆祭坛画》，表现了麦角中毒的疫情下，修道院对疾病的救治工作。作品通过基督教复活的主题安慰信众，一定能够战胜疾病。17世纪，法国著名古典主义代表画家尼古拉·普桑在《亚实突的瘟疫》的美术作品中，根据撒母耳记中的描述，表现了孩子趴在因瘟疫死去的母亲尸体上痛哭的情景，表现了人们希望免除瘟疫的愿想。19世纪，浪漫主义的先驱、法国著名画家安托万－让·格罗的《拿破仑视察雅法的鼠疫病人》描绘了拿破仑视察看顾亚美尼亚圣尼古拉修道院内感染鼠疫的士兵的情景，表现了拿破仑作为一个领袖爱兵如子的英雄形象以及鼠疫病人救治的真实场面。由于瘟疫，西方绘画史上诞生了一些新的主题。例如，黑死病之后出现了"死神的胜利"和"死神的舞蹈"的题材。这两个主题都在提醒我们，人无法避免死亡：前者较为积极，劝导人们既然如此，今生应努力奋斗，争取获得好的结果；后者更为悲观，强调无论生前是国王还是修士或其他各行各业的人，最终都难逃一死。❷ 在缺少现代科技对疾病的阐释，流行病无法控制并难以医治的背景下，艺术作品中表现出来的对疫病灾难的悲观让死神成为艺术的主题之一，各种对死神形象想象，表达了对死亡的难以逃逸，对生命无常的无可奈何。

---

❶ 梁昕. 灾害之后，他们如何用艺术创新文旅，区域品牌知识局［EB/OL］.（2020-02-08）［2020-05-10］.https://www.dcdapp.com/article/6798509813841003015.

❷ 张敢."疾病与瘟疫"对西方美术的影响［EB/OL］.（2020-04-09）［2020-05-10］.https://news.tsinghua.edu.cn/info/1003/75746.htm.

这也让宗教文化介入艺术创作，成为人类面对无法解释、难以释怀的生老病死的心灵安抚。以人为灾难为灵感的艺术作品蕴含着对疾病的深刻记忆和对生命逝去的情感表达，也表现了人类与疾病斗争的历史之艰辛。1951 年，艺术史家米拉德·迈斯出版了《黑死病之后的佛罗伦萨和锡耶纳绘画：14 世纪中叶的艺术、宗教和社会》。在书中他指出，"黑死病对佛罗伦萨和锡耶纳的艺术风格与内容产生了深刻的影响。正是由于对瘟疫的恐惧让宗教绘画的赞助人放弃了长达半个世纪的艺术发展，转而回到更传统，也是更加虔敬和注重精神性的风格"。❶ 从这些反映疫情、疾病、战争、暴乱等灾难题材的艺术作品看，这些着意于记录心理波动、表达个人情感、诠释人类价值的艺术作品，既有人类的绝望和挣扎，宗教的隐喻和暗示，也有灾难中人类的博爱和包容，灾难后人类的惋惜和反思。

**立足于城市的文化精神，创造舒适的居所**。在全球城市中，创造城市的舒适物，让人类更好地生活，既是艺术的初衷，也是艺术的价值所在。通过"设计"打造一个让市民获得舒适生活且可持续发展的城市、提供无限畅通交流机会的城市、具有独特气质和标识的城市、由市民推动的文化创意城市，是当代城市创新的有效方式。作为联合国创意城市网络的"设计之都"，首尔以"设计"的力量改变城市为"蜂鸣点"，创造整体富有秩序但又彰显城市特色的场景序列。例如，首尔选定了城市吉祥物和 10 种具有首尔特色的"蜂鸣点"，并开发了"首尔汉江体"和"首尔南山体"两种特有的字体用于首尔市政府、各居民小区标志和指示牌上，通过使用统一的形象来整顿无序的城市景观，达到改善视觉效果的目的，并营造和谐、整洁的环境氛围。此外，首尔还选定 50 条街道改造为"设计首尔街道"进行创意街区建设，并开发利用历史文化资源建成地标建筑——东大门设计广场（DDP）和东大门历史文化公园建筑群等，改变城市的外观形象。"设计"的"蜂鸣点"不仅体现在场景的建设上，更表现在场景的叙事上。首尔以"城市是一个充满艺术的画廊"为主旨，通过在公共空间摆放创意公共艺术作品和表现首尔独特的美和首尔故事，使市民和外来旅游者能够分享首尔独特的气质和历史。❷ 在首尔的案例中，"蜂

---

❶ 张敢. 希望和力量永恒：瘟疫与疾病对西方美术的影响［EB/OL］.（2020-04-27）［2020-05-10］. http://www.jsxwzzb.com/news/8027.html.
❷ 刘平. "设计之都"首尔：文化创意促进城市转型［J］. 上海文化，2014（2）.

鸣"具有两重作用，其一是创造引起"蜂鸣"的场景，其二是赋予场景以"蜂鸣点"，让场景成为叙事的主体，创造出市民、游客和艺术家共同的精神载体。

在全球城市中，那些以"创作"作为"蜂鸣点"，打造一个知识充盈、生活丰富的城市，让城市成为梦想书写的缔造者，以满足所有人的精神需求的城市，在城市之林中脱颖而出，有力地彰显出艺术与创作在城市发展中的作用。在联合国创意城市网络中，爱荷华创造的"蜂鸣"在于，大学及图书馆等公共文化服务机构开展的服务、创造的课程、营造的氛围、培育的人才表现出创意写作和创意城市之间的丰富互动。例如，爱荷华大学创意写作学科以及它闻名世界的爱荷华作家工坊。作为一种诞生于大学，但又覆盖到全龄人群的"蜂鸣点"，爱荷华不仅创造出场景的公平，还开启了场景的自我更新。爱荷华大学的创意写作工坊之所以能够产生"蜂鸣"，主要是因为其创意写作围绕爱荷华本身展开。在为城市培养写作创意人才时，还举办丰富的文学活动，并将写作融入社会生活，让市民和作家们以爱荷华为故事蓝本和情境底色开展写作，向全球讲述爱荷华故事。例如，爱荷华创意写作的实践项目"退伍军人之声项目"（Veterans' Voices Project），该项目把爱荷华作家工坊和爱荷华的退伍老兵的故事联系在一起，实现了文学创作、写作教育、公共文化服务和社会公益的融合❶。这一系列基于"写作"的"蜂鸣"——项目、课程、活动及其空间产生的场景张力，让城市的审美精神、阅读水平、文化经验和创意能力不断提高，创造出城市的文化容器。

### （二）创造公众参与的创意情景

传统的社会参与以托克维尔/帕特南（Tocqueville/Putnam）式参与为主导，这种偏重于参加正式组织/社团，如参加基瓦尼斯（Kiwanis）俱乐部、妇女选民联盟或新社区委员会的模式，在城市创新方式更加多元、市民诉求更加多样的背景下，往往遭遇现实挑战。而全球化时代，我们发现诸如多伦多、波哥大、那不勒斯和芝加哥等城市，却以新的参与模式创造出新政治文化的"蜂鸣"。这进而说明，文化参与是创造"蜂鸣"的重要手段，就如同"发现之旅不在于寻找新的风景，而意在

---

❶ 葛红兵，刘卫东．从创意写作到创意城市：美国爱荷华大学创意写作发展的启示［J］．写作，2017（11）．

拥有新的视野"一样，艺术与文化的兴起，正在逐渐转变着公民政治。尽管这一观点对于许多社会科学家来说仍是新鲜事物，但对于政策制定者来说这种现象早已司空见惯。"蜂鸣"理论为我们试图通过文化艺术与政治分析相结合的方法来克服传统公民参与的鸿沟找到了突破口。

*立足于"人"的文化自觉，"蜂鸣"理论是物理的城市更新与精神的公民成长的双螺旋耦合*。城市创新不仅是城市社会文化属性重构的过程，也是人的深度城市化的过程。在城市创新动力的塑造中，"人"始终是最为关键也是最为重要的因素。没有人口的集聚，就没有城市的构成，更没有城市更新和再造。❶因此，以"人"为核心创造"蜂鸣"，才能体现出城市发展的本质：不仅仅是物理的"城市"的更新过程，更是精神的"公民"成长的过程。以哥伦比亚波哥大为例。在20世纪的八九十年代，波哥大以世界谋杀之都而闻名，是全球最暴力的城市之一。但是在1995年，波哥大经过了一次不寻常的政治竞选，安塔纳斯·莫卡斯（Antanas Mockus）当选为市长。在城市治理中，莫卡斯引入了与托克维尔/帕特南（Tocqueville/Putnam）模式中大多数假设相矛盾的全新政治领导风格。例如，使用哑剧演员和裁判卡规范交通。波哥大引入近500个哑剧演员来引导城市交通，这些哑剧演员穿着奇装异服，涂着白色的脸，用夸张的动作创造了一个如同马戏团般的氛围，人们在欢笑的氛围中变得遵守规则。这些指挥交通的哑剧演员在几个月内完成了过去几十年的传统执法未能达到的执法效果。波哥大还向市民发放了近35万张类似"竖起大拇指"或"倒立大拇指"的卡片，驾驶员之间互相举牌以表达他们对驾驶行为的赞同或反对。市民驾车时非常成功地使用了这种卡片，以至于它们很快成为波哥大日常生活中社交活动的一部分。❷可以说，波哥大的"公民文化计划"充分激发了"人"的创造性，创造性地赋予了市民解决许多影响城市生活中常见问题的能力，创造出巨大的"蜂鸣"效应。而"公民文化计划"之所以成功，是因为莫卡斯政府并没有把"善政"视作公民的产物，而是证明了公民实际上可以是"善政"的产物。简言之，"蜂鸣"可以作为集体行动参与城市治理和政府合作的催化剂。

---

❶ 文军. 城市更新的社会文化基础及其张力［J］. 探索与争鸣，2017（9）.
❷ CLARK T N. Can Tocqueville Karaoke？ Global Contrasts of Citizen Participation，the Arts and Development（Research in Urban Policy）［M］. London：Emerald Publishing Ltd，2014.

立足"城市"的自我成长,"蜂鸣"理论提供了以"自下而上"的方式优化城市秩序、创新城市动力的思想框架。20世纪以来,在许多城市中,文化和艺术及其所形成的产业群落越来越成为城市发展的新文化中心和新经济场域。究其原因,"蜂鸣"作为一种宝贵的城市资源,通过文化艺术的创新创造和价值转化而诞生、蔓延并影响着城市的整体转向。以芝加哥为例,2012年,芝加哥文化事务司(DCASE)启动了一个以文化民主为重点的规划过程——重新创建城市文化愿景,确立芝加哥作为全球文化领导者的角色,并最终在城市中的每个社区实现创造性的文化表达。芝加哥文化规划以城市居民的多样性和多元化为优势,围绕文化规划建立广泛的社区凝聚,反映全球的知识宽度,并提出了公众参与规划的八种方式。例如,通过社区会议了解市民需求,将文化添加到的社区节日/活动/计划活动中;在市民所在的社区组织建立文化委员会,了解文化需求;在工作场所探索融入文化的方法,创造出"蜂鸣"的氛围,让工作更具创造性;在社区和学校教育中,开设文化艺术课程并鼓励各种文化艺术创造以及鼓励市民尝试各种文化艺术和创意活动,拜访从未去过的社区并相互交流,激发更多的"蜂鸣";等等。这些措施以最大的限度确保芝加哥文化规划是芝加哥市民的文化规划。而在规划制定的过程中,芝加哥充分利用市民创造"蜂鸣"效应也进一步说明,"文化"并非孤立的,而是融入全市各个部门、融入市民生活的。以广泛的市民意见、市民参与创造"蜂鸣",形成文化变革的力量、文化激励、表达和团结的力量。"创建一个引领芝加哥的未来文化和经济增长的框架",并使芝加哥"成为全球最具创造力的目的地和孕育创新和卓越艺术的策源地",离不开"蜂鸣"营造出的文化容器。可见,"蜂鸣"是一种由充满活力的城市文化场景所产生的资源[1],一种为居民、企业和政治角色所追求的资源,同时,"蜂鸣"也是创造城市文化活力、塑造有可持续动力的场景所不可缺少的构件。

### 三、百年大变局下的文化艺术创新

城市公共艺术空间是市民开展公共生活的物质空间载体,是公共生活的发生

---

[1] CLARK T N. Can Tocqueville Karaoke? Global Contrasts of Citizen Participation, the Arts and Development (Research in Urban Policy)[M]. London: Emerald Publishing Ltd, 2014.

地，承载着生机勃勃的市民活动，体现着社会功能，因此，公共空间的设计应基于活动主体，即市民公共生活的叙事，表达空间中人与社会的现实关系。后疫情期，建设更加安全、更有韧性的公共空间，在小尺度范围内能够满足居民文化需求、点燃居民艺术创见、激发社区艺术参与的公共空间，成为新的诉求。城市发展与市民成长之间的链接和作用，很大程度上通过公共空间来实现。可以说，城市公共空间是一个舞台，人们既是参与者，又是表演者。一个没有人参与活动空间，就会成为名存实亡的公共空间。城市的公共空间能否形成一定的价值归属，吸引更多人参与交往活动，是城市公共空间设计的重要建设意义。❶

## （一）公共空间资源和场景数字化

新冠肺炎全球大流行期间，关闭公共艺术场所，开放在线艺术资源，使全球民众的"隔离"生活和居家办公因为艺术的介入而富有温度。而数字化的场景构建，则让公共空间的艺术资源更为广泛地渗透民众日常生活，使这种温度扩散得更远，渗透得更深。

**数字技术提高公共艺术的参与度。** 新冠肺炎全球大流行使世界各地的博物馆、美术馆、音乐场馆和歌剧院都暂时闭馆，以帮助减缓新型冠状病毒的传播——但互联网技术让我们仍然可以在舒适的客厅里体验艺术。积极开放在线空间欢迎虚拟游客则为全球观众创造了更多艺术参与的可能性。例如，包括纽约大都会歌剧院和柏林爱乐乐团在内的歌剧公司和管弦乐队已经向世界各地的观众现场直播了多场音乐会。纽约现代艺术博物馆、大都会艺术博物馆和古根海姆博物馆、巴黎奥赛博物馆、伦敦泰特现代美术馆和大英博物馆以及阿姆斯特丹凡·高博物馆、巴黎卢浮宫、罗马佛罗伦萨、梵蒂冈博物馆等，都通过在线游览的方式向虚拟游客开放。世界著名的歌剧院和管弦乐队在柏林、纽约、首尔现场直播了在线音乐会，尽管面对观众席一排排的空座位表演，但这些表演已经在全世界的网上观众中迅速传播。谷歌的艺术与文化平台已经与1200家领先的博物馆和档案馆合作，在网上展示这些弥足珍贵的文化艺术展品，并提供基于虚拟现实技术的街景旅游。一些世界上最著

---

❶ 范希嘉，邹一了.基于叙事的城市公共空间体验设计［J］.包装工程，2018（4）.

名的文化机构一直在努力提振和丰富被隔离和封锁的艺术爱好者的精神世界，试图通过流式音乐会和提供虚拟博物馆参观及在线画廊的方式，让疫情期间的生活富有生机。从疫情下中国艺术资源的数字化看，如快手 App 联手大英博物馆推出中国直播版。故宫博物院将"雪中故宫"IP 延伸，吸引虚拟游客在线赏雪。上海博物馆在闭馆期间，迅速推出了网上博物馆专题，包含新春特辑、多媒体网展、三维展厅等 24 个展览，藏品展示超 500 件。天津博物馆推出了"线上约会博物馆"活动。甘肃博物馆则与多个网络平台合作，推出了"博物馆直播课程""博物馆云春游""云游博物馆""云探国宝"等数字游览活动。敦煌莫高窟暂停开放一个月之后，"云游敦煌"小程序上线，以数字化技术手段展现敦煌文化，用户将手指划过屏幕，就能看到石窟中的壁画，每日都能收到不同的"私人定制"壁画故事，搭配一句与壁画有关的箴言。线上消费、虚拟游览让数字场景融入生活，创造着新的生活方式，也激发了新的创作方式。

**数字化将成为未来公共艺术场景构建的技术支撑**。全球大流行后，公共艺术空间的数字化、智能化需求将更加强烈，疫情期间培育出的数字艺术的消费习惯、虚拟现实的场景体验，将激发更加高品质、多样化的艺术需求。如何让艺术释放更加强大的力量，如何创造更为广泛的线上蜂鸣，成为后疫情期公共艺术与其他领域协同发展的重要议题。根据国际数据公司 IDC 预测，2021 年，全球至少 50% 的 GDP 将以数字化的方式实现，数字技术将全面渗透各个行业，并实现跨界融合和倍增创新。而 2021 年，也是本次新冠疫情结束峰值而进入恢复阶段的重要节点，恢复艺术重建和防止疫情季节性复发，成为全球公共艺术空间和机构面临的共同挑战。借助疫情期间全球民众积累和习得的数字消费和场景体验习惯，在艺术空间中同步布局数字艺术资源，同步启动数字文化产业线上模式，加大数字体验场景和虚拟游览应用，不仅有利全球抗疫的巩固，其显现的价值也继续延续到疫情之后的全球经济生活中。如果说数字技术是公共艺术转型的加速器，那么数字内容就是公共艺术发展的稳定器。在疫情期间，许多国家和地区开放了在线文化艺术资源，强大的数字资源库，展示出先进的公共艺术机构在数字资源储备、制作和创造方面的强大力量。互联网改变了文化的传播方式与竞争格局，在互联网驱动下，文化的传播和扩散正在加速，全球范围已经形成以网络为平台支撑、以数据为关键资产、以智能为发展方向，带动经济社会文化整体发展的数字文化时代，数字文化产业已成为国际文化市场主流。❶ 后疫情期，打破国界、超越时空的数字艺术互鉴和交流也将成为全球民众一种常态化的消费方式，更加丰富的艺术场景、虚拟游览，将数字镜像世界中的艺术变成一种生活方式。

### （二）公共艺术空间小尺度多元化

全球大流行后，全球城市将一如既往地在文化领域竞争和合作，而优质共享的公共艺术服务则是全球城市吸引创意人才、留住人才的关键。从当代城市文化发展的全球趋势看，公共文化艺术服务的弹性介入，将成为吸纳更广泛居民投入文化建设、激发城市文化活力的重要方式。公共文化艺术服务在城市空间中的弹性介入，前提是城市居民对基本文化公共服务的质量、效率、便利性、公平性、均等化的要求和预期逐步提高。随着后疫情期城市恢复运转、企业机构复工、艺术场所重新对外开放，公共艺术服务也将进入新的发展阶段。

**弹性的公共艺术服务。**"弹性介入"既强调公共场所的物理空间特性，也强调以人为本的空间塑造。从物理空间角度看，城市将诸多异质的人群、技术、产业、观念等聚集在一起，使人们可能获得相对无限的信息、机会。从心理空间角度看，城市居民通过"易辨"的公共文化活动进行有效的沟通，获得场所精神的体验，形成多层次的、具有认同感和归属感的城市公共空间；❷ 随着城市发展从"功能城市"走向"文化城市"，公共艺术场馆、机构的艺术资源供给从单一供给主体走向多元参与模式，城市空间的构建从文化艺术共享与空间共建的角度，小尺度、针灸式介入，艺术在公共场所中无处不在、无时不有的介入，既可以为城市空间的不断优化创造出更加以人为本的人文生境，又可以为后疫情期居民的心理复原、情感寄托、艺术治疗创造出艺术场域。

**具有亲和力和故事性的场景营造。**公共艺术是纪念灾难、传承历史的重要载体，更是提醒人类铭记历史、警醒反思的载体。在以往重大公共卫生危机、自然危

---

❶ 李挺伟.全球视角下"数字文化产业"十大问题思考［EB/OL］.（2020-04-11）［2020-05-10］. http://www.360doc.com/content/20/0411/07/47115229_905198714.shtml.

❷ 陈忠.城市空间弹性：文化自觉与制度转换［J］.探索与争鸣，2016（4）：61-65.

机和历史灾难的艺术表达中，艺术家群体以丰富的艺术作品反映灾难、铭记灾难，让更多的人记住历史的训诫、反思人类的发展、人与自然的关系，而纪念重大灾害的建筑、雕塑、艺术装置也在疫情结束后呈现在公共空间中，以此镜鉴历史、启迪当下、告诫未来。例如，美国的"9·11"国家纪念博物馆和国家纪念广场，通过纪念、教育和激励的形式，纪念在2001年9月11日和1993年2月26日恐怖袭击中丧生的2983人。"9·11"纪念博物馆除了通过人工制品、图像、个人故事和互动技术讲述"9·11"事件，还通过视频记录口述历史，收录家人、幸存者、目击者和康复工作者的口述内容，保留文化记忆，保存历史事件。尽管在新冠肺炎疫情期间，"9·11"博物馆暂时关闭，但其在线开放的永久收藏数据库，还原了灾难中的人物和事件，作为一个公共区域的纪念艺术性已经实现了艺术效益最大化，同时极大程度上关照了公众的不同需求。作为公共艺术介入灾后重建的典型空间，"9·11"国家纪念博物馆和国家纪念广场是具有纪念意味的公共艺术，所强调的是在某个时间或空间内，采用某种形式来铭记大众对于灾难带来的悲剧的哀思，这种既矛盾又和谐的双重空间特质贯穿于整个公共艺术空间，将公共艺术反映的本质精神传达给大众，并温柔地拥抱着每个在此地驻足的人，与每个人分享不一样的感受和经验。❶

### （三）公共艺术参与日常生活对话

公共空间和与之相关的公共艺术是城市中最具活力的元素，它承载着居民丰富多样的社会生活，在很大程度上代表了一个城市甚至是一个国家的文化精神内涵。❷而那些介入灾前警示和灾后重建的公共艺术的"公共性"，不仅源于灾难的通感体验和相似经历，更多是在传播学、社会学等层面衍生出来的公共性。在这一维度下，公共艺术并不仅是一种铸作、雕刻、建造、拼装、绘制出的物体等此类的艺术形式，而是蕴含着更为丰富的意味。它有别于其他艺术的独特之处在于它为何而建、建于何处及自身所蕴含的意义。公共艺术能表达社会价值，提升环

---

❶ 刘家慧.公共艺术介入灾后重建的价值初探［J］.湖北美术学院学报，2017（4）：109-113.
❷ 时洁芳，李聪.谁的空间？怎样的艺术？——中国城市更新语境下的公共空间和公共艺术再思考［J］.公共艺术，2014（5）.

境质量，改变景观风貌，强化公众意识。置于公共场所的公共艺术是一种为了每个人而存在的社会表达形式。后疫情时代，随着人类对自然人居和生命共同体的认识不断深化，对公共艺术创作的不断创新以及对城市文脉的深切关注，那些能够在小尺度空间范围内亲近人类、与生活产生互动、与生命进行对话的公共艺术，将更能获得认同。

**公共文化艺术空间是"生活之泉"，为居民赋予创造精神**。时至今日，越来越多的艺术作品走进公共空间，越来越多可供标识的公共艺术成为城市名片。如罗马的母狼与撒尿小孩，丹麦的小美人鱼铜像，西班牙圣塞巴斯蒂安海湾嵌在天然岩石中的风的梳子，芝加哥千禧公园的云门和皇冠喷泉，以及克罗地亚历史名城扎达尔海岸的海风琴等，这些伫立于城市一角的，或新奇有趣，或鬼斧神工的艺术作品，更加融入生活日常，不同于城市广场、公园里的历史文化人物雕像以及老街中的民俗雕塑，艺术家似乎在选择用自己的作品跟一座城市做朋友。这些融入生活的艺术也不再是美术馆当代艺术中不食人间烟火的高深命题，其通过城市空间与公众互动，从而形成城市公共艺术鲜活的内蕴与独特的城市文化品格。❶后疫情时代，健康、美好和有安全感、高品质的生活，是全球民众最为向往的生活方式。通过营造艺术氛围、完善文化服务、优化生活圈，为居民创造一种具有文化氛围、充满艺术气息的公共空间，是艺术作为一种社会资本所展现出来的力量。这种力量表现为经济与文化要素的集聚。不管是文化场景对城市的解释力，还是公共场地对市民的吸引力和凝聚力，抑或文化场域对人类活动参与性的激发，一个充分发展的城市社会空间，既能够成为城市人创造新生活方式的动力，又能够在改变社会关系的同时"形塑"城市市民的生活方式。❷从这一维度看，公共艺术的空间映像是社会发展的集中反映，也是文化逻辑的系统呈现，是一个将抽象的文化意象转变成为具体的城市的空间格局、街区肌理、社区格局的过程。文化激发了城市功能演进中的自主动力，也赋予了公共空间映像中的特殊气质，让公共空间呈现出宜人的景观、优美的街道、迷人的场景、多元的文化记忆。❸

---

❶ 赵丽莎.公共艺术如何与城市"共生"[N].美术报，2019-07-03.
❷ 凯文·林奇.城市形态[M].林庆怡，等译.北京：华夏出版社，2001：27.
❸ 文军.城市更新的社会文化基础及其张力[J].探索与争鸣，2017（9）.

**公共文化艺术空间是"美好之眼",为居民开启新的视域。**全球大流行后,对艺术的追求、对艺术消费的需求,将催生更多的艺术家围绕日常生活开展创作,也将推动更多的公共艺术空间以日常生活为场景进行营造。无论是"城市雕塑""美化公共空间的艺术""与公众互动的艺术"或是"介入地方再造的艺术",任何称呼都改变不了一个事实——公共艺术正在试图逐步走向广大民众的日常生活,公共艺术正在寻求艺术与社会和个体之间更为密切的关系。❶ 正是因为艺术与文化社群深深地根植于城市的肌理、邻里的记忆,艺术家和艺术机构为城市的艺术和文化带来了活力。疫情期间,艺术所蕴含的善良真诚以及力量和勇敢的品质成为人们的精神需求,巨大灾难和公共危机使人类的精神意识被激活,从音乐、绘画等艺术作品当中去体会不可言传的精神力量,能够让人心得到稳定、精神得到提升。后疫情期,艺术蔓延的对美好生活的向往和理想图景的诠释,让人们对新生活寄予期待,对邻里家园充满记忆,公共空间的艺术表达、场景诠释和艺境阐发,将一如既往地赋能美好生活。

---

❶ 赵丽莎. 公共艺术如何与城市"共生"[N]. 美术报,2019-07-03.

# 第五章
## 全球突发事件中的信息传播与舆情引导*

新冠肺炎疫情暴发并成为"全球大流行"以来，疫情进展引起全球关注，守卫人类共同命运的抗疫行动随之而起。全球大流行在海外既引发了华侨华人对家园的关注和故土的惦念，也激发了华侨华人命运共同体的民族凝聚力。但同时源自海外媒体形形色色的失实信息四处传播，见不得阳光的阴谋论在社交媒体上广泛渗透，甚至针对亚裔的歧视性言行发出了危险信号，都为海外舆情传播提出了新的挑战。如何面向全球、面向全人类提高突发危机的传播议程处理能力，提高公众参与传播的动机处理能力，加强对集体生存意识核心价值的正确引导，迫在眉睫。做好海外信息传播和舆情引导，既要避免塔西佗陷阱、防范灰犀牛风险，又要规避信息谬论、传播谣言引发的"信息疫情"次生灾害，以科学、理性战胜未知和恐惧，以相互尊重、平等相待、开放包容的态度对待彼此，既是媒体的责任，也是文明的自觉，更是构建人类命运共同体的应有之义。

---

* 本章由齐骥、亓冉共同完成。亓冉系中国传媒大学文化产业管理学院博士研究生。

## 一、新冠肺炎全球大流行中海外舆情的新动向

在新冠肺炎全球大流行中，疫情已经影响到了世界上百个国家和地区，伴随着此次肺炎疫情在世界范围内的传播，各国都在关注疫情发展的同时，海外媒体对于此次疫情呈现出了不同态度的报道。这些报道在整体上保持了冷静客观中立的分析，但是部分海外媒体仍然戴着"有色眼镜"去看待此次疫情，发表唱衰中国经济及前景等污名化言论，从而进一步引发和传播了恐惧、焦虑的情绪，对于我国在海外的疫情舆论控制以及国家形象均产生了不利的影响，甚至出现了针对海外华侨华人群体的带有种族主义色彩的偏见和歧视行为。

### （一）真相和杂音并存

从新冠肺炎全球大流行的海外报道看，整体而言，主流媒体对中国防疫管控工作的整体肯定和对疫情的客观报道，对全球民众知晓疫情、了解病毒传播、规避潜在风险起到了重要作用。但仍有部分媒体对中国防疫工作的报道带有较强的目的，注入较大的偏见，不仅触发了全球民众的焦虑情绪，更通过传播谣言对中国国家形象进行诋毁。

**国际社会肯定中国抗疫行动**。作为舆情传播的重要阵地，主流媒体有着较强的舆论引导作用以及社会影响力和公信力，在新冠肺炎疫情暴发和蔓延时，海外主流媒体也在密切关注疫情的发展情况。而伴随着世界卫生组织宣布此次新冠肺炎疫情为世界关注的国际公共卫生紧急事件，海外主流媒体报道的半径也从中国扩展至世界各国，"世卫组织官员近期表态"以及"国际公共卫生紧急事件"成为重点聚焦。[1] 此外，在海外主流媒体报道的"词云"分析中，"中国重视"继"新病毒"之后成为最受海外主流媒体关注的焦点，由此可见，海外主流媒体对于中国防疫管控工作总体上较为肯定。随着新冠肺炎从国际关注的公共卫生事件上升为全球大流行，疫情开始广泛蔓延并涉及全球上百个国家和地区，而中国在抗疫防疫中开展的工作及探索的经验，向世界展示了疫情的发展轨迹可以被改变。

---

[1] 当代中国与世界研究院. 大数据揭秘"新冠肺炎"全球舆论关注 中国举措获肯［EB/OL］.（2020-02-11）[2020-05-10].https://3g.163.com/news/article/F53RFPD200018990.html.

中国为防止疫情在世界蔓延所采取的坚强有力举措，得到了国际社会的高度肯定。"中国体制之有力和中国举措之有效"展现出中国制度的优势。《中国—世界卫生组织新型冠状病毒肺炎（COVID-19）联合考察报告》指出，中国采取了历史上最勇敢、最灵活、最积极的防控措施。美国政治作家萨拉·弗朗德斯撰文深刻地指出，"中国针对新型冠状病毒所采取的措施在资本主义国家是闻所未闻的。在危机中或紧急情况下，人民的福祉优先于资本主义利润。当危机来临的时候，共产党领导着国家有能力作出不受资本主义利润支配的决定"。❶海外华文媒体大量报道中国抗"疫"进展，对疫情防控取得的成效予以客观评价，并表达了对中国战胜疫情的信心。另外，根据中国传媒大学对于海外华侨华人开展的调查❷，有79.31%的民众认为其所在国家的主流媒体对于疫情的报道相对客观，而这些媒体以中国官方公布的数据、信息为依据，客观描述事实，科学解读疫情，对全球民众知晓疫情、了解病毒传播、提前做好预防、消除疫情恐惧起到了重要的推动作用。

**西方政客"甩锅"中国加剧社会风险**。随着新冠肺炎全球大流行在许多国家的难以控制，不仅对重大公共卫生安全带来重大挑战，而且对全球供应链、产业链、价值链产生了巨大冲击，极有可能衍生出经济危机、社会危机和政治危机。上述因素相互叠加所产生的蝴蝶效应，对国际体系、国际秩序、国际格局和全球治理继而又造成了广泛而又深刻的影响，❸有西方政客借疫情搞"甩锅"，要中国赔偿，甚至提出国际调查、"秋后算账"，❹美国逐渐成为疫情震中，抗击病毒不力并在舆论场上发起了一场污名化中国、追责中国以及否定世界卫生组织同中国协调抗疫的"政治战"与"虚假信息战"，全面诋毁中国声誉。美国政客将疫情视为打压中国的最佳机遇，让美国人与一部分国家认为新冠病毒扩散到全世界的原因在于中国政治制度，赋予美国与中国战略竞争合法化、正义化的色彩。❺

---

❶ 狄英娜，高天鼎．中国人民"正在为全人类作贡献"：抗击疫情海外观点综述［EB/OL］．（2020-03-05）［2020-05-10］．http：//www.xinhuanet.com/world/2020-03/05/c_1125668197.htm.
❷ 新冠肺炎疫情暴发后，中国传媒大学文化产业管理学院对美国、加拿大、日本、德国、英国、澳大利亚等10余个国家的海外华侨华人群体进行了问卷调查，对海外华侨华人应对新冠肺炎疫情暴发后对民众各方面的影响、对海外获取信息的态度和认知以及对疫情暴露出的问题开展了调研。
❸ 刘恩东．深刻认识做好"两个准备"的重大意义［N］．学习时报，2020-05-09.
❹ 李凡．从两个大局出发思考处理问题［N］．学习时报，2020-05-08.
❺ 吴心伯．沪上国关学者纵论：后疫情时代，大国战略竞争重点将转移［EB/OL］．（2020-05-02）［2020-05-10］．http：//www.iis.fudan.edu.cn/86/64/c6897a231012/page.htm.

在全球形势愈加复杂，多边主义和单边主义之争更加尖锐，保护主义和民粹主义逆流涌动，强权政治和霸凌行径四处横行❶的时代背景下，也有许多主流媒体因为种种偏见和复杂因素，对事实的报道掺杂了偏见和曲解，充斥着误读和谣言。国外别有用意的组织和个人不断将疫情问题夸大，将疫情与政治制度、社会机制和公众权益牵强结合，不断发布针对中国的攻击性言论，引发了国外不知情民众的"恐华"焦虑、"仇华"情绪，使公众失去了本身的客观判断，另外也使得由疫情衍生出的恐慌情绪被不断放大，针对海外华侨华人以及海外中国留学生的攻击，使得一场肺炎疫情演化成了带有种族主义和排外主义色彩的政治病毒。而主流媒体失实的报道，又不断使公众陷入同温层的陷阱当中，让海外民众将对病毒的恐惧、对病逝者的哀思等叠加的负面情绪交织起来，进而引发了公众在社交媒体平台上的复杂性表达。

### （二）力量与风险并存

从新冠肺炎全球大流行的时代背景看，社交媒体作为舆论场的重要发生器，产生了强大的作用。一方面，在当前互联网信息时代的去中心化的特征下，社交媒体及自媒体丰富了舆论场的构成，却也由于其较低的公信力以及快速的传播力，加剧了信息过载以及部分谣言造成的海外民众的情绪恐慌和心理焦虑；另一方面，面对迅速发展的中国，内生的焦虑情绪与挫败感导致西方需要寻找一个突破口，舆论场便是其中之一。欧美发达国家利用其先发优势、在全球网络空间累积的历史优势以及在全球巨型社交媒体平台上局部的数量优势，密集实施对中国的打压。❷上述两个因素交织在一体，都使社交媒体对本次疫情的传播和扩散达到空前程度。

*社交媒体反应敏捷，在防疫抗疫中发挥重要力量*。从社交媒体对疫情的反馈看，公共危机暴发期间，民众的信息性动机越强，通过各类社交媒体网站搜集公共危机的图片和信息的频率就越大。根据上海索思数据的全网数据索引调查显

---

❶ 外交部. 王毅谈 2019 年世界形势：乱象丛生、挑战上升［EB/OL］.（2019-12-13）［2020-05-10］. https://www.fmprc.gov.cn/web/wjbzhd/t1724236.shtml.
❷ 肖岩，青木，等. 西方在社交平台上抹黑中国：使用情绪化语言，选择负面报道［N］. 环球时报，2019-12-18（7）.

示，2020年2月20日，全球社交媒体、新闻网页、论坛以及视频网站当中，包含"Coronavirus"（冠状病毒）内容的网页共计60万个，而三个月后，谷歌搜索引擎中这一关键词的信息量已达到24亿个。从本次海外社交媒体对新冠肺炎的关注看，大多数社交媒体从主流媒体的报道中获得客观信息，对疫情表示关心、关切和同情，并祝愿中国抗疫前线的医护人员、科研人员保持健康，祝愿感染者早日康复。一些主流社交媒体也纷纷加入打击疫情谣言的队伍，如脸书宣布帖文中包含关于疫情的不实内容将被删除。谷歌也正在与世界卫生组织合作，将其官网上的新闻、安全提示等信息显示在谷歌搜索新型冠状病毒的首页。推特已对"冠状病毒"一词进行了特别设置，确保用户首先看到权威可靠的信息。总体而言，本次疫情中公众使用社交媒体关注疫情、传播动态，对提高疫情期间的社会自我救助能力、加强海外华人的社会参与和确保疫情管理的公共利益取向都起到了积极作用。但同时，由于社交媒体缺乏信息把关机制，容易充斥大量负面、虚假的公共危机信息，❶并且社交媒体用户的素养参差不齐，对社交媒体平台上公共危机信息的甄别意识和能力有限，容易卷入公共危机虚假信息传播之中，甚至以讹传讹，从而放大了公共危机传播的负面影响，给政府公共危机管理带来巨大的挑战。❷

**媒体舆论环境更为复杂，在真实性和权威性中面临挑战**。从社交媒体用户的情绪波动看，尽管社交官方媒体对于疫情的舆情控制做出了正面与积极的努力，但是社交媒体用户的情绪依然复杂。在互联网广泛普及的舆论环境中，主流传统媒体发布的信息已经无法全面主导社会舆论、凝聚社会共识。在"后真相"时代语境下，民众在社交媒体和社会舆论的传播中，非理性已经超越了理性，情绪表达的重要性已经超越了真相传播，这也使新闻信息的发布门槛越来越低，信息的真实传播被大众狂欢的情绪表达所取代，❸这些复杂的情绪、情感的表达，往往比事实和真相更能够影响社会大众。在主流媒体相对客观的数据报道下，大部分海外民众对疫情的理解比较科学，不乏许多民众因为更加关注疫情进展，掌握更多中国防疫抗疫信息而

---

❶ 申琦. 网络素养与网络隐私保护行为研究：以上海市大学生为研究对象[J]. 新闻大学，2015（5）：111.
❷ 薛可，余来辉，余明阳. 公共危机传播中社交媒体用户的参与动机与行为研究[J]. 新闻界，2017（9）：56.
❸ 黄磊. "后真相"时代媒体对公众情绪表达的引导[J]. 传媒，2019（16）：90.

对中国着力控制疫情的工作表示肯定。但同时也说明，媒体引导和不实报道也影响着许多民众的情绪变化。根据《新京报》对油管（YOUTUBE）近一个月相关词条下点击量超过200万的视频中的近九万条评论词条分析，去除掉"中国""武汉"等高频中性词，"传播""感染""动物"等词出现率最高。❶ 在这些评价中，有37.96%的负面评论，27.81%的正面评论，34.23%的中立评论，在近四成的负面评论当中，对于中国的谣言、排斥、谴责、挖苦侮辱以及饮食文化的内容占到大多数。

随着新冠肺炎疫情在全球蔓延，社交媒体上各种有关疫情的谣言也层出不穷。这些谣言的不准确性刺激着民众的恐慌情绪，也成为社交媒体公司在应对谣言传播上的"噩梦"。虽然国外一些权威媒体和专家学者纷纷发声辟谣，但关于疫情的虚假信息在国外社交媒体上的指数级转发和扩散，就像极具复制能力的病毒一样，❷ 混淆了海外民众的视听，甚至对国内的民众也造成了影响。在新冠肺炎病毒的全球大流行中，国际上不乏对话偏激歧视的言论、污名化和贴表情的行为，也不乏许多西方政客"借题发挥"的政治举动，这些舆论信息制造了恐慌，也蔓延了消极情绪，助长了社交媒体在社会发展中恶性传播的高风险性，正如诺贝尔化学奖得主、病毒研究学者迈克尔·莱维特指出的，"西方媒体以自我为中心报道如何限制疾病在中国境外的暴发，而从未给予鼓励和声援，这让人深感其狭隘和可悲"❸。

### （三）担当和挑战并存

从新冠肺炎全球大流行的民间反馈和社会参与看，在社会组织的有力推动下，海外各界华人华侨以较强的民族关怀和乡土关怀开展远距离的"爱心接力"，参与到没有硝烟的抗疫战争中，并呈现出参与热情高、参与阶层广的特点。疫情激发的文化凝聚力，民众参与释放的命运共同体意识，均得到了显著的加强。

**海外民众在疫情中体现集体担当。** 从海外华人的社会参与情况看，自疫情发生以来，海外华侨华人感同身受，纷纷表达爱心，支持打赢这场没有硝烟的战争。不

---

❶ 吕婉婷，周子恒，等. 疫情之下的世界：消弭敌意的力量非来自恐惧，而来自共情［N］. 新京报，2020-02-05.
❷ 车斌. 不要沦为"谣言传染病"的宿主［N］. 人民日报，2020-02-07（016）.
❸ 钟声. 让理性战胜恐慌［N］. 人民日报，2020-02-07.

少华侨华人以社交平台为渠道疏通疫情信息，呼吁各界爱心人士行动起来共同抗"疫"，同时积极从国外采购口罩等物资进行捐助；还有一些中国留学生自发成立了青年志愿团，及时分享已掌握的信息和资源，积极回应国际上针对疫情的不理性言论；海外华文媒体更是密集发声，呼吁民众避免负面情绪，在舆情正面传播方面起到了较好作用。《欧洲时报》官网首页开设"欧洲新型冠状病毒肺炎疫情播报"栏目，每日更新疫情资讯，读者点击进入，即可获得折线图、表格等多形式直观信息。西班牙《欧华报》开设"西班牙疫情速报"栏目，每日及时通报、综合发布包括确诊病例、当地举措、物资情况的相关内容。意大利华人街网开通"疫情直播"栏目，每日对意大利确诊病例、当日涉疫情要闻等进行报道。❶在新冠肺炎疫情暴发后，海外社会组织响应积极、多方号召、不断动员，不少华侨华人超越以往的宗亲观念、乡土观念，表现出对整个中华民族荣辱兴衰的关怀、对全球民众生命健康的祝愿，彰显出强烈的命运共同体意识。在海外华侨华人的社会参与中，社会组织起到了重要的推动作用。"非典"时期，海外华侨华人社团在动员募捐方面也起到了非常显著的作用，他们组织抗疫后援会，设立抗疫基金，举办各种义演、义卖活动，并得到了广大海外民众的积极响应。

**全球灾难信息传播面临严峻挑战。**近十年来，各种重大的灾难不断地发生。2003年，中国暴发非典型肺炎（SARS）；2004年，东南亚暴发禽流感；2005年，印度发生大海啸等，每次的突发灾难都造成了极大的破坏，引起公众恐慌。在风险社会，害怕成为社会最严重的问题，焦虑的共同性代替了需求的共同性，心理因素成为影响社会的非常重要的方面。如果媒体不能完成自己传播信息的重任，社会立刻会谣言四起，使大众处于一片恐慌之中，并加大灾难的破坏力。在突发性灾难中，谣言或经过处理后的"新闻"所造成的损失常常超过灾难本身。❷尤其是在互联网信息时代，社交媒体反应敏捷，信息传播快速，受众幅面广阔，高度发达的社交媒体一旦传播谣言或助推消极信息，那么这些媒介的言语会对公共社会和公众生

---

❶ 中国新闻网.海外华文媒体"声"援抗疫［EB/OL］.（2020-03-30）［2020-05-10］.http：//www.chinaql.org/n1/2020/0330/c431598-31654295.htm.

❷ 林山，白洋，等.突发性灾难中媒体传播社会信息的方法和责任［EB/OL］.（2009-11-03）［2020-05-10］.http：//www.scio.gov.cn/xwfbh/llyj/Document/453714/453714.htm.

活造成难以估量的影响。

在面对人类共同的灾难时，各国祸福相倚，安危与共，推动构建人类命运共同体是顺应时代潮流的正确选择。面对不分国界和种族的全球性挑战，全球治理体系变革更显重要和紧迫。我们高举多边主义旗帜，倡导共商共建共享全球治理观，加强以联合国为核心的全球治理体系，推进公共卫生治理合作，成为维护国际公平正义的中流砥柱。❶ 人类命运共同体意识不仅是华侨华人面向当下和未来的自身需要，也是提高中华民族文化凝聚力的价值核心。当今世界各种矛盾错综复杂，在国际社会相互依存度普遍提升的今天，各个国家同时受到来自跨国犯罪、经济下行、气候变化、环境污染、网络攻击等非传统安全问题的挑战。不论人们身处何国、信仰何如、是否愿意，实际上已经处在一个命运共同体中。没有哪个国家能够独自应对人类面临的各种挑战，也没有哪个国家能够退回到自我封闭的孤岛。华侨华人在本次疫情中一方面通过慈善活动为抗疫提供直接的支持，另一方面也不断通过社会团体、社交媒体发声，表达出对世界生态、家园安全、家人康健的关切。正是因为海外华侨华人所具有的跨文化特点，其自由游弋在东方文化与西方文化之间，在担当中华文化与其他文化交流、沟通的桥梁和使者方面具有天然的优势，对疫情期海外信息的传播、民众情绪的感染、政府形象的维护，都具有重要的作用，在构建人类命运共同体的过程中，更能够有效促进文化的交融和文明的互鉴。

## 二、突发事件中国际舆情传播的新问题

自然灾害、社会变动等典型情境、极化状态往往使社会共同体理性的本质、特点、问题、缺陷等得到典型呈现。❷ 透析海外舆情对于此次肺炎疫情所呈现出的不同声音，从对重点事件的重点聚焦到对个别人物的重点关注，从对华人群体的针对性行为到此次疫情所引发的谣言舆论场，均说明新媒体的社区化趋势演绎了人类发展在"脱部落化"之后又"重新部落化"的进程，互联网、手机等媒体的跨时空特性使得人、信息以及社会网络之间形成了传播的"裂变"，在这一已然影响世界的

---

❶ 李凡. 从两个大局出发思考处理问题 [N]. 学习时报，2020-05-08.
❷ 陈忠. 危机事件与中国社会共同体理性 [J]. 江海学刊，2004（1）：103.

重大疫情面前，唯有客观地发现和认识问题，才能够更有效地在信息传递、社会动员、社会监督、民意表达等过程中实现信息、资源和能量的聚合，使世界各国齐心协力打赢疫情防控的阻击战。

### （一）突发危机的传播议程处理能力

新冠肺炎全球大流行的危机传播暴露出许多问题，如对重大事件的过度关注、对个体事件的过分渲染、对不明信息不加辨别的传播等，既给海外公众造成疑虑，传播恐慌情绪，也不利于中国国家形象的传播，更对全球共同努力控制疫情造成不良影响。这也反映出在处理突发危机事件时，传播议程的管理能力不足，进而造成了引发塔西佗陷阱的风险。

突发危机事件的管理由危机暴发前的预防、危机初现时的应对与危机发生后的善后三个传播议程组成。从疫情暴发前的预防看，本次疫情没有出现先兆预警，然而，从"非典"暴发、甲型 H1N1 流感到野生型脊髓灰质炎，从西非埃博拉病毒、寨卡病毒再到中东呼吸综合征，历次国际关注的突发公共卫生事件的处置，已经具备了有效的危机处理和预警的经验和机制。但在这一阶段我国公共卫生体系的预警和管理中，既因为本次新冠肺炎病毒的不可知，疫情初期，大众能获得的信息相对模糊，从而加大了谣言出现的概率，[1] 又因为该阶段参与疫情新闻发布的专业人员在公众场合未能准确高效，甚至在介绍新冠病毒的属性时出现口误，而官方信息、专家表述和媒体报道三种话语体系时间的差异[2] 也反映了舆论传播方面存在漏洞，这也给了海外媒体可乘之机，使其对中国国家制度、治理能力、管理机制妄加评议，对中国国家形象传播和国家话语权造成不良影响。在危机事件的第二个阶段"危机初现"阶段，对疫情未知信息造成的恐慌继续加大了各类谣言的扩散，使恐慌情绪不断出现；同时，对危机预期产生的影响程度的预估不足，导致了诸如百步亭社区集聚性疫情感染事件的发生，此外，对疫情信息公开披露的系统性不足，如危机发展的阶段性信息，包括波及地域、受灾人数、受灾程度等的报道缺乏全面性，影响

---

[1] 吴建，马超. 谣言传播公式：溯源、修正与发展[J]. 新闻界，2015（13）：21.
[2] 吴汉华，温旸. 舆情观察："四部曲"做好疫情专业信息发布[EB/OL]. (2020-02-12)[2020-05-10]. http://yuqing.people.com.cn/n1/2020/0212/c209043-31583948.html.

到民众对疫情的科学认识、理性对待和有效防控，这也使得疫情得到全面重视后，许多地区出现了"过度防疫"、滥用"隔离特权"等问题。在此阶段，海外民众的关注则在许多西方媒体的引导下，表现出对重大事件的过度关注，对个体事件的放大关注等特点。根据中国传媒大学对海外华侨华人的调研数据，在对新冠肺炎疫情的初期报道当中，海外民众对"武汉封城""日本钻石公主号邮轮大规模集聚感染"等重大事件的集中关注，反应较为明显，在华人群体中引发的质疑、揣摩，反响较为强烈。而对于本次疫情造成的海外公众情绪恐慌和心理焦虑，则集中在"国际卫生组织宣布新冠肺炎为国际公共卫生紧急事件"上。调研数据还显示，在公众对疫情产生恐慌和焦虑的原因调研中，56%的海外民众认为，社交媒体"小道消息"的率先发布、迅速传播是造成情绪恐慌的主要原因，52%的海外民众认为，"谣言"是影响其对疫情发展判断的核心因素，其中，又有40%是由于媒体失实报道或带有偏见、歧视的误导造成的。随着疫情的继续和全球对新冠肺炎的高度关注，全球舆情关注的重点也逐渐由中国转移到欧洲和北美等疫情震中区，引起了国际社会更加深入的关注。

从新冠肺炎全球大流行的传播议程的处理看，在"非典"后应对公共卫生危机的议程处理机制仍有待完善，尤其是对外信息的传播方式上，仍面临"塔西佗陷阱"的风险。而从国际视角看，不同的危机处理方式会给危机当事国带来两种截然不同的境遇。一种是由于缺乏应对危机的完备预案和有效手段，当事国无法承受危机的沉重打击，国家形象严重受损，威信扫地，从而遭遇合法性危机。与之相反，在危机初现苗头时，国家不仅经受住了初期的各种压力，而且由于采取了积极、有效的管理措施和应对之策，良好地控制了危机继续蔓延的势头，则能够提升政府公信力，巩固社会地位和竞争优势。在当前疫情进入危机传播第三个阶段——危机善后处理以及灾后重建时，如何通过梳理纷繁复杂的普遍性危机来寻找共同的应对之策，摒弃海外媒体对制度模式的偏见、跨越东西方意识形态的藩篱、积极参与全球经济治理与加强文明对话，构建人类命运共同体，迫在眉睫。

**（二）公众参与传播的动机处理能力**

新冠肺炎全球大流行中，海外信息渠道的多元化、公众情绪的复杂化、社会参与动机的多样性，都使疫情传播进入到更加复杂的阶段。而对于公众对疫情的直接或间接理解，以及在社交媒体中对疫情的传播和评论所暴露出的问题，则反映出对危机传播动机处理能力欠缺的问题。

从海外华侨华人参与疫情信息传播的动机看，主要包括信息、公共、社交、共鸣与宣泄等。其中，信息动机是指社交媒体用户利用社交媒体平台了解有关公共危机信息、建议以及观点等，从而关注公共危机发展动态的心理动因，具有明显的"信息"属性。公共危机期间，社交媒体用户通过社交媒体获取的信息，许多是未经筛选、未及时更新的公共危机信息，而关于获取信息的意图，大部分民众认为，社交媒体相对于官方信息、主流媒体，能够更快、更直接获得各类信息，从而第一时间掌握事件进展，这也对政府信息披露的及时性提出了进一步要求。而公众的公共动机是社交媒体用户出于维护社会公众利益的目的，意欲通过个体参与公共危机传播，为公共危机管理建言献策，致力于将公共危机的损害最小化的心理动因，具有鲜明的"公共"属性。在新冠肺炎疫情的海外社会参与和慈善捐赠中，社交媒体起到了较强的"公共作用"，在号召民众、组织活动中扮演了重要角色，87%的海外华人通过社交媒体了解疫情情况，相比而言，59%的民众因为政府官方报道而关注疫情。因此，在危机传播中，寻找有利的方式、有效的形式，报道公共事件、传递核心价值，仍有很长的路要走。从海外民众参与疫情传播的社交动机和共鸣动机看，通过积极参与或发起公共危机议题讨论，进而拓展和深化其个人社会关系网络，或在社会组织中寻找情感寄托和乡愁共鸣，成为海外华侨华人群体重要的参与因素。以人类命运共同体理念，构建海外华人核心价值的共同体，依旧任重道远。值得注意的是，本次疫情在海外华侨华人群体中的传播也表现出较强的"宣泄性"。而海外华人接受信息尺度大、信息广、来源多，使得疫情传播也因为社交媒体用户表达对公共危机的引发原因、处理方式等现象的不满情绪产生了许多负面的情感影响。例如调研中，有近50%的海外华人认为相比"非典"时期中国政府对疫情信息的传播，本次新冠肺炎疫情传播的表现已有较大进步,但疫情暴发后所体现出的全球治理能力和治理水平等领域,都有待进一步的提升。

在新媒体快速发展的时代,传统媒体的议程设置和舆论能力不断降低使得把关人被不断地弱化,网络的意见领袖往往能够在第一时间掌握舆论的话语权,一次转载、一次评论就有可能引发蝴蝶效应,导致事件升级。从本次疫情弥漫的情绪背后看,公众主动参与社会管理、监督政府公权力运作意愿的增强与目前国内信息管理与公开制度不完善之间仍存在矛盾,而当公众的需求得不到回应时,不满情绪会通过网络平台等渠道进行宣泄,使事件发酵,最终导致公众对政府不信任,甚至产生攻击行为。❶ 而从海外华侨华人受疫情情绪影响看,双重文化裹挟下,海外民众的社会心理、社会剥夺感、社会价值信仰、社会控制能力等都会影响公众情绪表达,使社会舆论走向变得不可捉摸。特别是在"后真相"时代,每个成员都是"发音器"和"传话筒",能够通过网络平台或自媒体表达自己的观点、看法、态度等,从而加大了社会舆论的控制难度。❷ 因此,正确的引导公众参与传播的动机,稳定公众情绪,疏导公众宣泄,激发社会主义核心价值体系的民族共鸣,势在必行。

### (三)集体生存意识的核心价值引导

"集体生存意识"是当某一集体的人们的基本生存受到威胁时,这一集体中的人们所产生的意识以及与此相关的行为方式。❸ 本次疫情暴发以来,以群体性症候为特征的"集体生存意识"暴发出来,并带有明显的地方主义特点和种族主义情绪。一方面,在疫情尚未平息,世界各国都在为抑止疫情蔓延尽最大努力的同时,全球各地却陆续传出亚洲人遭受种族歧视甚或暴力的意外,作为一种"根深蒂固对外来者的排斥",海外对"集体生存意识"的过激反应,使亚裔的生活受到影响。另一方面,国内在疫情防控初始阶段对"武汉"和"武汉人"的恐惧和排斥及由此

---

❶ 张庆.危机管理视域下人类命运共同体构建路径之刍议[C]//新兴经济体研究会、中国国际文化交流中心、广东工业大学.新兴经济体研究会2018年会暨第6届新兴经济体论坛人类命运共同体论文集(上).新兴经济体研究会、中国国际文化交流中心、广东工业大学:广东省新兴经济体研究会,2018:114-124.
❷ 黄磊."后真相"时代媒体对公众情绪表达的引导[J].传媒,2019(16):91.
❸ 潘天舒,张乐天.流行病瘟疫与集体生存意识:关于海宁地区应对禽流感威胁的文化人类学考察[J].社会,2007(4):43.

产生的"切割"反应,也使"集体生存意识"产生过度效应。如何正确地发挥"集体生存意识"的作用,因地制宜、因城施策,发挥社会群体参与抗疫、传播有效信息、引导社区自救,度过危机事件,显得更加必要。

从疫情的"集体性"影响看,海外亚裔群体均或多或少受到"集体生存意识"的影响,重大公共危机中,许多国家和地区将"亚裔"划分为一类防范对象并予以孤立。在被调研海外华侨华人的反馈当中,59%的民众认为,疫情会引发种族歧视,其中,有31%的调研对象,自身或家人、亲朋好友在疫情暴发后遭遇过种族歧视或排外主义,这在华人分布较多、较为集聚的城市/社区/学校表现得相对明显,这一比重接近三分之一。而关于种族歧视的产生表现,四分之三的受访者认为,部分海外媒体的"侮辱性言语或过激行为"令人愤怒,四分之一的受访者认为"限制华人部分行为"对自己及亲朋好友的生活造成阶段性影响。接近一半的受访者则表示,部分学校中"对华人子女的刻意疏离"已经产生。而在多个海外华侨华人的微信群中,关于如何向他人解释什么是新冠状肺炎、为"中国病毒"的误读进行勘误的"标准答案"则被广泛转发,多个群内华侨华人家长均表示子女在学校曾经受到不友善的咨询。这说明,西方国家和地区的社群因为疫情产生的"集体生存意识"的"负面"影响,使其将"亚裔"群体放置于"集体"的对立面,并产生了群体性歧视和偏见,国际社会如何对"集体生存意识"进行正面引导,从而避免无辜民众受到侮辱和遭遇污名化,再一次被提上日程。

在新冠肺炎全球大流行中,对"集体生存意识"的关注还源自于海外民众对于个体事件和普通人物的关注。调研显示,在海外华侨华人群体中,李文亮医师的去世占据了热度最高的关注事件前列,38%的民众关注了该项议题。该事件在民众猜测、非议和感慨中不断发酵,在国家监委决定派调查组就涉及李文亮医生有关问题作全面调查时引发进一步讨论。一方面反映了世界民众源自"集体生存意识"对作为"普通人"的自我生存境遇的关注,另一方面也折射出海外媒体在各方因素和各种目的的驱使下,利用民众不满情绪对中国政府进行攻击的现状。"集体生存意识"一旦被利用,便可能导致"突尼斯小贩"这样利用个别舆论事件引发社会矛盾的情况。由突尼斯青年小贩自焚事件引发公众愤怒,进而相继发生大规模社会骚乱,引发冲突并造成"阿拉伯之春"的政治运动,看似偶然却绝非偶然,它因民众的集体意识逐渐形成而起，转而又强化了这种意识。❶ 事实上，"集体生存意识"在公共危机中往往会对事件产生有利的作用，如果用好"集体生存意识"，便可最大限度地发挥民众在抗疫中众志成城的团结精神和因地制宜的民间智慧，一旦"集体生存意识"与日常生活结合，便可以构筑起坚实的社会支持体系，成功地应对任何流行性瘟疫威胁，并顺利度过由此引发的社区危机。❷ 本次疫情所反映出的由"集体生存意识"造成的负面影响，对警惕个别事件打造"突尼斯小贩"进一步提出了警醒，也对海外舆情的传播和信息的引导提出了新的要求。

## 三、突发事件中危机传播和信息引导的新思考

百年未有之大变局呈现乱变交错、风雷激荡的表象。灰色地带增多，标准权威弱化。"黑天鹅"满天飞，"灰犀牛"遍地跑。国际形势波动幅度加大，不稳定性、不确定性、不可预见性成为常态，出现战略意外导致战略危机的可能性上升。此外，人与自然冲突的生态危机，人与社会冲突的人文危机，人与人冲突的道德危机，人的心灵冲突的精神危机，文明之间冲突的价值危机等都将有所发展。❸ 在这一背景下，突发事件的影响广泛而深刻。从疫情传播的角度看，融媒体环境既使政府单向的话语传输方式遭遇挑战，也使传统媒体的传播媒介、传播方式、传输范围和传输效率遭遇冲击。❹ 从疫情对社会发展的影响看，疫情造成的影响既是折射中国社会结构、社会体制、社会关系的一面镜子，同时又是影响中国社会结构、社会体制、社会关系变化的加速器。而海外华侨华人群体在多元文化交融、多重价值的影响下，接触到的各类信息来源之广、尺度之大、内容之多样、用意之复杂，都使其更易受到负面信息引导。加之远离故土，难于亲自接近突发危机事件真相，难以全面获得精准可靠的全部信息，受到的影响更甚。如何做好海外信息传播和舆论引

---

❶ 陈敏华. 集群式革命之"阿拉伯之春"[J]. 阿拉伯世界研究，2013（3）：63.
❷ 潘天舒，张乐天. 流行病瘟疫与集体生存意识：关于海宁地区应对禽流感威胁的文化人类学考察[J]. 社会，2007（4）：46.
❸ 李杰. 深刻理解把握世界"百年未有之大变局"[N]. 学习时报，2018-09-03.
❹ 温志强，李永俊，高静. 跨越塔西佗陷阱：全媒体时代网络群体性事件中的政府官微话语权建构[J]. 管理学刊，2019（5）：59.

导，意义重大。

### （一）弥补情绪赤字，避免塔西佗陷阱

从新冠肺炎全球大流行的时代背景和网络环境看，社交媒体的活跃，信息传播的迅速，使社会民众对新闻信息触手可及，民众对社会事件的评论也可随手即发，情绪赤字造成不理性的群体性行为，在网络行为依旧面临匿名性特征、法律法规依据不充分和网络监管缺失等漏洞下，不断导致网络群体性事件的发生和演绎，加之一些政府机构在应对网络群体性事件过程中存在时机把握不准、处理方式不对、技巧不够、策略不当等问题，极易引发"塔西佗陷阱"式的信任危机。[1]

避免塔西佗陷阱，首先要弥补情绪赤字，站稳公众立场，把握民情民意，避免政府与民众之间的信息失衡，以媒体为介质，形成最大公约数，画出最大同心圆。对于包括本次疫情在内的许多突发公共事件，政府需要进一步查实后再进行告知，往往造成在回应公众问题时没能充分满足其信息需求，这样的信息迟滞或信息不足会引发受众不满，加剧公众的猜测和质疑，导致公众对政府的不信任，不仅使政府话语权遭遇严重挑战，而且很容易使政府陷入"塔西佗陷阱"。尽管由于信息失衡引发的猜测和预警有利于提高公众对于疫情的警惕心理，然而在高度资讯化的时代，任何负面情绪的媒介化都具有强烈的社会传染性以及信息误导性，进而引发社会心理危机，而在这些社会心理危机的背后，却折射出政府与民众在信息化时代危机处理过程中的失衡关系。面对重大疫情所引发的"谣言传染病"，只有疏通舆论，正本清源，才能有效弥补公众情绪赤字，提高国家治理能力，融入并引领全球治理现代化进程。

避免塔西佗陷阱，更需要提高国家治理能力，消解由于利益变动、阶层差异引起的社会摩擦和动荡，避免媒体与公众之间的信息失衡。从本次疫情中媒体报道的海外反馈看，海外华侨华人受到不实消息和谣言误导的影响最大，而华文媒体某些具体事件报道和披露时间滞后于外媒或社交媒体，给谣言和舆论引导可乘之机又是造成这一影响的主要原因。当公众对于信息的知情欲望在主流的媒体渠道得不到满足的时候，自然会将注意力转向其他渠道。在这一境况下，社交媒体本身信息流动性广、时效短

---

[1] 温志强，李永俊，高静. 跨越塔西佗陷阱：全媒体时代网络群体性事件中的政府官微话语权建构[J]. 管理学刊，2019（5）：60.

且具有暴发性，也成为最主要的民间舆论场，从而使真实信息的有效传播受阻，给各种谣言一定的滋生土壤和传播空间，谣言满天飞又可能引发更大的舆情。从历次世界公共卫生危机发生后的媒体报道看，媒体对疫情危机事件的回应和处置越积极，有关疫情的具体信息公开的速度越快、越准确，公众对于疫情事件的持续关注热度也就越容易降低，舆情态势越容易把握和掌控。❶在全球社会处于快速发展和变动的时期，既需要政府自上而下的决策执行机制和自下而上的信息汇集和传递机制互为补充，也需要媒体搭建有效反馈通道了解国际舆论风向，主动设置国际舆论议程，引导舆论走向，呼吁国际合作，向世界展现一个负责任、有担当、有能力的大国形象。

## （二）加强议程处理，化解灰犀牛奔袭

进入21世纪以来，"人的安全"受到国际社会空前重视。❷但与此同时，全球卫生安全的不稳定甚至恶化，武装冲突、气候变化、环境污染、经济不平等带来的冲击又前所未有地增加了世界各国有效应对卫生安全挑战的困难。在多种因素交叉作用下，当代复合型生物威胁对公众健康和国家安全构成前所未有的挑战，❸公共卫生领域高风险的"灰犀牛"频出并演化为"黑天鹅"。本次疫情的暴发和蔓延以及近年来频频暴发的各类公共卫生危机，都说明在应对生物威胁、防范传染病及预警病毒传播风险等方面，人类共同面临诸多挑战。

对于信息传播领域而言，预防"灰犀牛"首先需要做好信息的有效共享。在关于此次疫情舆情应对的调研当中，海外华侨华人认为中国政府应对此次疫情最应予以提升的前三项分别是"信息的公开透明""政府治理能力""公共卫生应急水平"。本次疫情的暴发为媒体及时迅速、实时有效传播专业信息提出了新的要求。从公共卫生角度，当前60%危害人类健康的疾病来自动物界，近年来75%的新发和再发传染病属于动物源性疾病（如禽流感、埃博拉、中东呼吸综合征和肺鼠疫等），本次

---

❶ 李诗悦，李晓莲. 公共危机网络舆情演变机理：路径及动因：以动物疫情危机为例［J］. 中国行政管理，2019（2）：118.

❷ 联合国开发计划署（UNDP）在20世纪90年代中期最早提出"人的安全"概念，相关定义及重要文件参见联合国人的安全信托基金（United Nations Trust Fund for Human Security）官方网站（https://www.un.org/humansecurity）。

❸ 徐彤武. 全球卫生安全：威胁、挑战与应对［J］. 中国国际战略评论，2019（2）：87.

新冠肺炎疫情的暴发无异于再次拉响卫生安全的红色警报，重视"灰犀牛"同样是传媒领域义不容辞的责任，面对危机报道和灾难传播的未雨绸缪式知识宣传、科学普及、教育引导，如何在"灰犀牛"突变为"黑天鹅"引发公共卫生灾难和大规模公众恐慌时，以熟悉国际规则、具备专业水准的全球传播，发挥舆论引导，安抚民众情绪，做好政府与民众之间沟通反馈的桥梁，都值得深入思考。

从疫情议程的角度来看，预防"灰犀牛"还需要根据公共危机的不同阶段布局传播议程。在事前将公共危机防范作为传播责任，承认"灰犀牛"式危机事件的存在，引导民众建立健康、绿色的生活方式，引导社会关注生态安全、生物安全，建立新时代的国家安全观。世卫组织总干事谭德塞指出，传染病控制一直就是一种时足时乏的事情——当疾病暴发和政府担忧时，各国会投入大量资源；当传染病结束后，资源又变得相当匮乏。❶ 在疫情的议程中反映出的问题，同样也体现在疫情的传播中。因此，加强议程处理才能有效避免因舆论传播而带来的次生危机。在危机暴发阶段，传达的信息与对事件的解释和采取的行为分析指导同步，通过多元化的宣传类型，向公众持续输出普及性疫情知识和卫生防范指南。做到尽早讲，抢占权威信息发布制高点，第一时间表明对事件的态度及应对措施；持续讲，向公众不断披露事件进展情况，避免公众猜测和谣言传播；准确讲，发布信息真实全面，争取公众理解，动员公众参与；反复讲，采取各种方式对公众进行答疑解惑，凝聚共识，树立信心。❷ 在疫情衰减消退阶段，公众对疫情本身的关注逐步降低并开始恢复正常的生活、工作秩序，但疫情留下的社会生活问题开始增多。媒体需要更多地关注疫情对民众带来的情绪影响和心理负担，进一步引导社会开展心理支持与干预工作，以减少疫情对人们生活、工作遗留的心理问题，注意传播形式和内容，防止对事件的直接、间接受害者进一步造成创伤。

### （三）凝聚共同意识，防范次生性灾害

休戚相关，命运与共，各国理当遵循人类命运共同体价值理念。同舟共济，守

---

❶ 和音. 共同担当使命 淬炼文明之光［N］. 人民日报，2020-02-12（3）.
❷ 李海青. 治国理政新思想对"塔西佗陷阱"的破解［J］. 前线，2017（7）：33.

望相助，团结合作，共同发展，都是人类历史长河淬炼的文明之光。❶在全球贸易、交通、旅游和互联网的紧密联系下，发生在任何遥远角落的疾病都可以在短时间内传播和蔓延，任何一个传染病例、局部疫情、其他已知或未知的生物威胁都对全人类的健康构成威胁❷，打乱正常生产与生活，瘫痪公共秩序，使来之不易的经济社会进步毁于一旦。疫情中部分海外媒体的污名化报道及不实言论都揭示着这些媒体以人为主体的"命运共同体"意识的缺失、道德的沦陷。而这些消息的传播、谣言的散布及其引发的恐慌、焦虑、压力、挫折、负罪感、攻击性及过度防范，成为甚至比疫情更加严重的次生灾害。

杜绝谣言传染病，防止次生灾害，首先需要以共同体意识，建立"同一健康"理念，呼吁全球民众共同关注人类安全。公共卫生安全关乎"地球村"里每个人的健康与生活质量，经济全球化、远超预期的气候变化和生态系统的加速度退化已经永久性地改变了人类所处环境，大幅度增加了流行性疫病暴发和有害媒介传播的概率。❸贫困、动荡、移民和难民潮、收入不平衡、治理失序、霸权行径以及核生化技术门槛降低等因素的交互作用，使全球卫生安全的形势变得空前严峻。在这一境况下，在突发公共卫生事件中关注全球化视域和融媒体环境下人类命运共同体的责任更加艰巨。从人类命运共同体的价值视角，以共同意识注入人文关怀，构建全球下视角下、融媒体环境中的国家安全治理体系，打破以往治理模式的割裂性、分区性和利益化倾向，避免各扫门前雪甚至排斥异者的"精致的利己主义"，凝聚在安全治理方面的更多共识和方案，❹是媒体义不容辞的责任，更是在全球传播中以新理念率先推动全球治理的完善和改革，并不断积累经验，创新范式，为灾难传播贡献更多中国智慧和方案的探索。

凝聚共同意识，避免次生舆情，更好注重以命运共同体的价值关怀，关注民众日常生活，以信息传播和舆论引导营造开明的社会氛围、包容的社会文化、健康

---

❶ 和音.共同担当使命 淬炼文明之光[N].人民日报，2020-02-12（003）.
❷ 徐彤武.全球卫生安全：威胁、挑战与应对[J].中国国际战略评论，2019（2）：90.
❸ SCHWAB K. The Fourth Industrial Revolution，Quality Management Journal[J].2016，2（25）：108-109.
❹ 熊澄宇，张虹.新媒体语境下国家安全问题与治理：范式、议题及趋向[J].社会科学文摘，.2019（8）：14.

的社会体系。因此，人类共同体视域下，媒体要打开全球化的窗口，以宣传万众一心、众志成城的抗疫行动，展现大国担当。中国政府采取果断有力措施控制疫情传播，体现的不仅是对本国人民生命健康的高度负责，更是对全球疾病防控的大力支持。火神山医院、雷神山医院数日间拔地而起的奇迹被世界各大媒体传播，全球有数千万网友观看了这两座应急医院建设场面的直播；各国网友亲切地称呼昼夜轰鸣的工程机械为"白滚滚""红牛哥哥"，这是对中国速度、中国效率的赞叹。人类共同体视域下，媒体还要讲好寻常人的故事，以普通人、寻常事提高文化凝聚力，展现人民风尚。从普通的环卫工人、快递小哥到奋斗在抗疫一线的医护工作者，从社会物资募捐到医护人员因公感染，"光头护士""新疆医生领舞""支援医疗队互道加油"等温馨场景暖化人心，中国医疗卫生团队的专业能力得到海内外的肯定和称赞。他们既温暖了人心，也增强了民众对于疫情防控的信心，在潜移默化当中同化了民众的奉献心理，从而提高了群体凝聚力。

在全球化的当下，24小时内新型病毒就能通过现代交通工具传播20多个国家，而仅需1秒钟关于病毒的任何信息和舆论便能通过互联网传遍全球。可见，每一次流行病挑战的是国际社会的卫生应对能力，乃至国际政治体系的合作能力，每一次流行病挑战的还是媒体应对疫情信息传播，阻断失实信息、切断有害信息传播，扩大科学信息、有效信息供给❶的速度、素养。以科学、理性战胜未知和恐惧，以相互尊重、平等相待、开放包容的态度对待彼此，既是媒体的责任，也是文明的自觉，更是构建人类命运共同体的应有之义。

---

❶ 和音. 守护文明精神的特殊战斗［N］. 人民日报，2020-02-20（003）.

## 第六章
## 人类重大灾难的历史记录与文化叙事 *

新冠肺炎病毒成为"全球大流行"以来,波及全球两百多个国家和地区,国际政治经济秩序遭遇空前考验。从股市和油价一泻千里,到工厂交通停摆停航;从消费市场关门谢客,到公共空间门可罗雀;从学校停课推迟开学,到居家网课会议办公,疫情引发的一系列经济社会问题相伴而生,疫情蔓延也使全球金融危机、经济萧条的风险与日俱增。病毒的狡猾、隐匿,疫情的蔓延、持续,使人类面对公共危机时面临着没有硝烟的持久战。而回顾历史,与科技进步和文明演进相交错的,是人类一次次面对公共危机的挑战和一次次应对历史灾难的反思。历史的经验值得借鉴,历史的教训需要铭记。

---

\* 本章由齐骥指导亓冉、张潆方、陆梓欣撰写完成。亓冉系中国传媒大学文化产业管理学院博士研究生,张潆方、陆梓欣系中国传媒大学文化产业管理学院硕士研究生。

## 一、历史之维：人类传染病和科技文明的较量

《瘟疫与人》的作者威廉·H. 麦克尼尔说："历史学家总希望人类的历史合乎理性、有章可循、可预测。但事实上，人类的历史常被不可预见的因素左右，比如突然出现的传染病。"人类一次次遭遇重大传染病、流行病，但又无法预知未来将面临怎样的灾难与危机。在历史长河中，传染病的流行，始终伴随着人类社会的发展，见证人类文明的兴起，也见证现代科技的变迁。传染病反映出人类面对灾害时的无助、恐慌和焦虑，也反映出人类众志成城、勇敢协作的抗疫精神。

### （一）重大危机历史上的文明演化

从希腊历史学家修昔底德详细描述发生在公元前430—前427年的雅典瘟疫开始，人类进入了记载传染病的历史，而雅典文明也遭遇西方文明史上第一次重大冲击，到史书称之为"安东尼时期黑死病"用15年左右的时间内导致了罗马帝国本土三分之一的人口死亡，并造成了西方文明史上又一次重大的改变，流行病在改写人类文明史和推动新制度演进的过程中，扮演了重要角色。"大流行"及其引发的公共卫生危机是人类发展中理解社会的一面镜子，甚至不亚于经济危机、战争、革命和人口变迁，折射出人类发展的社会结构变迁和文化价值转化。在20世纪之前的整个人类历史中，传染病的破坏性远远超过其他类型疾病。流行病之所以值得关注，因为流行病的历史远未终结。进入21世纪后，在全世界范围内，传染病依然是导致死亡的首要原因，同时也是经济增长和政治稳定的严重障碍。埃博拉、拉沙热、西尼罗河病毒、禽流感、寨卡和登革热等新发疾病带来新挑战，与此同时，结核病和疟疾等耳熟能详的流行病再次出现，而且往往以抗药性的形式出现。全球现代社会的许多核心特征使世界面对全球大流行病的挑战极为脆弱。现代社会的突出特点——人口增长、气候变化、快速交通运输方式、城市基础设施不足的巨型城市数量增加、战争、持续的贫困和社会不平等的扩大——都使流行病暴发的风险不断增加。

**雅典大瘟疫：宣告西方文明黄金时代的终结。**《伯罗奔尼撒战争史》中详细描述了于公元前430年在雅典骤然暴发的大瘟疫，这场瘟疫被称为雅典瘟疫。据书中

记载,此次瘟疫起源于非洲大陆的埃塞俄比亚,当时在人口稀少的非洲大陆,这场瘟疫并没有引起极大的恐慌和大量的人类死亡。只是随着到达非洲的商旅团队一次经过埃及、波斯帝国、希腊之后,这场瘟疫最终在雅典暴发,让人类付出了惨痛代价。❶雅典大瘟疫吞噬了雅典将近一半的居民以及将近四分之一的城邦人口。疫情的扩散与日益加剧的死亡使得人们不再相信宗教和法律,疫病笼罩下的雅典社会陷入空前的混乱当中,及时行乐和自我放纵开始盛行。执政官伯利克里也不再具有威信,并且同样死于瘟疫当中,他的死宣告了雅典,甚至希腊,乃至整个西方文明黄金时代的终结。❷

**查士丁尼大瘟疫:促成从古典到中世纪的时代突变**。现代历史学家们通常将查士丁尼时代视为从古典时代拉丁化的罗马帝国向中世纪希腊化的拜占庭帝国转型的重要阶段,而这种转变与盛行于当时社会的大瘟疫流行有着直接关系。瘟疫的蔓延使得人类的理性在当时遭受到了致命的打击,当时坚定贯串于社会各阶层的宗教信仰也逐渐衰落,人们转而信奉起圣像崇拜,皇权也同样被神圣化,整个社会被神秘主义色彩笼罩。当然,造成东罗马帝国衰亡的主要原因并不能完全归结于瘟疫,但是瘟疫却从外部发力,造成人口的大量非正常死亡,严重削弱了帝国的财政收入以及面对外敌的应对能力,由破坏性的瘟疫导致的社会动荡和重组使得在查士丁尼死后的一个世纪就完成了从古典到中世纪的时代转变。❸

**天花:人类史上最大的种族屠杀**。16世纪,欧洲侵略者将沾染天花病人皮肤黏膜排出的病毒的毯子和手帕送给印第安人做礼物,使得在西班牙人初到美洲的几十年间,几千万印第安人因感染西班牙人从欧洲带来的传染病而死。美洲长期与旧大陆隔离,印第安人也与旧大陆各种疾病完全隔绝,对许多疾病几乎完全没有免疫力,对来势汹汹的天花更是毫无招架之力。美洲新大陆的开辟大大改变了美洲、欧洲和非洲的历史,它为欧洲工业革命提供了必要条件,解除了欧洲工业革命的土地制约和劳动力制约:幅员广阔、肥沃的美洲土地迅速成了欧洲工业品的原料基地,

---

❶ LITTMAN R J.The plague of Athens: epidemiology and paleopathology[J].Mt Sinai J Med,2009,76(5):456-67.
❷ 霍华德·马凯尔.瘟疫的故事[M].罗尘,译.上海:上海社会科学院出版社,2003:56-60.
❸ 董令德.查士丁尼大瘟疫探析[D].上海:上海社会科学院,2018.

棉花为欧洲纺织工业的发展提供了保障，甘蔗为制糖业提供了充足的原料；非洲黑奴既为殖民者提供了廉价的劳动力，也补充了因瘟疫导致的美洲人口的不足。事实上，早在公元前2000多年就出现了天花，出现的地方在印度，这是人类有史以来第一次发现天花。之后，天花从印度四周传播，公元前1161年，天花在埃及传播，据说是来自印度的商队把天花传入了埃及。公元1世纪的时候，天花传入中国。公元10世纪，中国人发现把病人的痘泡液接触病人，可以使得不严重的病人减少死亡的风险，这是世界历史上最早发现疫苗接种的案例。到了18世纪，英国乡村医生爱德华琴纳开创了免疫学，发明牛痘接种法，这是人类历史上第一次真正解决天花的有效方法。

**霍乱：下水道革命与都市文明**。霍乱对于社会的影响，莫过于其所引起的下水道革命所影响的都市文明。19世纪，工业文明正处于鼎盛时期，一方面，工业革命加剧了人口聚集，大都市不断涌现的同时大量的工业垃圾也被生产出来，严重影响着人们的生活环境和生活质量，街上充斥着积存的雨水、腐败的被丢弃的食物、污秽的人畜粪便，在19世纪的伦敦，污水、工业废水以及其他各种各样的废弃物不经任何处理就直接排入了泰晤士河[1]，工业的进步以及对环境保护的忽视为霍乱的流行埋下了祸源。另一方面，当时世界性航海贸易的繁荣也将霍乱从印度恒河流域传到了整个欧洲，最终，南美洲、非洲甚至是邻近北极的地方都出现了霍乱的足迹。霍乱的暴发显然与工业所造就的恶劣生态、生活环境分不开，霍乱之后，公共卫生建设在欧洲、北美以及亚洲的许多城市得到重视，进而推动了饮水卫生和排污设施的革命。

**黑死病："黑暗时代"与文艺复兴**。黑死病，这场空前的生态灾难既成为欧洲"中世纪黑暗"的一个写照，在引起欧洲宗教信仰、政治、经济、社会结构全方位危机的同时，也引发了深刻的社会变革，并成为欧洲向近代社会转型的重要契机。黑死病的暴发，或是黑死病及其之后的一系列传染病，造成欧洲1/4人口死亡，还降低了生育率，改变了人口再生产模式。由此造成的劳动力短缺，以及混乱的社会秩序，使得原有的制度发生了明显的变化：农奴获得了自由，成了缴纳货币地租的佃农；地主放弃对领地的经营，将其出售给富裕农民，加强了他们的经济地位；此外，

---

[1] 霍华德·马凯尔. 瘟疫的故事[M]. 罗尘，译. 上海：上海社会科学院出版社，2003：324.

对村外人口租地的限制逐渐被打破。黑死病还是中世纪黑暗的帮凶，但是正是因为黑暗到了极致，促进了文艺复兴，在这个过程中，欧洲的社会、政治、文化和科技卫生革命都因为黑死病带来的教训有了巨大的进步。从社会发展看，由于人口剧减，劳动力匮乏，工资不得不提高，使得很多人有能力购置自己的土地，导致了农奴制的瓦解。从政治演变看，教会在黑死病面前的无力和软弱使人们开始认识到，上帝无法在瘟疫面前拯救自己，从而出现了人文主义思想的复苏，教会统治的根基动摇，社会开始向现代文明社会发展。在科技文化上，代表人物是牛顿，他在数学和物理方面都有很多突出的贡献。在这场运动之中，诗歌、绘画和建筑等艺术形式争奇斗艳、色彩纷呈，给欧洲带来了一个多重构架的近代文化体系。我们从字面意义能够理解，文艺复兴的意思就是重生。历史在大瘟疫的肆虐和社会的崩溃中孕育了希望的种子。中世纪的黑暗时代结束了，一个崭新的时代即将诞生。❶黑死病的发生还促进了卫生革命，使得人们加强了城市卫生基础设施建设，包括水处理、垃圾处理等，传染病的隔离制度出现，卫生局也成了城市里的永久机构。

**流感：推动公众对卫生认知的转变**。1918年的西班牙流感造成了全世界约10亿人口感染，占据当时世界总人口的近三分之二，也在一定程度上加速了第一次世界大战的终结。而这场流感最重要的意义则是改变了当时盛行的公共卫生优生学，即是否染病与种族、社会等级是否优秀有关，但是在这场流感当中，却没有任何人可以免疫，当瘟疫来临，对个别患者进行隔离或者对他们讲个人的责任都毫无意义。流行传染病是要全民总动员来解决的问题。自20世纪20年代起，对流感的认知转变体现在公共卫生政策的变革中。很多国家成立或重组卫生部，建立更先进的疾病监视系统，接受社会化医护的理念，即全民卫生保健，免费医疗。英国这个方向的努力于1948年获得成果，建立起英国国民保健服务体系（National Health Service，NHS）。俄罗斯在1920年建立起中央统筹、完全的公共卫生医疗服务体系并投入运行。

**来自动物的病毒：对人类文明全方位的反思**。SARS病毒、H7N9禽流感、埃博拉、中东呼吸综合征等新发传染病都与动物有关。尽管野生动物生存环境复杂，

---

❶ 乔治·威尔斯，卡尔顿·海斯. 全球通史［M］. 李云哲，译. 北京：中国友谊出版公司，2016：686-687.

身上携带或体内潜伏的病毒较多，然而非法狩猎、售卖野生动物案件仍大量存在，野生动物也时常出现在人类的餐桌上。诸如SARS病毒等由动物传人引起的传染病，是对人类文明的警示，更是让人类重新反思人类与自然之间关系、生态文明与生物安全关系的警报。如同人类学家对"人与动物关系"的好奇并不在其本身，而是将其作为他们思考人类社会其他方面的一个"窗口"。也是正因如此，人类学家笔下所写的人类也更多是将动物用作其认识自己的"镜子"。❶而事实上，这面"镜子"正是使人类深刻自醒的文化之光。实际上，无论是人还是动物，站在生物学意义上讲都不可能不以自己为中心，生态系统中的所有生命体都要以自我存在和发展为终极关怀，这是物竞天择、适者生存的自然进化逻辑，人和动物只要生活在生态系统中，就无法摆脱以自我利益为出发点在生物层面与其他物种相竞争。❷当人类不把野生动物当成生活在一个系统的伙伴，而是将其与自己决然地对立，视为可以任由人类掠夺、支配和操纵的客体，为了满足私欲，对其肆意的残杀和掠食的同时，动物也将对人类产生报复性反击，而这种贪婪无节制的掠夺、滥食，终将反噬和毁灭人类。

事实上，瘟疫使人类获得对新疾病的认知，发明对付疾病的新方法和新药，也使人类的生命价值观发生改变，国家建立捍卫生命和维护健康的新机制，现代教育让人类懂得与自然界和动物相处的原则等，大规模传染病、流行病在教授给人类的知识同时，也让人类在文明的道路上前行了一大步。值得一提的是，SARS事件不仅推动了中国公共卫生预防与应对机制改革与完善，而且将医学史、公共卫生史和医学社会史的研究从一个隐性的研究领域推到了学术研究的前台，成为一门显学，越来越多地受到史学家、社会学家和人类学家的关注，开拓了史学研究的新领域。❸而新冠肺炎疫情也将继续推动包括生物安全在内的国家总体安全观的法治体系建设。

从恩格斯《自然辩证法》关于自然科学、自然科学与哲学、人与自然关系的思

---

❶ MULLIN M H. Mirrors and windows: sociocultural studies of human-animal relationships [J]. Annual review of anthropology, 1999（1）.
❷ 吴梓源. 由"分"向"和"：当代人与动物互动关系模式的转型：兼议对新型冠状病毒肺炎事件的反思 [J]. 南京师大学报（社会科学版），2020（2）：42-52.
❸ 高晞. 有关人类瘟疫的12个问题 [N]. 中国科学报，2020-01-29.

想的深刻表达，到列宁《唯物主义和经验批判主义》提出人类不能运用人类自身的尺度去理解和认识自然本身，从全面禁止食用野生动物的立法到生物安全纳入国家安全的总体框架，公共卫生危机的发生和人类文明的制度进步一再表明：人和野生动物都是自然的一部分，与自然一起构成生命共同体；保护野生动物，就是保护人类；善待野生动物，就是善待我们自己。从内心深处敬畏自然、尊重生命，减少对野生动物的侵扰，实现人和自然的和谐共生、和平共处，这是我们面向未来的现实选择，也是生态文明建设的题中应有之义。❶ 正如恩格斯所说的，"我们决不像征服者统治异族人那样支配自然界，决不像站在自然界之外的人似的去支配自然界——相反，我们连同我们的肉、血和头脑都是属于自然界和存在于自然之中的"。

### （二）重大危机发生时的文化隐喻

在人类发展的历史上，重大公共卫生危机一直威胁着人类的健康，并引发人类的恐慌以及某些过度反应。包括污名化和替罪羊、逃亡和群体癔症、暴动和宗教信仰的激增，都提供了反映人类发展、折射社会结构变迁的窗口，由此审视危机下的人类聚集地和灾难视角下社会的构建方式，让人类更加深刻地理解人与人之间的关系、政治和宗教领袖的道德优先权、人与自然环境、人与建筑环境的关系。

*古代社会：鬼神与宗教盛行。*一场疫病的破坏力不亚于一场战争，由瘟疫所导致的社会危机足以对整个人类文明形成破坏力，尤其是在医学知识尚不发达的古代社会。在古代人们的认知当中，瘟疫的灾难来源于人的罪行，且被普遍视为来自外界的非偶然希冀，是某种意味深长的生命事件，关系到承受者的全部存在、精神、道德、生理和生活过程、过去、现在和未来。在人类早期极不安全的生活岁月里，瘟疫总会被倾向于解释成带有道德和精神的宗教信息，以及被理解为上帝向人类揭示其意愿的主要方式。中古时期，人类形成城市、村庄定居。人类驯化并饲养家畜，与家畜接触产生的各种新型的细菌、病毒和寄生物成为人类社会带来新的传染病源头。而人类聚居地相对集中的居住模式和交往方式，又难以遏制传染病的流行。在人类无法解释瘟疫的突如其来、飘忽不定、难以控制时，瘟疫进而拉大了不

---

❶ 杨学博.用法治革除滥食野生动物陋习［N］.人民日报，2020-02-28.

同宗教观念之间的差异，在人们面临不可想象的恐怖时，理性与社会秩序的崩溃引起了基督徒对于欧洲犹太人错误的复仇狂欢，而在中国，瘟疫的不断暴发还促进了宿命论佛教的传播。总之，宗教在很大程度上支撑了瘟疫中的人们，这种简单的信念也解释了为什么当14世纪黑死病最终结束时，欧洲社会并没有崩溃到无政府的状态。甚至到现在，"每遇灾荒瘟疫之起，其第一先登者必是教会"。[1]归根结底，人类的最根本倾向乃是将自己无法掌握、不能驾驭的事物归之于鬼神。随着疫病的不断扩散，当鬼神的力量却仍然无法掌控疫情的时候，人们就开始将归咎对象由鬼神转移到"政敌""阴谋"等上面。这时候，只要一有瘟疫出现，社会已有的矛盾和对立必会借机发作一次，而这种矛盾的发作必然助长瘟疫的蔓延而泛滥。

**近代社会：卫生理念渗入社会肌理**。中国近代社会，尤其是晚清时期疫病频发，其中影响最大的是1902年肆虐京津的霍乱，以及1910—1911年之交源于东北的肺鼠疫，最重要的变革则是朝廷与官府开始重视卫生事业。南宋以来的卫生事业主要依靠社会力量（主要是乡贤）弥补政府的消极，很少从制度上加以建设，而在晚清，[2]卫生事业逐渐由个别的、自为的、缺乏专门管理的行为转变成系统化的、有组织的、纳入官方职权范围的工作，这自然与西方政治制度和社会思想的影响和促动密不可分，但是也可以把它看作是社会力量在卫生领域的认识和活动日趋加强的反映。以新式学堂为核心的教育团体，以及以《大公报》为代表的新式传媒，竞相传播健康的生活模式和文明理念。[3]尽管当时仍有民众对于西方传入的卫生理念予以排斥，但是卫生制度的建立不得不说是当时的一大进步。1910—1911年东北三省的鼠疫大流行促使政府把卫生作为其职能之一，自此以后，由中央处理地方重大传染病在中国成为惯例。近代社会，卫生知识在社会层面的渗透逐渐驱散了上古社会的鬼神与宗教说，神秘主义的色彩被科学的理念所代替，也使得人们越来越能够掌握疫病发生的规律。疫病的破坏力虽强，但是却不至于像上古社会那样，足以引起时代的大变革。

---

[1] 焦润明. 中国现代文化论争［M］. 北京：社会科学文献出版社，2012（4）：889.
[2] 余新忠. 清代姜丹的瘟疫与社会：一项医疗社会史的研究［M］. 北京：北京师范大学出版社，2014（1）：517.
[3] 张利民. 城市史研究［M］. 北京：社会科学文献出版社，2014（9）：207.

**现代社会：高速的社会流动造就两大转变。** 尽管现代医学和生物科技不断进步，但人类社会依然间歇性地遭遇新的病毒袭击，变异后的病毒更加狡猾和隐匿，似乎流行病本身业已成为大自然自我调节的一种方式。1958 年的诺贝尔医学奖得主、美国遗传学家约瑟华·莱德伯格说过，"同人类争夺地球统治权的唯一竞争者就是病毒"。❶ 而比尔·盖茨在 2015 年的一次演讲中也提及，在未来几十年里，如果有什么东西可以杀掉上千万人，那将不是导弹、不是战争，而是微生物，是一种具有高度传染的病毒。今天看来，现代社会的高速流动所造就的最显著的两大特征即城市化与全球化，这一方面标示着时代的进步，另一方面同样也造就了一个高度危险的风险社会。

一是由于城市化孕育的风险社会。大都市的高流动性和人口密集型导致的社会结构和空间结构，是传染病传播的温床。例如，人类受害最深的 1918 年大流感的疫源地正是当时称得上是大城市的三个地方：塞拉利昂的自由城、法国布勒斯特以及美国波士顿。结核病的流行同样与城市人口急剧增加有关，仅在 1989—1991 年间，亚洲的结核病人数就随着城市的增长而增加到 1800 万人。登革热同样也是威胁城市的另一类传染病，1981 年在古巴哈瓦的暴发并导致了 3 万人死亡。由于现代交通的快速和普遍，任何疫病的发生都可能由区域性的疾病变成全面发作的灾难，这样的灾难能够在几个小时之内传播到全世界。❷ 从 1918 年全球大流感造成的惊人死伤，到 21 世纪来势汹汹的埃博拉疫情、非典型肺炎疫情和仍在肆虐的新冠肺炎疫情，无不在一次又一次地给人类敲响警钟：没有哪个国家能够独自应对人类面临的各种挑战，也没有哪个国家能够退回到自我封闭的孤岛。

二是由于地球村的出现导致的全球产业链分工与合作的不可割裂。现代社会当中，工业化的进展使得城市化进程加快，都市的膨胀正给瘟疫提供了越来越大的温床。❸ 一方面，城市危机的化解依赖于乡村。19 世纪 50 年代以来，城市的快速发展，加上霍乱的肆虐，瓦解了哈布斯堡王朝长期屹立于欧洲的文化模式，农民往城市的移民数量剧增，民族主义思想扎根使得布拉格和布达佩斯在语言与思想上都趋

---

❶ 许诗雨. 人类的历史及其疾病的历史 [N]. 第一财经，2020-03-21.
❷ 霍华德·马凯尔. 瘟疫的故事 [M]. 罗尘，译. 上海：上海社会科学出版社，2003：769.
❸ 同❷ 674-681.

向更为一致的文化认同。❶ 而相比起集中化的城市，乡村显然有着更加健康的环境，尽管贫穷，但是从上古时代到现代社会，乡村一直都是城市危机发生的后援地与化解危机的蓄水池。另一方面，城市化进程中的全球博弈发生变化，世界合则俱利，损则俱伤。在全球化和城市化时代，所有区域均嵌入全球经济网络，新的地理空间和产业体系的布局不断分化和重组背景下，对抗疫情必须依靠全球和本土共同的努力。联合国贸易和发展会议报告显示，疫情可能导致2020年全球对外直接投资最高下降40%。与此同时，各国对防疫物资的需求激增，保障这些物资的生产和跨境流动事关生命和健康。协调应对措施，联手加大宏观政策对冲力度，减缓疫情对全球生产和需求造成全面冲击，实现自由、公平、非歧视、透明、可预期和稳定的贸易投资环境以及保持市场开放的目标，已是各国必须做出的选择。正如世界贸易组织总干事阿泽维多所强调的："没有一个国家能自给自足，不管它有多强大或者多先进。"人们越来越认识到，能否采取共同举措、减免关税、取消壁垒、畅通贸易，已是考验国际担当的重要标准。❷

从人类对抗瘟疫的历史看，人类同传染病的斗争是无止境的。尽管我们已消灭或基本消灭了许多种在历史上作恶多端的传染病，但是即使在医学最发达的国家，也还不能完全避免传染病的威胁。尽管人类也许无法获得全盘的胜利，但是科学方法和现代医学技术以及公共卫生的控制方法和现代文化治理的规制理念，却在与疫情的搏斗、与危机的抗争中不断进步。

疫病有着特定的文化隐喻，带有时代的文化烙印，也引起了多样的社会变革。从流感、SARS，到埃博拉、寨卡，再到新冠肺炎疫情，现代社会每一次疫病的暴发都伴随着全世界的高速传播，而疫病发生引起的危机不仅是公共卫生层面的，还是经济层面的与社会层面的，人力、资本等社会生产要素的健康流动更加有赖于全球整体社会的风险治理与危机应对，参与全球治理也是当今时代的必然选择。在当今时代中，本地危机极易通过人员流动、空间关联、经济和技术联系等演变为全球危

---

❶ 威廉·麦克尼尔. 瘟疫与人[M]. 余新忠，毕会成，译. 北京：中信出版集团，2018：215-220.
❷ 和音. 确保全球产业链供应链开放稳定安全：抗击疫情离不开命运共同体意识[N]. 人民日报，2020-04-01.

机，打破了传统国家的地理边界和制度架构。❶ 全球公共事务治理的转变要求在危机面前，需要全球凝聚共同意识，共建人类命运共同体与生态安全共同体，这是时代的必然，也是文化自觉之意。在人类文明经历了数次疫病的发生之后，至今仍有着无数病毒不为人所知，它们还将在未来的时代当中引起更多的文化变革，面对未知，最重要的是以史为鉴，理清疫病背后的文化隐喻与文明暗示，理性地应对每一次危机带来的治理考验；以文化疫，树立人类命运共同体意识，摒弃傲慢与偏见，以文化促交流，以文明话未来。

## 二、文化叙事：电影和文学的文本诠释

人类的发展历史几乎无时无刻不是伴随着自然灾难前行的，自然灾难也在人类文化史上投射出了各个不同时期的表象，由人类蒙昧时期所产生的远古神话，到科技高度发达的现代社会所产生的科学幻想，自然灾难都在其中充当过各式各样的叙事背景。❷ 从远古神话、诗歌古词，到灾难影片、科幻故事，人类用生动的文字与影像记录灾害，用富有艺术性与感染力的语言诠释苦难，灾难文学与电影通过对灾难的美学塑造，让大众在视听娱乐当中思考人类生存与自然、社会间的关系，引发生存思考，体现危机警示，获得灾难反思，而以灾难叙事为主题的文化艺术作品，也折射着人类价值的变迁和文明的重塑。

### （一）生存思考：客观纪实与主观情感耦合互动

纪实的力量在于能够让读者和观者回到灾难发生的第一现场，帮助了解到灾难事实和真相，同时反躬内省，触发人类现代生存的忧患意识，重新思考人与自然的关系，重回人类生存的本源问题。

*着墨深描现实灾难，探寻人类生存未来*。真实的力量，往往最能给读者带来最大的精神震撼，促使人类暂时跳出永无止境的物欲社会，切实思考人类更为本源的生存问题。美国非虚构作家理查德·普雷斯顿所创作的《血疫——埃博拉的故事》，

---

❶ 薛澜，刘冰. 盘点"非典"十年：公共治理体系变革［N］. 学习时报，2013-06-17.
❷ 王嘉悦. 灾难文学的前行方向与意义空间的拓展［J］. 黑龙江社会科学，2016（1）：133-138.

通过对发生于 1967—1993 年间与埃博拉病毒相关的病例、疫情和真实事件的艺术性深描，向读者清晰地讲述了埃博拉病毒的缘起、症状以及对人类的巨大威胁。这本非虚构纪实文学的骇人程度完全不亚于惊悚电影，以至于惊悚大师斯蒂芬·金都说："《血疫》的第一章是我这辈子读过最可怕的。"作者运用埃博拉的真实故事告诉我们，我们和致命程度高达 90% 的病毒只有一个航班的距离，而大自然对无限扩张和蔓延的人类群落的清除，也只需人类所唤醒的在岩洞中隐匿万年的古老病毒。这些沉重而又骇人的真相使人们不禁开始反思自身的无知和存在的价值，反思物欲社会的合理性，反思人类与自然的关系。还有 2015 年诺贝尔文学奖得主白俄罗斯作家阿列克谢耶维奇的代表著作《切尔诺贝利的回忆：核灾难口述史》。为了尽其客观地记录 1986 年 4 月 26 日的切尔诺贝利核电站的反应堆爆炸事件以及此核爆炸灾难后人们的生活变化乃至因此所遭受的折磨，记者出身的阿列克谢耶维奇利用足足三年的时间进行走访和调查，寻访了很多在切尔诺贝利事故中幸存的人、官员、科学家等。在零干预的方式下，让大型灾难事件中来自不同阶层、不同年龄的小人物以自身为角度叙述真实遭遇和所思所感，利用大众朴实的声音还原出历史灾难事件的真相。作家杨黎光根据 2003 年"非典"事件所著的《瘟疫，人类的影子》同样能体现纪实文学还原过往真相，探寻未来出路的作用。杨黎光从抗击"非典"第一线采访获得的大量素材出发，全景式再现了人民抗"非典"斗争历程，写出了广大普通医务工作者勇敢迎战、悉心治疗、前仆后继的职业精神，突出了从中央到地方各级领导及医疗卫生机构对抗击"非典"的正确有效的具体指导和夜以继日的辛勤工作，并以此现实为基础，颇有远见地提出了"人类与非典等未知病毒的斗争将是长期的""非典病毒的出现是人类文明进程中必然要付出的代价之一种"等观点[1]。

**借助电影纪实叙事，触发生存忧患意识**。纪实性叙事灾难电影以更为客观冷静的态度对灾难进行最大化还原和表现，是一份储存公共记忆的珍贵影像，通过对残酷景象、人性冲突等内容的还原，唤醒人类对自然、宇宙的敬畏和对生命的珍惜，从而触发灾难忧患意识，避免悲剧的再次发生。美国与中国是最常将纪实性叙事手法运用在灾难电影中的国家，其他各国灾难电影中更多选择对真实事件进行艺术加

---

[1] 杨黎光. 瘟疫，人类的影子 [M]. 北京：人民文学出版社，2003.

工,纪实性叙事手法呈现内容较少。

1993年在美国上映的灾难求生电影《天劫余生》根据1972年一支乌拉圭橄榄球队所搭乘的飞机在安第斯山脉失事事件真实改编,讲述了飞机坠毁后的半个月中乘客们在海拔一万多米、零下十摄氏度的冰天雪地中残酷求生的经历。电影内容源于事件幸存者的真实回忆,采取纪实叙事手法还原了半个月中幸存乘客面临的种种生存选择,从不忍接受同伴去世的脆弱,到在强烈生存愿望下精神逐渐麻木、失去人性、开始食用同伴的巨大变化,以极其震撼人心的情景引起了人们关于生命与道德的辩论。电影中极端环境下生存者的恒心与勇气让人不得不心生敬畏,并思考人类生存的意义。除此之外,由"二战"时期3名被困海上漂流士兵事件改编的美国冒险电影《太平洋幽灵》(2015)则彰显了人类意志的力量。电影还原了3名陌生士兵因事故弃机逃生后,在海上一个约3平方米大小的黄色救生筏中艰难生存的故事,通过对3人彼此扶持、有难同当的真实情景再现,彰显了人类在艰难生存条件下战胜困难的毅力与勇气,强调了灾难来临时人性意志的强大。冯小刚导演的《一九四二》是国产灾难电影的代表之一,它讲述了在1942年抗日战争与"二战"白热化阶段,难民涌入河南导致饥荒的苦难故事。电影尽可能地还原了在天灾和人祸的双重打击下,广大人民群众的真实生存状态和战争背景下不同阶级的人性流露,但也在客观陈述悲伤故事的过程中释放了更多的人性温暖。它塑造了完整的集体记忆,以较为客观的态度展现了不同个体对生存权利的尊重与渴望,平淡讲述着灾难面前中国人的坚韧与顽强意志,引导观众关注当下人类与自然生态的平衡,努力唤起荧幕前观众的灾难忧患意识。电影不仅是历史事件的记录者,更是不同阶层百姓心声的传达者,所蕴含的情感早已超越视听描述。

### (二)集体记忆:个体命运与宏大叙事交相辉映

个体化的灾难叙事从受害者真实经历出发,让读者真切地对每一个人的受难感到怜悯,以个体苦难遭遇唤醒大众对灾难的集体记忆,让读者和观者隔着漫漫时空与灾难中的人们产生共情,真切感受他们的痛苦、挣扎以及反抗。

*以悲剧化叙事抨击荒谬现实*。着墨个体命运,更容易引领读者对灾难的本原进行批判式的反思。德国作家克莱斯特写于1807年的《智利地震》则是一个不错的案

例。该故事以1647年智利首都圣地亚哥发生的一场毁灭性的大地震为背景，着力描写了女主人公何塞法以及其情人在地震灾害前后所承受的苦难人生，呈现出男女主人公躲过了来自自然界的大地震，却终没躲过人为的大灾难，最终惨死于来自地震灾难幸存者的公众暴力中的悲剧结局❶。善良个体的苦难和消亡无声地鞭挞荒谬的现实，也提出了比自然灾害更具毁灭性的或许是来自人为的可避免的社会灾难的人文警示。摩罗曾在《耻辱者手记》里说过这样一句话，"每一个生命个体的苦难，都是全人类共同的耻辱"❷。同样，每一个生命个体在灾难中的奋斗和反抗，正是全人类战胜一个又一个灾害生生不息的精神支柱。法国作家阿尔贝·加缪所创作的长篇小说《鼠疫》正是以个体视角出发，描写北非一个叫奥兰的城市在突发鼠疫后以主人公里厄医生为代表的一大批人面对瘟疫奋力抗争的故事，淋漓尽致地刻画了那些敢于直面惨淡的人生、拥有"知其不可而为之"的大无畏精神的真正勇者。这一个体英雄反抗灾难，带领人们战胜灾难的典型灾难神话模板唤起了不同时代、不同地区人民对灾难的集体记忆，使之成为影响一代代人的经典之作。而小说中依托个体所传递的不绝望、不颓丧，在荒诞中奋起反抗，在绝望中坚持真理和正义的伟大的自由人道主义精神也鼓舞着世界人民迈过一次次的危机和灾难。

**以个体化故事透视复杂人性**。对灾难事件进行故事化的艺术再创造通过集体情感渲染，利用残酷灾难和美好人性的差异化对比，使得灾难事件更具震撼性与感染力，进而让人们深刻感悟各种灾难面前人性的伟大，重构出人类战胜灾难的信心。

《泰坦尼克号》是个体视角叙事灾难电影的代表，从讲述穷画家杰克和富家女露丝的抛弃世俗的爱情故事中，还原了1912年泰坦尼克号邮轮在其处女启航时触礁冰山而沉没的事件。电影不仅讲述了杰克对露丝可以牺牲生命的爱，更借机展现了泰坦尼克号触礁悲剧发生时人性的千百种姿态，通过悲剧事件中爱情、亲情、友情等不同情感的表达，再次警醒人类在灾难面前的脆弱和人性的善与恶。"9·11"事件是美国灾难电影的主要题材之一，根据不同时间线和不同个体角色，美国导演创作出风格迥异的影视作品。《世贸中心》选取消防警员的视角重现了"9·11"事件发生时世贸中心里发生的悲剧，通过着力描述两位警务人员身处危

---

❶ 胡丰. 20世纪欧洲自然灾难文学的生命价值观［D］. 长春：东北师范大学，2011.
❷ 摩罗. 耻辱者手记［M］. 呼和浩特：内蒙古教育出版社，1998：192.

难时的心理变化，讲述极危险情况下的紧急营救与自救，从小人物视角去描绘从面对灾难到战胜灾难的心路历程，以一个平凡而微小生命的坚韧不屈，表达出整座城市乃至国家面对恐怖主义的勇敢与不屈服。而小人物大故事的背后向观众所传达的更是人类的求生本能与应对邪恶力量时人性中善良、勇敢的强大能量。《特别响，非常近》则以"9·11"事件发生后遇难家属的故事为主题，让人们在认清恐怖主义所带来的连锁痛苦下反思如何避免同类事件重现。影片从一个因听到父亲去世前的通话而生出阴影的无辜男孩视角，讲述了"9·11"事件给普通家庭带来的心理创伤。它从遇难家属这一被忽视的群体出发，让人们关注恐怖事件发生后必然面临的连锁社会问题，展现出强烈的人文关怀，让人们在意识到受害者承受的痛苦的同时，开始真正主动反思恐怖袭击事件发生的根源，并思考如何去避免同类事件发生。除此之外，美国具有代表性的个体视角叙事灾难电影还有《地心营救》《勇往直前》等，都是从不同灾难事件中不同小人物的角度还原历史情景，以温暖感人的人文情怀诉说着危难面前生存的信念以及不同社会角色所发挥的个人价值。饱满的人物形象塑造和情感表达，不仅塑造出了感人至深的英雄形象，更彰显了灾难来临时平凡人身上的大爱。《唐山大地震》与《南京大屠杀》则是我国灾难电影选取个体视角叙事的典型，它们借助灾难事件当中平凡家庭的故事，展现生命的珍贵价值与亲情的伟大。灾难与战争的宏大叙事背景下对于小人物的伦理书写，让人们更加深刻地感知生命的温度，不仅提升了电影作品的精神文化价值，更潜意识地塑造了观众面对灾难后重生的信心。

灾难电影以营造奇观场景、描写人类遭受巨大暴力和伤亡为重要类型元素，更通过人与环境的剧烈冲突、生死抉择而表现人性冲突，进而凸显人性关怀主题，焕发出人性的光辉。灾难电影的深层魅力正在于通过主人公对这些"二元对立"的生死抉择的戏剧化表现，以及焕发出来的人性光辉的表现，而生发灾难反思、人性批判与人性超越的力量。❶

---

❶ 陈旭光，张明浩. 灾难景观中的人性冲突与人性光辉：灾难电影小论［N］. 中国艺术报，2020-03-04.

## （三）核心价值：社会意志与道德理性交叉渗透

灾难能够反映社会深层结构性问题，对灾难的叙事不仅仅是还原现场真实，更是对社会深层问题与人性真实的焦点透视。灾难文学与电影通过夸张、极端甚至暴力的冲突矛盾叙事，或批判伪善的社会制度，或赞扬灾难下人类的美好品质，最终皆是将灾难悲剧升华为崇高的美感，凸显普世的主流价值观。

**以灾难叙事透视社会制度**。为了警示人类避免更多人为灾难的发生，古今中外不少灾难文学均致力于揭示批判社会灾难发生的根源——伪善的不平等的社会制度，传达"人祸"猛于"天灾"的血泪控诉。其中最为典型的是民国时期左翼文学中相关的灾难作品，如鲁迅在1935年创作的小说《理水》，文中假借大禹治水的上古神话来描述民国时期水灾发生后的社会现状，文中的乡绅和官员首先认为洪水是灾民们自己导致的，"就是洪水，也还不是他们弄出来的吗？……水还没来的时候，他们懒着不肯填，洪水来了的时候，他们又懒着不肯戽……"继而下级官员向上级官员汇报，"灾情倒并不算重，粮食也还可敷衍……面包是每月会从半空中掉下来的；鱼也不缺，虽然未免有些泥土气，可是很肥，大人。至于那些下民，他们有的是榆叶和海苔，他们'饱食终日，无所用心'，——就是并不劳心，原只要吃这些就够。我们也尝过了，味道倒并不坏，特别得很……"于是，大员们"第二天，说是因为路上劳顿，不办公，也不见客；第三天是学者们公请在最高峰上赏偃盖古松，下半天又同往山背后钓黄鳝，一直玩到黄昏。第四天，说是因为考察劳顿了，不办公，也不见客"。❶文中用漫画的描绘手法勾勒出国民政府中滑稽黑暗的官员群丑图，鞭笞了国民党政权在国难当头、民不聊生的国情背景下的反动、腐败、无作为的现实情况，也揭示了国民党政权祸国殃民的实质。同样，墨西哥作者胡安·鲁尔弗也在其短篇小说《地震的一天》中运用两人对话一问一答的形式生动地讽刺相关政府当局在处理自然灾害中的伪善嘴脸，批判漠视人民的不平等的社会制度。州长对地震中受灾居民的慰问竟然形式主义地演变成一场花费灾民"四千比索"的酒席，所谓的地震专家也如同饭局摆设，陪同州长一起酗酒闹事，乘着酒精高唱那首

---

❶ 鲁迅.故事新编[M].北京：文物出版社，2006.

《服丧时刻忘灵魂》的歌。漠视人命、无所作为的政府官员在灾民眼中并非能将其救出灾难的帮助者，反而更像是把灾民推向无尽深渊的刽子手。

与批判讽刺腐败政权相反，也有一批文学作品致力于歌颂带领人民抗灾救灾的国家政权，充分发挥灾难文学塑造提升政府正面形象，增强国家凝聚力，弘扬主流价值观的作用。如早在新中国尚未成立之前，便出现了如范长江的通讯《苏北根据地观感》、李纶的剧本《难民曲》等文学作品，其中都歌颂了共产党率领民众抢险抗灾的英明之举❶。而当下 21 世纪，更有大量灾难文学围绕"非典"病毒、汶川大地震乃至新冠病毒疫情等特定灾难事件高举救灾精神的旗帜，弘扬民族团结、勤劳勇敢、不畏艰难、敢于抗争等主流价值观念，在展现中国精神的同时激发了大众人民的民族认同感和归属感。如杨黎光的《瘟疫，人类的影子》通过描写广大普通医务工作者在"非典"疫情间勇敢迎战、前仆后继的抗疫奋斗，突出从中央到地方各级领导及医疗卫生机构对抗击"非典"的正确有效的具体指导和夜以继日的辛勤工作，充分展现了中华民族逆行而上，誓死不退，不胜不休的抗疫精神以及赞扬了中国共产党作为中华民族的先锋队在带领中国人民反抗灾难战胜灾难的作用，彰显中国特色社会主义的制度优势。

**以英雄形象塑造弘扬主流价值。** 英雄形象塑造是电影中政治伦理化叙事的主要形式，通过真实英雄事迹的改编将人为事故、自然灾害等灾难中的珍贵瞬间转化为影像，为观众呈现一个平凡英雄的诞生。美国的《萨利机长》和中国的《中国机长》均由航班遭遇意外险情的真实事件改编，分别通过塑造萨利机长个人英雄形象和四川航空英雄机组，从多个角度诠释了"英雄"的平凡色彩。危机时刻，英雄会遭受质疑、会感到恐惧、会怀疑自我，真实故事的客观描述让观众看到英雄背后的艰辛，更突出了不同行业的职业操守和精神品格，影片在重现一场意外的同时，更多诉说着平凡人对生命、职责的敬畏。《烈火英雄》以"大连 7·16 油爆火灾"为原型，讲述了消防队伍团结一致，誓死抵抗火灾的英雄事迹，影片致敬了最平凡又最伟大的职业——消防员，让人们再次关注这群在烈火面前的逆行者，歌颂他们用生命保护国家及人民财产安全的动人事迹。以"9·11"事件为背景的美国电影《颤

---

❶ 王嘉悦. 中国灾难文学及其流变 [D]. 长春：吉林大学，2016.

栗航班93》则通过描述一群无辜乘客与恐怖分子同归于尽的英勇壮举，挖掘出每个人心中隐藏的英雄基因，有的灾难来临时不会有超级英雄前来拯救，但当末日来临，身边的每个人都可能化身英雄与黑暗搏斗，影片讲述的故事虽悲壮惨烈，却底气十足地向世界传达着光明正义的存在。政治伦理化叙事中的英雄形象往往源于生活又高于生活，他们会面临感性与理性、情感与法律冲突时的艰难抉择，拥有饱满而真实的性格特征，灾难电影通过平凡英雄在生死攸关面前的理法抉择，突出危机时刻的大爱，也努力唤醒每个人心中的家国情怀。

### （四）灾难警示：超现实叙事与戏剧性描写结合

超现实的灾难叙事以天马行空的幻想与荒诞诡异的故事构建起最具震撼力的艺术场景，启发读者和观者在虚构的灾难世界中挖掘现实世界的真相，从征服自然的幻想，到滥用科技的反思，再到人性恶果的审视，无处不彰显着生态主义的灾难意识。

**构建检验人类真实本性的实验场**。诺贝尔文学奖得主萨拉马戈所作，入选诺贝尔学院"所有时代百部最佳文学作品"的《失明症漫记》，描写了现实世界中从未出现的失明症传染疫情以及失明瘟疫发生前后失明传染者被送进精神病医院、逃离精神病医院以及大众逐渐恢复视力等一系列的事情。整个故事虽然皆是虚构，但是在这个灾难故事中所反映出来的人性善恶以及社会现象却真实得让人战栗，政府部门以控制疫情为由对失明传染者的舍弃，人类自私、残酷、好斗、暴虐的本性乃至文明社会在灾难疫情下的不堪一击都显得如此真实，反而能让读者对虚幻的现实有更深的理解，不外乎《失明症漫记》的作者萨拉马戈把这个虚构的灾难世界比作"是这个世界的一个缩影"。同样，英国作家所著的《三尖树时代》也运用荒诞的科幻故事情节为人类构建了一张审视自身的镜子。故事讲述的是主人公比尔·马森在一次意外事故中眼睛受伤。当他的眼睛痊愈、揭开纱布时，世界上大部分人因为一场奇特的流星雨而变成了瞎子。在目睹了失明者们疯狂而绝望的惨状之后，马森加入了少数未失明者组成的团体。他们决定逃离混乱不堪的城市，进入乡村，展开全新的生活。但此时，常见的产油植物三尖树却因人类的实验研制获得了智能和行动能力，开始了对幸存者的捕杀。从表面看来，流星雨、失明和三尖树等外在事物是故事中人类遭受劫难的原因，但从深层角度出发，文章却传达出"潜藏在人性深处的邪恶欲望才是导致种种灾难与不幸的罪魁祸首"的道理。

超现实灾难电影则用强烈的视觉震撼在观众内心烙印下灾难和末世来临的恐惧,而在心灵冲击下流露出的种种人性光芒,又主动牵引着观众感知灾难发生后的无助、悲痛,通过超现实视听与现实情感的双重力量,在想象景观和残酷事件中唤醒人们对人性、生态、社会的反思,从而发挥灾难电影的警醒教育作用。《世界末日》《2012》《后天》《日本沉没》等是典型的超现实灾难电影,它们汇集全球各种生态问题、预言传说,从不同的视角描绘国家、世界毁灭的场景,讲述了全人类面临毁灭性灾难时的挣扎求生经历。《流感》《釜山行》《首尔站》等电影均通过灾难放大社会问题,通过家庭伦理价值去反观和弥合国家公权力失序导致的裂隙❶。《流感》中正义与私欲的抗争、《釜山行》中陌生人的关怀对比下政府的阴暗,电影更多地通过夸大戏剧化冲突来诠释灾难面前的世间百态,将人性的善与恶表现得淋漓尽致,又利用尖锐的政治讽刺和隐喻,将社会的黑暗角落呈现于荧幕之上。从而让观众明晰,当灾难来临,人性的丑陋与光辉将同时出现,未解决的社会矛盾将不可避免地成为加深灾难痛苦的因素,叙事中的冲突更多地引发观众对本地文化、社会的反思,讲述灾难但又超越灾难内容本身,直击政治与人心,具有深刻的现实意义和思想价值。

**反思人与自然生态关系的启示录**。恩格斯说:"我们不要过于陶醉于我们对自然界的胜利,对于每次这样的胜利,自然界都对我们进行了报复。"❷ 虽有大量的学者对人类破坏性生产活动进行一次又一次的警示,但是无知的人类还是在利益的驱使下义无反顾地跟随着欲望的引导,走向毁灭的深渊。而灾难文学中对于虚构灾难的夸张化反映,有助于惊醒走向深渊而不自知的人类,使其真正思考自身的无知行为会带来的严重后果。刘慈欣所著的《地火》正是以虚构夸张化的灾难反映人与自然矛盾关系的作品。《地火》描述了主人公刘欣从"人类中心主义"出发,为了避免他父亲那样的矿工再出现因下井工作导致的硅肺病的情况,发明了不需要下井开采就能利用气化煤供人类使用的办法,就此点燃了熊熊燃烧的"地火",而"地火"最后的不受控制再到蔓延,为地表人类的生存环境带来了极大破坏,从而造成美丽

---

❶ 张燕,陈良栋.韩国灾难电影的类型叙事与现实观照[J].当代电影,2019(11):72-76.
❷ 恩格斯.自然辩证法[M].北京:人民出版社,1984:304-305.

的城市草木生烟，日月无光，人民流离失所的灾难❶。通过这些虚构夸张却蕴含着可能性的灾难描述，能让人类更加清晰地认识到自以为正义合理地对自然盲目宣战，往往只能对自身造成反噬。作为地球母亲的孩子，我们要学会以更加敬畏、更加尊重的姿态与大自然相处。

　　文学和电影作品通过不同角度类型的灾难叙事向大众传达着不同人文内涵、文化深度和社会价值观念，以文字、影像为媒介向受众传达者重大灾难下的立场与思考。文学与电影中的灾难叙事则发挥着让人类从自我中心主义中抽离，重新认识自身在自然界中地位的重要作用，引导人们从主宰世界、征服自然回归到万物平等这一原始思维。灾难文学与电影既有对灾难事实的客观记录，也有基于灾难背景的主观创作，它陈述灾难背景，但更多传达着灾难下的苦难意识、忧患意识、人文情怀与民族气概，从意识形态层面铸造受众的公共记忆，最终实现灾难重现下的文化反思和思想观念重塑。

---

❶ 王嘉悦. 中国灾难文学及其流变［D］. 长春：吉林大学，2016.

# 第七章
# 人类重大灾难的场景与文化记忆展*

人类文明史上曾出现一次次的大灾难，不管是天灾、战争、饥荒，还是瘟疫，对于死亡人数多、影响深远的重大事件，人类大多会建立纪念馆、博物馆予以记录与缅怀。如日本广岛和平纪念馆、乌克兰·切尔诺贝利核爆炸纪念馆、美国"9·11"国家纪念博物馆、印尼海啸博物馆、中国"5·12"汶川特大地震纪念馆，再如抗疫主题类的英国·亚姆村瘟疫博物馆、澳大利亚·人类疾病博物馆、捷克·人骨教堂等，皆是人类抗疫史的见证与纪念。真实完整地记录这些历史灾难、人类危机，是对逝去故人的怀念、对远去历史的纪念、对人类行为的反思，更是对人类未来发展的镜鉴。

---

* 本章由齐骥指导亓冉、张潆方、陆梓欣撰写完成。亓冉系中国传媒大学文化产业管理学院博士研究生，张潆方、陆梓欣系中国传媒大学文化产业管理学院硕士研究生。

## 一、公共卫生博物馆：人类危机的文明记录

公共卫生博物馆是保护与传承地区、国家乃至世界范围内大众健康公共事业历史的重要殿堂，是记录过去、现在与未来大规模传染病、公共环境卫生等重大事件的空间载体，拥有向公众宣传卫生常识、进行健康教育，并在传承历史中实现国际经验交流互鉴、世界整体公共卫生事业共同发展的功能价值。公共卫生博物馆以全人类面对的健康卫生挑战为主题，详细记载着全球各国对抗疫情、建设公共卫生体系等历史事迹与经验教训，对内传播普及公共卫生常识，对外共享医疗卫生相关经验，共同促进公共卫生事业发展，并推动人类命运共同体建设。同时，公共卫生博物馆还具有极强的社会教育功能，它利用大众普遍接受的艺术性、科学性手段对外传达重大卫生事件对城市、国家、世界的创伤，以更易于接受、通俗化的方法警醒公众，并适时进行全龄层的健康常识科普，在城市卫生治理进程中起到了巨大的推动作用。

### （一）记录公共卫生历史，传递文化文明

公共卫生博物馆主要围绕不同类型的公共卫生问题设定自身主题，可分为突发重大公共卫生事件主题、传染病主题、环境卫生主题和职业卫生主题博物馆。公共卫生博物馆作为城市、国家、世界重大公共卫生事件的客观记录者，具有保护与传承真相的职责，它在众多繁杂信息中为公众客观传播真实历史信息，以批判的角色介入历史与现实释放文化能量，通过宣扬人类抵抗重大公共卫生灾难的可贵精神构建统一的集体记忆。

**公共卫生博物馆以还原历史真实，提升公众对公共卫生的关注度。** 公共卫生博物馆作为社会中较为稳固的留存历史记忆的公共空间，在社会发展中具有极强的文化引领作用。面对重大公共卫生事件和重大疾病灾难，公共卫生博物馆始终以客观、事实、科学的视角向公众传达信息，以批判的角色介入历史与现实之间向社会释放文化能量，从而构建统一、正确的集体记忆。英国、美国、韩国、俄罗斯、法国等国家聚焦卫生健康领域的不同主题设立公共卫生博物馆与相关展览，通过多元

角度的物质资源整合记录历史记忆，警醒公众关注健康问题，并通过事件亲历者的动人事迹陈述，引发社会共鸣、牵引公众走进博物馆接受文化教育，潜移默化地普及公共卫生常识，不同程度地助推公共卫生文化治理与公共卫生体系构建的完善。

费城医学院穆特博物馆于 2019 年 9 月 28 日举办了纪念"西班牙流感"的特展活动。一个世纪前，一场全球性的健康灾难袭击了我们的家。1918—1919 年的流感大流行，即通常被称为"西班牙流感"的全球流行病，导致全球 5000 万～1 亿人死亡。1918 年 9 月 28 日，费城的爱国战争行动自由贷款游行让"西班牙流感"迅速扩散传播，很快让这座城市陷入了危机：医院人满为患，尸体堆积在太平间。在西班牙流感大流行期间，费城的死亡率在美国主要城市中居于首位，近 1.4 万人在 6 周内死亡，每 5 分钟就有一人死亡；6 个月内超过 17500 人死亡。多数死亡居民的名字不在历史书上，然而他们的家人没有忘记他们。2019 年，在国际知名艺术家团体"爆炸理论"（Blast Theory）和当地社区卫生组织的推动下，穆特博物馆开设特展，纪念费城在西班牙流感中逝去的居民，并表彰社区卫生团体为城市公共卫生所做的巨大贡献。作为一个艺术家项目，这次特展探索了这一毁灭性的历史事件和当代健康问题之间的关联。正如穆特博物馆的建设初衷，纪念这些逝去的普通居民，与博物馆的愿景高度一致——研究人员坚持医学研究的理想和遗产，激发对身体和健康的好奇心和知识，并在文化和历史背景下增加对医学的理解，加深公众对公共卫生的理解与合作。

匈牙利塞梅尔维斯医学博物馆原是医学家塞梅尔维斯成长的地方，后来世人为了纪念他为医学界所做的巨大贡献，将其改造为医学博物馆。塞梅尔维斯医学博物馆内著名的藏品包括早期 X 光机器、解剖维纳斯等。塞梅尔维斯是首个发现感染与手术相关的人，在 19 世纪中期降低了产妇生产后的发病率与死亡率，但他提出的研究成果并未得到维也纳医药学协会的重视，最终也遗憾地死于手术感染中，此成果直至后世才被医学界肯定[1]。塞梅尔维斯博物馆通过塞梅尔维斯的英雄事迹吸引医疗工作者和对医学感兴趣的群体走进博物馆，了解百年来世界医疗发展历史，唤醒医疗从事者心中的责任意识，以塞梅尔维斯精神为纽带向广大群体传递医疗卫生的重要性，从而实现社会教育作用。

---

[1] 资料来源：塞梅尔维斯博物馆官网（semmelweismuseum.hu）。

位于英国曼彻斯特东南约 50 千米的亚姆村，在 1665 年黑死病暴发时，为了控制疫情传染用石头垒起一圈围墙进行自我隔离的感人事迹流传至今。瘟疫事件平息后，当地人用博物馆的方式把亚姆村的故事完整保留下来。亚姆博物馆规模不大，但里面的设施、资料均记录了当时人类抵抗瘟疫的珍贵故事。博物馆的主展馆是霍克希尔路上的卫理公会教堂，在可以容纳 30 人的中心大厅里陈设着当年黑死病的文史资料，同时，博物馆还整合了周围各种的历史遗迹，如"瘟疫小屋"、莱利坟墓、石头垒起的围墙、曾经放用醋泡过硬币的岩石上的孔等，这些具有历史色彩的真实场景都是历史的见证。亚姆村瘟疫博物馆是唯一一个将原始场景完全保留并展示的疫情博物馆，博物馆的每一个角落都留存着真实且感人至深的故事，它所传递的不仅是人类面对大型传染病时的抵抗经验，更是为了阻止疫情蔓延选择自我牺牲的勇敢精神。它的精神内涵不再停留于让公众铭记历史、吸取教训，更多的是通过讲述惨痛、悲壮事迹，唤醒人内心对生命的敬畏和对健康的珍惜。

"暴发：互联世界中的流行病"展为美国史密森国家自然博物馆举办的沉浸式体验展，策展人引导观众像流行病学家一样思考，在交互式模拟中查找人类、动物和环境之间的联系，识别并应对极具传染性的艾滋病毒、埃博拉病毒、流感、寨卡病毒等。展览借用各种真实案例，突出了疫情对受害者及其亲人乃至整个社会的情感影响。展览展有寨卡病毒传播者——伊蚊的巨大复制品、1929 年死于疫病的一位病人的头骨和为纪念一位 1990 年死于艾滋病、名叫瑞安·怀特的少年生前照片剪辑簿等。同时，还开展配套教育活动——"互联世界中的疾病侦探"，观众以多人合作的方式参与，通过与兽医、公共卫生防控人员合作，在一个多玩家游戏中学会和其他访问者在疫情进一步传播之前合作控制疫情。此展览通过现代技术创新体验模式，以沉浸式体验方法让观众由被动变为主动，自主探索和思考流行病暴发过程中的关键因素，以解谜般的引导方式使观众真正回溯历史、参与疫情抵抗，用最真切地体验获取深刻的知识普及与情感共鸣，从而实现国家范围内流行病等相关公共卫生知识的科普。

美国富兰克林研究所举办的"关于艾滋病"展览，不仅展示了艾滋病相关科学知识以及预防措施，还关注那些长期被主流文化所排斥的边缘群体。聚焦不同性别、种族和文化背景的艾滋病毒携带者和艾滋病患者，通过讲述他们的故事，激发观众的同情心,从而进一步开展艾滋病常识普及工作。同时,展览逐渐将医学内容与人文、社会、政治、个人甚至艺术等多主题相结合,为社会反思以及故事分享提供了空间。以真人、真实故事陈述打破与观众之间的隔阂,通过唤醒大众情感,拉近普通人与艾滋病群体的距离,同时,加深公众对艾滋病预防的重视。

**公共卫生博物馆以历史记忆留存,警醒后世勿重蹈覆辙**。博物馆作为社会中较为稳定的角色,在精神文明建设中充满力量。公共卫生博物馆与城市、公民的互动,会间接作用于国家公共卫生体系建设,以何种方式讲好历史故事,从而被大众所接受,是公共卫生能否发挥自身文化传播价值的决定性因素。以博物馆为载体,围绕人类历史上重大公共卫生危机、公共卫生体系的历史性改革、人类健康时间等为主题的博物馆和特展,不仅记录了人类社会公共卫生的发展历程、人类文明演进优化的发展变化,也让更多的人充分认识到在脆弱的生态系统面前生命的意义和价值。公共卫生博物馆及展览是城市的文化名片之一,它利用艺术性手段、科学化方法传达灾难对国家、城市造成的创伤,以更通俗、易于理解的方式告诫公民牢记祸源、引以为戒。

国家粪便博物馆是英国首家致力于展示人类和其他动物粪便的博物馆,位于英国怀特岛(Isle of Wight)。成立粪便博物馆的意图是向参观者展示人类和动物的健康状况,普及污水管道操作系统和粪便作为能源使用等知识,渐渐扭转人们对粪便的认识。除了展示粪便样本外,馆内还可以模拟消化系统,参观者因此可以了解更多相关知识。国家粪便博物馆还将与致力于消化道健康的慈善组织合作,以便提高民众健康意识❶。

由爱尔兰国家博物馆在三位流行病史学家研究的基础上策划的"内敌:西班牙流感在爱尔兰 1918—1919"主题展览,向公众展示了1918年大流感对爱尔兰革命时期社会的影响,这是历史研究中首个关注流感影响的展览。该展览展示了当时被用来对抗烈性传染病的爱尔兰民间药物和治疗方法❷。由纽约博物馆举办的"细菌之城:微生

---

❶ 杨柳.英粪便博物馆将巡展18种粪便,包括3800万年样本[EB/OL].(2016-10-26)[2020-05-10]. https://news.qq.com/a/20161026/028888.html.

❷ 刘巍.博物馆:唤起不能被遗忘的疫病记忆[EB/OL].(2020-02-12)[2020-05-10].http://www.kepu.gov.cn/www/article/ff1323074aeb4ddd9f8ef368f68d3e4b.

物与大都市"展则是为了纪念 1918 年世界性的流感危机而组织的。它探索了纽约与传染病作长期斗争的复杂故事，揭示了疾病如何改变身体、社会和文化，以及在城市环境中人与病原体之间令人惊讶的相互作用。展览的一大特色是将画廊和图书馆融合在一起，参观者可以在这里观看历史文物和为展览创作的当代艺术品，通过精心挑选的书籍深入探究展览的主题，并通过数字互动获得广泛的视角。为应对展览期间可能迎来的流感季节，博物馆还搭建了一个免费流感疫苗注射诊所❶。

　　博物馆是保存人类历史记忆的公共空间，每个公共卫生博物馆都拥有不同内容的核心主题，围绕核心主题用实物的方式保护过去智慧、牢记历史教训、守护精神遗产，艺术展就是博物馆诠释主题的主要途径。首先，博物馆通过记录、收藏重大事件的记忆，以可视化实物为载体，拉近人与历史的时空距离，让后世能以史为鉴、牢记灾难带来的悲痛，避免重蹈覆辙；其次，它用更加艺术、更容易接受的方式，对外传播重大事件下人类的智慧与勇气，传递城市文明与精神，让人在灾难的警醒下牢记使命；最后，通过数字技术的创新结合，博物馆让枯燥单调的馆藏资源活化，更易于被各个年龄层人群接纳。

## （二）促进公众社会参与，推动教育科普

　　历史为城市之根，文化为城市之魂。公共卫生博物馆是储藏城市历史记忆、传承文化精神的重要空间，在协助城市治理中担负着重要的作用。为了更好地发挥公共卫生博物馆的教育功能，日本、美国建设了面向青少年儿童的公共卫生主题博物馆，以富有科技感、充满趣味性的方式唤醒其城市卫生保护意识，为高校师生搭建公共卫生领域的科研平台，提升新生力量在城市治理中的贡献。法国、英国、美国等国家对城市原始公共卫生系统运作地点进行了创新升级，在保留卫生治理的原始功能基础上拓展博物馆展览、教育功能，化真实运作的工作场景为展品，直观地为公众展现公共卫生体系运作的全过程，通过极强的视觉冲击与感染力宣传公共卫生的重要意义。

　　**以全龄公民参与，提升城市公共卫生责任意识。**面对繁杂纷扰的信息资源，公共卫生博物馆是公众获取有关重大公共卫生事件最客观、真实、科学观点的途径之

---

❶ 李其．博物馆经典"传染病展览"唤众敬畏生命与自然［EB/OL］．（2020-02-01）［2020-05-10］．https：//www.sohu.com/a/369902187_120104822．

一。公众以博物馆为渠道了解历史，在内心完成对某个重大事件的反馈，无形之中也在改变着心理动向。作为城市精神普及的重要角色，关注低龄群体、拓宽传播范围是发挥公共卫生博物馆文化教育功能，从而影响城市发展的必然目标。

韩国水原厕所文化展示馆又名"厕所之家"，是水原市过去的一任市长沈载德先生曾经的住所。由于担任韩国水原市市长期间发起厕所革命、建立"世界厕所协会"，改善了韩国乃至全世界城市公厕卫生条件，促成了公共厕所的定期清洁，他拥有了Mr.Toilet这一称号。"厕所之家"博物馆的主要教育材料是以厕所为主题的标牌和有关清洁的厕所设施。博物馆内展览分为固定展和特别展，固定展主要介绍世界各地的厕所历史与文化和沈先生的一生，特别展至今共举办11次，主题涉及厕所艺术、厕所工具、粪便相关知识普及、粪便创意设计等。❶韩国水原市博物馆以"厕所之家"为空间载体，以沈载德事迹为精神纽带，以群众共鸣为起点，通过讲好故事引导大众走进博物馆，主动学习、探索厕所卫生故事，通过多元渠道、多放互动吸引群众参与到厕所文化构建中，为不同年龄段人群设置不同内容的展览，不断强化公共卫生在全龄人群中的位置。利用博物馆的文化教育功能直接普及城市公共卫生知识，并通过艺术性展现手法讲解厕所相关内容，通过鼓励厕所文化相关的艺术创作间接推进了城市创新文化建设。

由日本东京都下水道局特别开设的彩虹下水道博物馆，位于东京都著名的观光地台场的有明地区。馆内以彩虹镇为舞台，让人们自由探索平常无法进入的城市下水管道内。儿童可以通过有趣的互动游戏和高仿真的职业体验，充分感受城市排水管网的神奇，如通过高度仿真的角色扮演模拟成管道工，敲敲打打，看看各种管道是如何连接的，城市污水流向了哪里；还可以装扮成水质分析员，做做实验，分析污水中的成分，实际感受污水变清水的废水处理过程……在职业体验中引导儿童学习一些简单的水处理知识，进而了解日本的下水道事业。❷培养城市良心要从娃娃抓起，彩虹下水道博物馆以地下下水管道为载体，面对儿童群体，传播水环境治理知识。通过专注于未来城市治理主力人群培养，让儿童从小建立公共卫生环境保护意识，为未来解决日本城市内涝和水环境治理难题、下水道事业的进步与完善奠定基础。

---

❶ 资料来源：Mr. Toilet House 官网（www.haewoojae.com）。
❷ 资料来源：东京都彩虹下水道馆官网（www.gotokyo.org）。

除此之外，日本还有多个下水道科学馆。位于札幌市的下水道科学馆内还原了污水、雨水处理的整个环节，并设置多个科技与趣味融合的下水道知识展示项目，分别通过 3D 映像来展现污水变成净水并回归河流的过程，并在进行智力题竞猜的同时，回忆水到达污水处理中心的全部过程。此类具有科技感的设施，让儿童更容易了解下水道的作用，而直观又复杂的污水处理流程也会引发其对水环境问题的思考❶。由于日本的多雨气候，下水道研究一直是其重点关注的课题，多地针对低龄人群设置的下水道科学博物馆，不仅证明了下水道事业在日本城市治理中的地位，更突出了儿童责任教育在文化教育中的重要意义。此类博物馆不只是记录历史的公共空间，更是协助完成儿童早教以促进未来城市发展的重要载体。

美国第一个公共健康博物馆位于马萨诸塞州，是由特克斯伯里医院的历史悠久的理查德·莫里斯大楼（Richard Morris building）改建而成的。作为一个非营利性的教育和文化博物馆，马萨诸塞州公共健康博物馆提供了一个探索公共卫生、激励未来公共卫生专业人员和促进社区参与的空间。美国国家疾病控制与预防中心博物馆展示了美国 CDC 的历史，向公众宣传基于预防的公共卫生事业的价值，着重面向中学生进行流行病学和公共卫生科学教育，鼓励年轻人致力于公共卫生领域工作。除常设固定展览外，该博物馆通常每年还会推出 2～4 个专题展览，重点关注公共卫生与社会发展。"疾病侦探营"也是博物馆颇受中学生欢迎的跨学科教育项目，学生在线申请后，可于暑假在 CDC 总部参加公共卫生相关学科的项目学习，主题包括公共卫生干预、疫情、数据分析、学校健康计划、紧急备灾、科学通信、实验室技术、流行病学等。博物馆关注世界范围内的公共卫生进展，对外展示美国公共卫生事业，在公众心中塑造良好的公共卫生形象，提升公共卫生领域的价值。以年轻人为主要培养对象，针对其开展流行病学、公共卫生科学等教育，以博物馆为桥梁连接高校学生与医学科研机构，搭建了交流学习的公共平台，为美国公共卫生学科人才培养打下基础。

**以基础设施开发，赋予场景文化教育功能。** 博物馆参与城市文化、社会、经济发展进程，也是城市公共资源中的重要组成部分。由于城市资源的珍贵性，后期建设公共卫生博物馆受到多方局限，在已有城市公共卫生服务场景中，保留原始功能

---

❶ 资料来源：札幌市下水道科学馆官网（sapporo-src.com）。

建立博物馆，不仅节省了城市公共空间，也更直观地展现了城市公共卫生体系运作模式，为城市灰色角落赋予深刻的文化内涵与教育价值。

巴黎下水道博物馆是世界上最早可供参观的城市地下给排水系统，位于巴黎街道之下，被称为"城下之城"。它由巴黎地下墓穴和下水道交叉组成，人们可以全面了解巴黎地下排水系统。博物馆拥有由一段废弃的下水道改建而成的下水道历史展示厅，观众可在此通道里通过文字、图片、影像和实景等对巴黎排水和民生相关历史有进一步了解。也可以在巴黎最古老的下水道体系实景中，观看下水道维护设备、工人穿的衣服和清洁设施等❶。巴黎下水道博物馆是对有限城市资源进行的价值衍生开发，在保留原始功能的基础上，利用废弃空间、资源为公众创造一个身临其境了解公共卫生发展史的机会。以最直观、最真实的场景还原进行城市水治理知识和公共卫生设施发展历史科普，对有限城市空间资源进行了最大化利用，既展现了城市水治理的优异成果，也作为文化符号协助城市良好公共卫生形象塑造。

"地下曼彻斯特"主题展是由英国科学产业博物馆策划，将展厅设于原车站的地窖中的特别艺术展。该展览展示了从罗马时代到当今曼彻斯特市的水源供应系统以及公共卫生设施的发展与演变历程，其中的一条维多利亚时代下水道是直接用19世纪30年代的砖砌成的，充满历史气息。此展览将荒废的旧地窖重新开发，在原始设施的基础上加入与主题贴切的公共卫生元素，富有历史气息与怀旧色彩的场景，让观众更加身临其境地感受英国城市水与公共卫生治理的漫长过程，通过场景改造赋予其社会教育功能。

美国垃圾博物馆是一个以教育性为主题的博物馆，是在垃圾分类处理厂的基础上扩建而成的。博物馆仅有一个展示厅和放映室，门口处有垃圾做成的恐龙模型，影视放映厅里上映以垃圾为主题的儿童片，游客可在旁边的垃圾分类处理场观看垃圾处理全过程。馆中还设有一系列解释垃圾回收利用、能源保护的关系的展览，以及当地哈佛大学学生为气候变化所做的作品。垃圾博物馆既作为垃圾处理厂充分发挥城市污染处理的作用，又作为公共教育场所和旅游景点为公众带来直观的公共卫生普及。在发挥环保设施作用的基础上，推动城市公共卫生治理，为卫生设施赋予了更多的社会文

---

❶ 李慧君.地下之城：巴黎下水道博物馆［EB/OL］.（2017-09-13）［2020-05-10］.https：//www.sohu.com/a/191799650_99904027.

化教育功能，既为年轻学者提供作品展现的难得机会，也兼具现实意义及教育价值。

### （三）关注地球发展变化，凝聚共同价值

全球化趋势下的博物馆不仅需要保持自身文化特色，更要将发展重心向世界范围内文化传播交流转移。公共卫生难题是全人类共同面对的挑战，公共卫生博物馆作为重大事件的见证者与记录者，是包容各国文化与历史的空间载体。淡化博物馆边界、加强对外交流，是各国共同促进公共卫生事业发展过程中彼此了解并推动人类命运共同体建设的重要途径。中国、印度、澳大利亚等国针对国际重大公共卫生问题设置的博物馆详细记录了相关事迹与经验，为未来面对同类问题提供了丰富的文史资料、科研成果等资源。德国、美国、英国、中国通过国际化合作与交流，大力推动公共卫生博物馆走出国门，敞开怀抱与他国共享成果，并打破传统线下方式，以更便捷、智慧的方式与他国共同思考公共卫生事业建设问题。

**以重大历史变革，推动全球关注公共卫生**。世界上部分国家的公共卫生博物馆以国际重大事件为核心主题，致力于某一重大公共卫生事件的历史记载与领域研究，通过全面细致的讲解与展示，将国际具有代表性的案例与公众分享，以具有普适性的表述方式，对外推广经验、教训，既增强了国际的问题交流，也推动了城市、国家乃至世界范围内的公共卫生改革。

香港医学博物馆主要用文献及实物展品介绍香港的医科学术发展历史。馆内主要陈列了多种不同的医疗用具，介绍香港医学卫生及护理工作、19 世纪时香港鼠疫的情况及实验室展示、中草药的介绍和展示。博物馆的日常展览主题包括人体结构展、医学实验室、香港医学发展与健康、天花疫苗制作、SARS 展、草药园、香港眼科医疗发展史及展望等。博物馆还出版许多刊物，陈述香港医疗卫生发展历史，分享研究成果和探索经验。❶ 医学博物馆记录了香港乃至世界历史上每一次传染病的抵抗过程，通过还原历史事迹，向公众展现过往、现今和将来有关健康及医学常识的教育。集收藏展览空间与科研实验室于一体，既为不同年龄段公众提供高质量的健康教育与文化活动，也与其他机构与组织携手为医学研究者提供国际范围内的

---

❶ 资料来源：香港医学博物馆（www.hkmms.org.hk）。

成果交流分享的空间，增进公众对维持健康的认识，激励医学研究者勇敢应对未来挑战，对分享国际经验具有重大意义。

位于新德里城郊的苏拉布国际厕所博物馆是世界上首家以展示厕所文化、收藏厕所用具的博物馆，体现了数千年来人们在厕所问题上的行为变革和技术进步。该馆由致力于改善印度厕所卫生环境的社会活动家宾德施瓦·帕塔克创办，旨在普及清洁厕所，推动印度厕所文明的进步。博物馆不仅告诉游客关于厕所发展的历史，也为生产卫生设备的制造商提供了建议，用于改善他们的产品。它向人们全面展示了厕所从诞生起的全部历史和厕所文化、技术的发展，从另一个层面把厕所从简单的排泄场所升华为一种文化的象征，并使之成为旅游景点[1]。厕所博物馆记录了印度的一段特殊的文明史，在不断搜集、展示世界各地厕所实物的同时，也在吸取、记录着有关厕所革命的国际经验。通过厕所知识的普及，向印度民众推广现代卫生观念，通过技术的交流，促进全球卫生设备制造商的整体提升。

澳大利亚人类疾病博物馆内收藏展示了数百种疾病及其并发症的资料和相关人体组织样本，包括艾滋病、癌症、中风、心脏病、糖尿病、遗传性疾病等，馆内最珍贵的标本已有100多年历史。尤其值得一提的是，这个博物馆保存了一些珍贵的传染病病例样本，如伤寒、白喉病、麻风病等已经绝迹疾病。馆内大多数器官附有详细的病史档案，非常有利于学生和研究人员学习和研究。此外，博物馆开发出多种高科技装置和观众互动，观众还可以在线上 App 参观博物馆，并在 Facebook 和 Twitter 上与其交流。博物馆还定期举办免费科普健康讲座会邀请各高校、研究机构专家讲述日常健康问题应对等主题内容。人类疾病博物馆保留和记录了人类发展史上与生命、健康、疾病、医疗相关的大量重要资料和疾病组织样本，在服务大学教育的同时，持续发挥着重要的公众教育功能。通过参观博物馆、聆听讲座，公众会更加关注自身健康，强化卫生意识，为后代远离瘟疫、病毒，推动公共卫生改革，人类健康成长做好铺垫。

**以经验交流互鉴，共同建设公共卫生事业**。博物馆的历史记录功能使其具有包容性，是打破边界的存在。许多国家的公共卫生博物馆不仅在展览内容中突破国界限制，更努力让展览与成果走出国门，与他国共享经验，推动了全球范围内的公共

---

[1] 新华社.印度厕所博物馆：一部特殊的文明史[EB/OL].（2016-05-20）[2020-05-10].http://www.huaxia.com/zhwh/whxx/2016/05/4851063.html？q=ne5ts.

卫生体系建设。

德国卫生博物馆致力于传播有关健康的常规信息和有关人体解剖学的知识并解决居民的保健和饮食问题，为民主化健康领域做出了巨大贡献。馆内的展品都是关于20世纪保健事业及健康宣传教育的陈列品，展览分为固定展览和儿童特别展览。固定展主要围绕"人类"主题，将高科技融入展览，根据每年不同的关注热点举办主题展览，如脑部研究、基因研究、药物、堕胎、性、流感疫情等。儿童特别展主要通过创意体验方式让年轻群体了解人体健康。除此之外，博物馆每年举办近百场讲座、医学名人云集的小组讨论、朗诵会和音乐会等活动，通过多样化的交流方式与其他国家、领域学者交换见解[1]。卫生博物馆始终致力于解决人类健康问题，在科学前沿解答人类问题，传授大众健康常识，为德国健康领域做出巨大贡献的同时，不吝啬经验，走出国门主动开展对外交流活动，敞开怀抱迎接世界范围内人类健康领域全新思考，推动世界的健康研究进程。

由伦敦科学博物馆举办的"超级细菌：为我们的生命而战"展以抗生素滥用为主题，通过微观世界、人类社会、全球视野3个部分，向公众生动形象地展示了"超级细菌"的发现和演变过程以及对人类的威胁。通过国际合作全新模式为不同地区观众制订"本土化"方案，如在中国展览时策展团队选取了6位不同领域的普通中国人（包括患者、医生、设计师、护士、农户、环境学家），以他们的视角来讲述故事，带领公众深入了解社会各个领域如何联合行动应对抗生素耐药性的全球性威胁[2]。作为全球范围内的巡展，此展览紧跟时代脚步，不断加大数字化资源在展览中的比重，提高效率降低成本。既提升了公众对抗生素抗药性的认识和理解，又呼吁社会公众在自身层面上采取行动、抗击超级细菌。不同国家的本土化创新使展览内容更加符合文化审美偏好，更易于被观众所接受，达到最优的传播效果，为全球普及细菌预防与抵抗做出巨大贡献。

玛丽安·科什兰科学博物馆策划的"传染病：对人类健康的挑战"线上展览，探究了威胁人类健康的疾病和病毒如何演变的、传播者的特性、人类对抗病毒维护健康的历史和方法等问题，极具专业性与科学性。该展览为教师和学生提供了额外

---

[1] 资料来源：德国卫生博物馆官网（www.dhmd.de）。
[2] 莫小丹. 超级细菌展直面人类共同命运体下的"战役"[N]. 科普时报，2020-02-14（008）.

的网页探索模块，帮助他们进一步探索关于传染病的知识，用于学校教育的普及。同时，还为学校教育者设计了与主题相关的教室活动、游戏、虚拟实践以及不同的课程模块，公众可以自由下载实施。该展览走出传统展览模式，通过全线上展示途径，直观还原了疾病的数据、历史、发展及演变过程。除此之外，对博物馆展览的传统功能进行突破，将校园合作作为主要发展模块，发挥自身资源优势和领域专业性，协助学校完成公共卫生知识的传授。创新的合作形式更好地实现了资源价值，促进了城市公共卫生教育。

博物馆是传承与保护城市文化记忆的殿堂，是连通过去、现在与未来的桥梁，在促进不同历史文明交流互鉴、推动人类文明进步和世界和平发展中发挥着巨大的作用。从文化治理、城市治理到人类命运共同体建设，世界各地的公共卫生博物馆正在以更加友好、包容、智慧的态度，跨越时空与国度，通过更多元的合作和创新的设计，敞开怀抱共同携手解决全球公共卫生未来的挑战。

## 二、灾难博物馆：重大灾害的文化记忆

2020年4月4日清明节，中国举行全国性哀悼性活动。其间全国和驻外使领馆下半旗致哀，4月4日10时起，全国人民默哀3分钟，汽车、火车、舰船鸣笛，防空警报鸣响，以此表达全国各族人民对抗击新冠肺炎疫情斗争中牺牲烈士和逝世同胞的深切哀悼。如下半旗、鸣笛默哀乃至国家公祭等仪式性活动均是现代社会追忆灾难和缅怀逝者的重要活动，能有助于构建集体记忆，强化人群间的情感联系，从而强化公民文化认同，实现家国力量的凝聚。灾难博物馆承载了人类对重大灾害的记忆和缅怀，在人类发展史上具有重要的文化意义。

### （一）政治理性与文化价值观交融

灾难博物馆等作为承载集体受难记忆的重要的仪式性物质媒介，更是能凭借更翔实的灾难记录资料、更丰富生动的展现形式、更多元化的悼念追思场景搭建纪念平台，从而更长远、更广泛、更深刻地唤起民族国家乃至世界记忆，架构文化社会认同体。除了通过灾难叙事强化大众民族国家文化认同，增强群体凝聚力，为国家持续发

展和受灾地区的重建复兴提供精神动力支持外，灾难博物馆还具备着为公众提供应对未来重大公共灾难的科学知识普及、构建民族文化精神价值、提升大众文化素质、带动周边文化经济发展等功能，在文化治理体系现代化进程中发挥着重要作用。

灾难博物馆是以灾难为主题，多数为依托于灾难原址遗址兴建，通过呈现人类群体性灾难，供社会进行反思的综合性博物馆空间❶。按照灾难自身性质分类是典型的灾难博物馆分类方法，主要按照灾难类型把灾难博物馆分为天灾型和人祸型。天灾主要是自然引起的灾害，主要是指自然环境发生了突发性灾害，其中包括地震、火灾、水灾、海啸、滑坡、火山爆发等。天灾型灾难博物馆主要包括汶川地震博物馆、浙江岱山县中国台风博物馆等；人祸型灾难博物馆主要是展示人为原因造成的重大灾难事件的场馆，如侵华日军南京大屠杀遇难同胞纪念馆、柏林犹太人纪念馆等❷❸。关于灾难博物馆的一般性功能，刘迪（2013）认为其主要具有纪念与凭吊、见证与警示和科普与科研三大功能❹。季晨、周裕兴则认为公祭等相关活动能促进上述功能的发挥❺。杜辉（2015）认为战争博物馆作为时间性、空间性与物质性的复合体，通过表征赋予战争记忆以合法性。在为公众提供纪念、默哀空间的同时，在后战争时代一度成为民族——国家认同建构的载体，战争记忆存续与传递的媒介❻。

公共博物馆的诞生本来就交织着其政治理性，即当代的公共博物馆，从源头便自带文化治理的属性，以文化为手段，通过权力阶层的意识、以更为隐蔽和容易接受的方式向下渗透到社会各阶层，而这个渗透过程的组织和安排方式是具有合理性的，最终达到教化民众的目的。❼ 灾难博物馆作为博物馆的一种类型，天然也承担着文化治理的职责。而随着高科技迅猛发展和全球化的全面推进，人类正处于整体

---

❶ 刘迪. 灾难博物馆定位问题初探［J］. 中国博物馆，2013（1）：72-77.
❷ 同❶.
❸ 牛景龙. 城市重大灾难型纪念空间周边环境圈层规划［D］. 广州：华南理工大学，2016..
❹ 刘迪. 灾难博物馆与灾难教育［J］. 城市与减灾，2013（4）：30-31.
❺ 季晨，周裕兴. 国家公祭与灾难博物馆的功能发挥：以侵华日军南京大屠杀遇难同胞纪念馆为例［J］. 日本侵华史研究，2015（1）：13-17，135.
❻ 杜辉. 后战争时代的博物馆、记忆与空间：以中英两座博物馆为例［J］. 东南文化，2015（5）：100-106，127-128.
❼ BENNETT T. The Birth of the Museum: History, Theory, Politics ( Culture: Policy and Politics )［M］. London: Routledge, 1995.

性社会灾难频发的"风险社会"❶，如何在风险社会中提高社会各界的凝聚力、向心力，使其在经受得了灾难考验的同时激起大众面向未来继续前行的信心和勇气，构筑人类幸福美好的家园，自身承载着民族伤痛苦难记忆的灾难博物馆需承担起提升民族凝聚力和文化认同感，推进文化治理现代化，为国家发展提供精神支柱和动力的职责。

### （二）灾难纪念与危机警醒同在

博物馆的文化治理在于通过博物馆中的物件来进行场景构建和还原，展现过去的历史和文化状貌，使参观者有一个衔接现实中的现代社会和历史上的过去社会的接口，从时空上了解到自己所处社会的文化根源，对意识形态过滤下的文化产生认同感，从而达到文化治理的目的❷。而承载着民族伤痛苦难记忆的灾难博物馆更是能通过对刻骨灾难的阐述唤醒集体文化记忆，提升民族凝聚力和文化认同感，并在此过程中把社会主义核心价值观融入人们内心，转化为人们的情感认同和行为习惯，为国家治理体系建设的整体推进奠定深厚良好的文化根基。例如，侵华日军南京大屠杀遇难同胞纪念馆反映出在灾难纪念场域构建文化认同的社会价值，为传递社会主义核心价值观提供了重要的载体。

**一是铭记历史事件，融入爱国主义教育。** 侵华日军南京大屠杀遇难同胞纪念馆位于南京大屠杀江东门集体屠杀遗址及遇难者丛葬地，是为了铭记侵华日军攻占南京后，制造了惨绝人寰的大屠杀暴行而建设的。从侵华日军南京大屠杀遇难同胞纪念馆的文化价值看，纪念馆智慧而严肃地表达了暴行、抗争、胜利、审判、和平五大主题，并由大量的文物、照片、历史证言、影像资料、档案、遗址以及艺术雕塑等构成了唤起大众对南京大屠杀集体记忆的重要场景，保留了历史事实的真实记忆，建构起民族——国家的深刻记忆❸。此外，侵华日军南京大屠杀遇难同胞纪念馆还将国家公祭活动融入灾难纪念场域，扩大了空间传播势能。从 2014 年 12 月 13

---

❶ 1986 年，德国著名的社会学家乌尔里希·贝克（Ulrich Beck）在《风险社会》一书中提出风险社会理论并首次使用"风险社会"的概念描述当代社会。

❷ 邹舒惠. 香港历史博物馆"香港故事"常设展的文化治理功能研究［D］. 湘潭：湘潭大学，2017.

❸ 张生. 空间的产生与生产：从南京大屠杀到侵华日军南京大屠杀遇难同胞纪念馆［J］. 日本侵华南京大屠杀研究，2019（3）：4-16, 138.

日起，纪念馆成为南京大屠杀死难者国家公祭仪式的固定举办地❶。即自2014年起，每年12月13日中国都将在南京市侵华日军南京大屠杀遇难同胞纪念馆举行悼念南京大屠杀死难者和所有在日本帝国主义侵华战争期间惨遭日本侵略者杀戮的死难者的悼念活动。侵华日军南京大屠杀遇难同胞纪念馆通过建馆、扩建、举行国家公祭系列仪式性纪念活动，使灾难博物馆突破了物质空间的限制，在与媒体宣传、多地多人多形式活动中，扩大南京大屠杀灾难事件的传播广度，使南京大屠杀从个人记忆、城市记忆、国家记忆逐步上升为世界记忆，也加深了灾难博物馆空间在传递爱国主义精神等社会主义核心价值体系、构建文化认同中的文化治理意义。

**二是保留灾难现场，融入生命价值教育。** 构建现代公共文化服务体系是中国文化治理现代化的重要任务。灾难博物馆作为公共文化服务设施的重要组成部分，同样应具有满足大众公共文化需求、丰富大众精神文化生活的职责。灾难博物馆作为具有独特意义的公共文化空间，在实现公共文化服务功能、凝聚核心价值中发挥着重要的作用。以台湾"九二一地震教育园区"为例，作为纪念发生在1999年9月21日清晨1时47分，台湾南投、台中县等地发生的里氏震级达7.6的大地震的文化场景，"九二一地震教育园区"在震中复初中原址上复健，保留了地震中的断层错动、校舍倒塌、河床隆起等震后的地貌，建造了"地震纪念博物馆"，并于2001年2月13日定名为"九二一地震教育园区"。"九二一地震教育园区"着重面向未来如何防震减灾以及对地震本身的科学性描述❷。

将灾难博物馆定名为教育园区，目的是突出其教育和科普功能。"九二一地震教育园区"通过多种途径发挥了公共空间的科普功能。一是推动科普场馆修建的创新。九二一地震博物馆首先充分利用地震破坏造成的地貌变化，结合馆舍建设，使馆舍建筑与地震造成的地表断层面貌融为一体，创新了自然科学博物馆建筑设计的风格。在断层保存馆中对地震灾害的原貌呈现，也成为自然科学最珍贵、真实的活教材。二是注重利用新科技手段包装科普场馆。园区影像区利用高科技手段布置剧场，以三维影像效果对地震情景进行展示，采取高分辨率数字投影系统，构建高画

---

❶ 数据来源：侵华日军南京大屠杀遇难同胞纪念馆官网（www.19371213.com.cn/about/museum/201608/t20160827_5907664.html）。

❷ 王晓华. 旅游者伦理悖论研究：以四川灾害旅游为例［M］. 天津：南开大学出版社，2018：35.

质、清晰和绚丽的数字化立体影像，观众佩戴特殊偏光眼镜，有如亲身感受地震的真实场景[1]。三是线下与线上相结合。九二一网络纪念馆还设置了资料非常细致的"地震记录""地震百问"等科普栏目[2]。"九二一地震教育园区"还注重发挥群众能动性，实现博物馆与民众的双向沟通。九二一地震教育园区除了收集保存震后地震遗迹及搜集相关地震实物，展示主题强调地震科普知识、地震体验与未来防震减灾外，还发挥台湾博物馆界在生态博物馆与社区博物馆上的优势，利用交通运输动线连结周边观光景点，形成生态博物馆网络。正是因为充分发动周边社区居民与义工组织，共同参与日常园区的工作，使社会更好地认识到防震减灾工作的同时，为大众提供更好的文化游览服务，发挥"社区博物馆"的积极作用[3]，从而实现了博物馆与民众的双向沟通。

**树立文化地标**。建设博物馆、纪念园或举办特别展览，留住记忆，既是回溯历史和镜鉴未来的方式，也是与城市复兴同步而生的场景营造。在全球大流行中，许多学者提出了纪念这场全球大流行的思路、观点和方案。例如，在新冠肺炎疫情最为严重的武汉市建设"中国·2020武汉抗疫纪念公园"。作为一种比书本教育和宣传更直观的方法和手段，公共空间的文化地标所发挥的教育"映像"作用，可长久地镌刻在一代又一代人们的脑海里，让这场惨烈而光荣的生命保卫战写入中国史、世界史和人类历史。从纪念园的建设价值看，一座文化地标体现的是一个城市胸怀世界、关怀人类的气度。站在"人类命运共同体"的高度表达全人类在疾病面前休戚与共的命运，是文化空间的使命，也是公共场所的职责。法国作家阿尔贝·加缪在《鼠疫》一书中说："即使世界荒芜如瘟疫笼罩下的小城奥兰，只要有一丝温情尚在，绝望就不至于吞噬人心。"疫情是无数镜子，是不同制度、文明、途径的折射和映照。从"最美逆行者""最美快递员"到平凡的社区工作者、"禁足支持国家抗疫"的普通人，在抗疫中的人物、故事，都彰显出人性的光辉与美。记录这些故事，便是记录这个国家人民为美好生活奋斗的历程。"时代的一粒灰，落在个人的头上就是一座山。"对于在新冠肺炎中罹难的数千人来说，对于整个家庭遭遇飞

---

[1] 周向阳，沈辰．台湾基层科普实践典型案例研究[J]．学会，2017（3）：61-64．

[2] 王晓华．旅游者伦理悖论研究：以四川灾害旅游为例[M]．天津：南开大学出版社，2018：35．

[3] 阳昕．汶川地震遗产研究[D]．上海：复旦大学，2014．

来"疫"祸的不幸者来说，他们的逝去是整个民族关于新冠肺炎伤痛的记忆。对他们的文明祭奠，既是人性，更是反思。经历了灾难的人们需要精神宣泄与抚慰的场所，抗疫纪念公园的全景式历史展示，能够提供灾难场景的记忆载入和人文关怀，提供缅怀的对象和实物，达到纾解情绪、抚平伤痛的心灵疗愈作用。

### （三）历史叙事与探索未来共情

当今世界，自然灾害和人为的恐怖事件频繁发生。从公元79年维苏威火山喷发，整个庞贝城被火山灰和熔岩埋没，到意大利卡塔尼亚附近的埃特纳火山骤然喷发，从泰坦尼克号在英国驶往美国的处女航中于北大西洋遭遇冰山沉没，到美国"9·11"恐怖袭击事件中被完全摧毁的世贸大厦，从波尔布特领导的柬埔寨红色高棉政权在首都金边附近的琼邑克（又译钟屋，英文名 Choeung Ek）屠杀了100万人使这里变成了臭名昭著的杀戮场，再到日军在南京制造了惨绝人寰的大屠杀暴行，人类历史上自然或是人为的灾难从来没有停止。而围绕灾难开展的历史叙事、纪念旅游，也成为人们缅怀过往、铭记悲伤、警醒后世以及探索更好地预警或规避灾难的有效方式。

**体验至暗时刻，珍惜美好生活**。在对灾难的纪念和缅怀中，黑色旅游（Dark Tourism）是一种重要的方式。前往死亡、灾难、痛苦、恐怖事件或悲剧发生地旅游，成为一种纪念灾难的文化现象。这种现象最早可以追溯到欧洲中世纪，大批朝圣者前往耶稣殉难地的旅行。1996年，苏格兰大学的玛尔考姆·弗尔列和约翰·莱侬首次提出"黑色旅游"的概念。2000年，弗尔列和莱侬出版了《黑色旅游：死亡与灾难的吸引力》一书，此后"黑色旅游"开始引起广泛关注。[1] 美国"9·11"事件后，世贸中心废墟给游客带来了强烈的视觉冲击，让人无法忘记那一幕惨剧，世贸中心废墟也成了许多游客的必访之所。为纪念2001年9月11日的恐怖袭击和1993年的世界贸易中心爆炸案而建的美国"9·11"国家纪念博物馆坐落于被恐怖袭击击毁的双子塔原址之上，旨在对"9·11"事件进行反思，记录该事件的影响，探索该事件对未来的深刻意义。纪念馆中纪念性的艺术品在人们与"9·11"

---

[1] HARTMANN R, LENNON J, DANIEL P. Reynolds, Alan Rice, Adam T. Rosenbaum & Philip R. Stone, The history of dark tourism [J]. Journal of Tourism History, 2018 (10).

事件之间建立起了联系，它们所讲述的故事蕴含着逝去、同情、铭记和发现❶。在"9·11"国家纪念博物馆的展览中，布展者将在双子塔和五角大楼中遇难的人以及6位在世贸中心爆炸中的遇难者的名字，按照其生前的工作地点、工作单位、遇难航班等信息一一刻在各占地约一英亩的一对纪念池边缘的铜板上。除了一般性的游览之外，"9·11"国家纪念博物馆还针对家庭、学生以及教师推出多样化的探索型项目活动，为3~12年级甚至更大的学生提供不同主题的互动式课程计划，以解释"9·11"袭击事件、持续的影响以及世贸中心的历史，让学生对与"9·11"事件有关的广泛主题进行批判性思考；为相关教师提供专业培训，通过研讨会、研讨班的方式，提升教育工作者、管理人员、课程专家对"9·11"事件的教学能力。此外，考虑到灾难性的历史展览可能对10岁以下游客造成不适，博物馆还推出专门针对8~11岁的儿童游览指南，指导成人如何向儿童介绍灾难事件，如何向儿童讲述"恐怖主义"等。但作为重要的"黑色旅游"目的地，"9·11"国家纪念博物馆的价值更在于探索一种面向未来的可能性。

虽承担着缅怀遇难者、记录反思灾难的功能，但并不妨碍博物馆适度地将灾难记忆元素作为文化创造的源泉，释放人类文化创造热情和创造能力，推动博物馆文创产业发展。"9·11"国家纪念博物馆的纪念文创商店采用注册商标的商业化模式，面向全球游客销售多样化的文创产品，包括装饰品、书籍、首饰、纸制品、衣服、帽子，以及多媒体产品等八大类45小类的商品。这些产品均围绕与"9·11"有关的元素进行设计，在实现纪念博物馆盈利经营功能的同时，也有利于人们通过纪念品缅怀过去，凝聚热爱和平、构筑人类命运共同体的精神。事实上，文化现代化关键是文化治理的现代化，即通过文化治理理念、治理模式等方面的现代化，释放人类个体及群体的文化创造热情和创造能力，提升人的公民素养和公民能力❷。灾难博物馆的"黑色旅游"方式，让参观者的视觉、感觉、知觉各方面得到了深刻的体验，让缅怀者纪念逝去的生命，更珍爱现有的生活，也让每一个旅游者心理体验的境界得到前所未有的提升。

**接力文明之炬，复原历史情境。** 2018年9月，一场大火使巴西国家博物馆近

---

❶ 数据来源：美国"9·11"国家纪念博物馆官网（www.911memorial.org）。
❷ 戴维·赫尔德. 民主的模式[M]. 燕继荣，等，译. 北京：中央编译出版社，2004：380.

2000万件文物藏品和这座有着悠久历史的建筑本身不幸付之一炬。巴西总统米歇尔·特梅尔（Michel Temer）在推文中写道："巴西国家博物馆的损失对巴西而言是不可计量的。200年来的汗水、研究和知识被付之一炬。所有巴西人迎来悲伤的一天。"巴西博物馆在火灾之前素来被认为是拉丁美洲最重要的自然历史博物馆，以其广泛而丰富的古生物学标本和2.6万块化石收藏而闻名于世。与突发灾害相伴的，是博物馆内大量文物、文化遗产的毁灭，更是人类文明不可估量的损失。

重建巴西博物馆，既是挽回历史文化记忆，又是复兴巴西文化之炬。在博物馆的重建中，数字化提供了一条便捷之路。尽管大量文物遗产在大火中燃为灰烬，但数字影像保留的部分记忆，为文物还原和情景复原提供了素材。2019年1月4日，Google艺术与文化平台利用街景技术再现了火灾前的巴西国家博物馆，观众可以在线上参观博物馆中曾经的展品和展厅，包括美洲最老骨骼Lucia头骨、13米长的泰坦龙、猫咪木乃伊和3000年前的巴西陶瓷在内的大量数字化文物皆可通过AR技术重新呈现在观众眼前。除谷歌之外，中国的腾讯公司也与巴西国家博物馆签订了数字博物馆建设计划。火灾发生后，腾讯参与到"从灰烬中重建"巴西国家博物馆的工作中，并通过"卢西亚的新生——'数字巴西国家博物馆'项目"推动博物馆内容的数字重生。相对于实体博物馆的复建，数字博物馆的重生具有鲜明的优势和意义。启动数字化重生项目，意味着因为灾难毁灭的博物馆重启，这一富有仪式感的行动，将为巴西民众和世界人民带去心灵的慰藉，而数字化的优势和特色，也让巴西博物馆重启的速度加快。然而由大火烧尽的许多针对资料也将诸多历史故事、记忆情愫燃为灰烬，这些宝贵遗产在人们心里却始终无法复原。

同样因为火灾而蒙难的还有巴黎圣母院。2019年4月15日到16日的大火中，巴黎圣母院遭到严重损毁，主体木结构屋顶烧毁，标志性的塔尖倒塌。圣母院大教堂被广泛视为法国哥特式建筑中最美丽的典范，包括其创新性的肋骨拱顶和扶壁、彩色玻璃玫瑰花窗和雕塑装饰。教堂的建造始于1160年，并持续了一个世纪。作为历史、建筑和宗教遗产的杰出代表和世界文学遗产的丰碑，巴黎圣母院也是人类集体记忆中独一无二的存在。与地震、火山爆发等自然灾害相比，巴西博物馆和巴黎圣母院在火灾中遭受的损失，则折射出文物管理和文化治理的缺失。近年来，巴黎圣母院一直被相关部门评估为"状况堪忧"，上一次大规模维修还是在20世纪90

年代。而巴西博物馆馆内藏品的威胁其实自 20 世纪 90 年代就已经存在了，博物馆管理的疏忽和缺失，也敲响了文化治理的警钟。面对文物的脆弱性和不可再生性，对于人类文明遗产的保护意识应警钟长鸣，保护机制更应与时俱进，呼唤更先进的手段、更专业的技术、更智慧的途径。一个科技化、系统化、全覆盖的文博安全保护机制既要"保得住"，又要"传下去"，既要有"盾牌"，也要有"时光机"。❶

### （四）镌刻记忆与城市复兴同步

以全面和融汇的观点及其行为为导向解决城市问题，为一个地区寻找在经济、物质、社会、自然环境方面得到改善和可持续发展之路的"城市复兴"，已成为全球化时代全人类探寻美好生活的重要方向。博物馆作为记录一个地方发展历史，镌刻一个地方居民演进变迁的载体，在城市复兴中凝聚着文化价值，体现着精神寄托。那些因重大灾难而毁灭的博物馆，以及那些铭记和怀念重大灾难应运而生的博物馆，以生命力的象征而成为一个地区的文化地标。

*提高灾害意识，推动城市复兴*。1995 年 1 月 17 日，在日本淡路市北部至神户市以及阪神地区发生了内陆·城市直下型地震，地震一共造成 6434 人死亡，43792 人受伤，受损住宅达 249180 栋。为了将阪神·淡路大地震的经验教训传承于后世，将具有实战性防灾对策和共同建设美好生活的经验传给世界和未来，"人类与防灾未来中心"在震源中心修建而成。由于大地震对城市造成了毁灭性破坏，大多数居民被迫在避难所艰难度日。与"人类与防灾未来中心"同步开展的城市复兴，是震后兵库县长达 10 年的重建工程"不死鸟计划"。

在城市重建复兴进程中，人类与防灾未来中心承担着塑造灾害危机文化意识，提高当地灾害管理能力，支持协助制定灾害管理政策，并助力在城市灾害安全保障方面建立民间合作的使命，致力于共同构建不受灾害风险威胁的平安社会。为了达成使命，人类与防灾未来中心除了面向广大市民发挥其展览科普功能，提高市民的防灾意识外，还承担着研究职责，收集和保存有关防灾资料，围绕灾害管理创新，防灾能力提升、国家和地方政府灾害应对创新等领域进行探究。此外，人类与防灾

---

❶ 新华网.巴黎圣母院大火已灭 文物保护敲响警钟[EB/OL].（2019-04-16）[2020-05-10].http://www.xinhuanet.com/world/2019-04/16/c_1124375272.htm.

未来中心还在科研开展的同时，积累了大批智库专家，以支持灾害应急的发生。例如，当发生大地震或其他类似事件时，人类与防灾未来中心能够迅速派遣具有丰富救灾实践知识和经验的专家赶赴灾区，以专家建议的形式向灾区的救灾中心和其他地点提供支持❶。除了对地震废墟的纪念，对科学精神的警钟和对灾害发生的语境和研判之外，人类与防灾未来中心还倡导一种人居美好的生活理念，以此来抚慰地震带来的身体与精神的伤痛，更引导公众面向未来重建复兴之城。日本阪神大地震纪念馆被命名为人类与防灾未来中心，表明了其建立的意义并不在于让人留在灾难带来的悲痛记忆中，而是以此为鉴，助力人类打造美好未来。因此，人类与防灾未来中心由两个场馆组成，分别是防灾减灾的未来馆和人类美好生活的未来馆。区别于防灾未来馆对地震灾害信息的公开展示与地震防灾的知识普及，人类美好生活的未来馆还侧重于展示在丰富水资源及大自然的恩赐下产生的具有丰富多彩的动植物的奇迹星球和人类社会的美好生活。同时还设置多功能室，展出模拟未来将发生的南海海沟大地震及首都直下型地震等大规模地震的情况，表明处于灾难情况日益复杂多变的社会下，共筑人类美好生活的挑战。此外还设有市民长廊和向明天前进的区域，介绍市民及国际防灾机构防灾对策活动和激发游客自主思考探索防灾·减灾的对策方法。此外，为了提高公众共筑美好生活的能力，应对未来灾害，未来中心还面对地方政府领导、救灾专家、群众等多种群体提供培训。为提高政府应对突发灾害的危机管理能力，提升专家救灾指导管理技巧，提高大众防灾减灾救灾意识和能力做出重要贡献。

*记录人性温暖，树立文化地标*。随着全球化时代的到来、社会经济的高速发展和城市面貌的急剧变化，社会变得更加疏离，"无地方"式空间越来越普遍，居民的地方认同面临着极大的挑战。博物馆是地方历史文化遗产的收藏者，是社会集体记忆的重要组成部分，也是现代民族国家建构国家认同、地方认同的重要手段。因此，博物馆的建设发展有利于唤醒人们对地方的记忆、对历史传统的尊重、对城市的归属感，增进人们与地方的联系，从而有利于建构市民的地方认同、身份认同，增强社会的凝聚力。❷ 不管是中国侵华日军南京大屠杀遇难同胞纪念馆，还是美国

---

❶ 数据来源：人类与防灾未来中心官网（www.dri.ne.jp）。
❷ 谢涤湘，褚文华. 城市更新背景下的博物馆发展策略研究 [J]. 城市观察, 2014（4）: 35-42.

"9·11"国家纪念博物馆、日本纪念阪神大地震的人与防灾未来中心，抑或是巴西博物馆灾后重建及数字重建计划，作为对重大灾难和突发灾害的记录、镌刻和回忆，这些博物馆在构建民族文化认同、实现民众教育科普、提供优质公共文化服务以及推动受灾城市复兴、建设人类美好家园等方面均发挥了重要价值，在寻求城市有机更新、推动城市灾后重建以及探索更加可持续的人与自然的相处方式等方面，也产生了重要的推力。

# 第八章
## 百年大变局下国家文化治理的核心思想

新冠肺炎全球大流行对人类生活方式、生产方式的价值重塑和数字建构，将人类发展带入一个新的阶段，人类文明形态正向现代信息文明时代的多样化、差异化和更加丰富的价值取向转变，世界范围的观念、制度等也呈现日益多元化、多层次和网格状的结构转型。而新时代，新知识、新理念、新思维重构了创意生活的方式，文化逐渐成为区域吸引力，促使创意阶级的集聚、创新集群的诞生。如何立足于百年变局下、新冠肺炎全球大流行后世界秩序之变和全球格局之变，塑造国家治理的制度框架，以文化之钥打开全球治理的新棋局？

## 一、构建面向全球的文化政策框架

新冠肺炎全球大流行抛出了全球化时代的新命题。"全球—地方"的互动，是新发展理念和新聚能方式，促进全球化背景下区域增长的重要方式，在这一框架下，致力于明晰"复杂且流动"的"全球—本土"框架选择全球文化治理体系的中国道路，体现中国发展的制度优势，是新时代国家文化发展战略的制度性挑战和严肃性命题。

### （一）立足全球发展分水岭

在新冠肺炎疫情全球蔓延的同时，国际原油价格断崖式下跌，能源安全风险席卷世界，资本市场剧烈波动，股市债市双双下跌，金融风险空前，许多西方国家失业率也创下近高，社会环境和舆论环境动荡不安……公共卫生事件不仅对人类健康造成威胁，也对人类生存与发展的经济社会环境造成挑战。从 SARS 到 H1N1，从埃博拉、寨卡病毒到新冠病毒，每一次重大公共卫生事件在带给人类关于可持续发展一系列反思的同时，也催生了现代治理体系的加速构建和不断完善。重大疫情在对全球化提出新的挑战的同时，也让世界面临新的分水岭。在百年大变局下，中国面临更加复杂多元的经济文化环境，亟须构建文化治理领域的全球发展秩序，重塑战略价值的全球治理结构。

**百年大变局中，全球发展格局面临重塑。** 从全球发展环境看，在经历了国际金融危机、大规模骚乱与内战洗礼之后，当今世界各国人们更加担心分配和消费的不义，追求公平正义越来越成为人心所向、大势所趋。越来越多的人感到困惑和不满，越来越多的人因为疫情失业并陷入困境，寻找未来的发展方向将成为今后一段时期全球民众的共同瞩望。从全球政治格局看，全球金融危机之后，全球化出现退潮，原来存在但被快速增长的现实与预期所掩盖的经济发展不平衡、不平等等社会矛盾凸显，国际金融危机的后果开始溢出经济和金融领域，向社会和政治领域蔓延，部分地区和国家呈现出混乱的态势。美国的国际地位也有明显下降。经济不振、失业率上升成为美国社会的主要议题，美国已无力带动全球经济增长。而新兴国家在外贸、投资、金融等领域都有不俗的表现，已经成为世界经济发展的新动力，但却在国际政治经济体系中没能获得相应的地位。发达国家仍然主导着世界规则的制定，传统的发展中阵营也更强调小国的利益，新兴国家作为发展中大国面临双重身份的困境。

**百年大变局中，现代科学的国家治理将全面铺开。** 新冠肺炎全球大流行作为世界发展分水岭，也将塑造具有全球影响力的国家治理体系，实现治理能力的现代化提上快车道。从经济地理角度，"全球—地方"（互动实质上体现的是本地行动者与非本地行动者交互、本地要素与非本地要素的重组）[1]。若两者之间存在较强的关联性，将有助于二者之间的融合，但同时可能削弱其实现路径突破的能力。例如，如果同一地理区域内的市场主体（特别是具有较强的本土口碑的市场主体），通过全球渠道产生国际合作（或跨越区域的合作），那么这些合作行为或活动将会产生技术溢出和价值创造，反之亦然。因此，"全球—地方"是打破路径依赖的重要方式。区域通过建立对外联系、引入非本地要素，从而打破路径依赖、避免路径锁定。从这一层面上看，互动产生创新，交流创造价值。将这一理论应用到全球大流行的治理中，新冠肺炎疫情的蔓延给世界各国人民生命安全和身体健康带来严重威胁，对世界经济发展带来巨大冲击。面对这种传导联动的全球性风险挑战，没有哪个国家能够独自应对，也没有哪个国家能够退回到自我封闭的孤岛。世界各国同舟共济、守望相助，共同抗击疫情，实现"全球—地方"的互动，正是对人类命运共同体理念的一次深刻诠释。[2]当今时代，世界产业链的分工更加全球化。在全球产业链深度渗透融合的背景下，中国作为世界产业链和经济循环的重要节点，既要参与国际合作，提升产业链的国际化能力和竞争力，又要依托本土创新，促进国内产业链畅通和联动发展、激发国内市场消费和投资潜力，不断满足国内市场需求升级的供给。

**百年大变局中，文化治理将与国家治理结合更加紧密，作用更加凸显。** 在人类社会已无法脱离文化这一社会系统而存在的时代，文化治理体系建设不再是外在于社会和文化的依附性力量，作为新时代社会主义文化的主体性建设，文化发展亟须

---

[1] 毛熙彦，贺灿飞. 区域发展的"全球—地方"互动机制研究［J］. 地理科学进展，2019（10）：1449-1461.
[2] 柴尚金. 抗击疫情需要全球合作［N］. 人民日报，2020-04-10.

回归本体，❶解决全球发展中人类面临的新挑战。优越的制度不是"飞来峰"，有效的治理源于文化滋养。文化如同一条奔腾不息的长河，凝结着过去，联结着未来。中华民族在漫长的历史长河中不忘本来、吸收外来、面向未来，形成了世界上唯一从未中断的文化。坚定文化自信，推动文化繁荣兴盛，既是坚持和发展中国特色社会主义制度的重要目标，又是推进国家治理现代化的重要手段。❷全球大变局中，文化将为国家治理创造体现优秀传统文化精髓的治理方式，为国家治理现代化提供源源不断的道德滋养、思想浸润和文化感召。

如何在全球重塑发展格局，新兴市场崛起的背景下，以文化之力引领包容性发展、以文化之光重启可持续增长，将文化软实力转化为全球政策框架、制度安排的中国方案，成为当下中国国家文化发展的应有之义。"小智治事，大智治制。"全球治理体系只有适应国际经济格局的新要求，才能为全球经济提供有力保障。理论建设牢固文化发展根基，制度变革释放出文化制度活力，政策创新重塑文化价值尺度，战略设计催生新兴文化市场，国家文化治理体系的构建，将为世界提供基于"更好的社会制度"的中国方案。

### （二）面向现代治理新阶段

**百年大变局中，中国国家文化治理体系仍任重道远。**改革开放以来，中国社会治理体系与治理能力现代化获得了巨大的进步，取得了鲜明的成效，尤其是党的十八大以来，中国十分重视社会治理体系与社会治理能力的现代化，社会治理现代化方面已经起步。现代社会是复杂的构成，社会是利益共同体，政府作为国家行政机构自然在社会治理中起主导性的组织与协调作用，是社会治理多元主体的重要组成部分。现代社会的构成中，总体看是小政府大社会，社会各方力量都应该各司其事，发挥治理主体作用❸，在面向全面小康的社会环境中，更好地寄托百姓"丰衣足食、安居乐业"的朴素的价值追求，进一步凝结为生产力可持续发展的"中国式现代化"的社会理想，让全社会、全民族都将能够以国家繁荣富强为社会责任与时代梦想。

---

❶ 胡惠林.文化产业发展的中国道路[M].北京：社会科学文献出版社，2018：20.
❷ 虞爱华.构筑起国家治理体系和治理能力现代化的深厚支撑[N].光明日报，2020-01-03.
❸ 萧放.疫情防控，社会治理的一次特别考试[N].中国文化报，2020-04-08（003）.

百年大变局中，如何消除疫情对经济生活和国民心理的影响，对巩固全面小康、实现中国梦至关重要。因此，需要有"长远思维"来稳定社会心态，兴国安邦。凭借我国经济的强大韧性，依靠国家强大的制度优势，逐步科学安全地恢复经济生产、接续奋战全面小康，是提振民心、达成社会共识、凝聚社会力量的必要之举，也是我国在社会治理中处理复杂问题、应对社会风险的能力体现。有调查显示，疫情期间人们的长期国家经济信心显著高于短期国家经济信心，说明国民对国家的疫情控制能力及对经济发展走势仍抱有坚定信心，因此在稳固抗疫成果的同时高质量决胜全面小康是保证民生、增强国民信心的必由之路。

**百年大变局中，优化国家文化政策框架的呼吁更加强烈**。改革开放以来，"与社会主义市场经济体制相适应的新的文化发展观"成为见证中国现代性转型的重要维度之一，也勾勒出中国文化产业国家体系构建的发展地图。随着中国经济进入新常态，经济社会发展越来越呈现出以文化科技创新为主导的特征，单纯依赖需求端已经不能满足经济发展要求，传统的货币、财政宽松政策对经济贡献的边际效应也呈现递减趋势，在这一阶段，提升经济发展质量和提高产业发展效率，"既不能像凯恩斯学派那样单方靠财政刺激需求，也不能学供应学派那样完全靠市场去创造需求"❶，探索供需协调的创新之路势在必行。文化领域也不例外，如何实现文化生产和文化消费端的平衡，供给和需求侧的协同，成为当前和今后一段时期文化领域科学发展、高效发展的关键。❷ 在这一语境下，中国国家文化治理结构优化升级也将进入一个新的成长期，这一阶段既需要与后疫情时代全球化的新特征相吻合，又需要与文化领域数字化、智能化发展的趋势相匹配。新冠肺炎疫情在一定程度上加速了中国文化治理体系全球化、数字化的进程，也使中长期的制度构建和前瞻性的顶层设计提上日程。如何对原有的制度进行新陈代谢，对存量资源和沉积库存进行去除消化，成为中国文化政策框架搭建的应有议题。

### （三）深耕文化发展新特征

**百年大变局中，文化发展的新特征将纳入国家治理的新工具**。世界正在遭遇百

---

❶ 杨承训，承谕.紧紧依靠科技提升质量、协同供需［J］.红旗文稿，2014（17）：17-18.
❷ 齐骥.文化产业促生经济增长新动力研究［J］.山东大学学报（哲学社会科学版），2017（5）.

年未有之大变局。在此变局之下，在经济下行压力进一步增大的同时，也为中国文化产业与文化市场发展如何跨越"中等收入陷阱"增添了不确定性。文化产业与文化市场在享受着经济快速发展带来的增长红利的同时，也将承受经济下行压力带来的风险。中美经贸摩擦将不可避免地波及中国文化产业和文化市场的快速发展，从而对中国国家文化治理体系和治理能力现代化提出了更大的挑战。❶在这一背景下，以系统性逻辑搭建基于国家文化治理制度下政府、市场和社会多方协同的政策框架，以期从顶层设计角度，实现文化产业管理决策过程的科学化、民主化、法治化，才能在本质上赋能国家文化政策框架，创造出不竭的制度供给动力，从而以文化治理实现文化产业发展方式的优化，以文化之力实现公共文化服务供给的现代化，以文化治理实现多元主体的社会参与和丰富活跃的社区参与，满足人民群众对美好生活的向往和期待。

事实上，建立"文化治理体系"是国际上通行的成功的社会参与文化管理形式，也是推进国家治理体系和治理能力现代化的重大举措。改革文化治理模式，以市场经济的方式实现文化的政治、经济和社会的价值性转换，进而改变和重塑国家治理模式——服从于国家根本战略利益发展需求，平衡与协调人、社会、国家三者之间在政治、经济、社会、文化与生态之间的文明互动关系❷，是中国国家治理的必然。一个理想的文化产业政策框架的构建，必将以主动寻求一种创造性文化增生的范式实现文化的包容性发展，积极激活文化治理的能动力，最大限度地突破利益集团对文化市场不公平的"定价权"，充分释放文化市场的公平与正义❸为逻辑起点，从而全面释放经济社会的发展活力，实现文化领域全面发展。

**百年大变局中，文化科技融合的新动量将赋能新基建发展。**全球大流行中，新经济新动能较快成长，转型升级步伐不停。虽然疫情对传统消费和产业造成了较大冲击，但压力之下也蕴含着巨大潜力和机遇，线上消费和智能经济暴发式增长，对冲了部分负面影响，为经济高质量发展开拓了新空间。例如，中国疫情最严重的2020年1—2月份，全国实物商品网上零售额11233亿元，同比增长3%；2月份快

---

❶ 胡惠林. 当代中国文化治理的历史逻辑与基本特征[J]. 治理研究，2020，36（1）：43-49.
❷ 胡惠林. 文化产业发展的中国道路[M]. 北京：社会科学文献出版社，2018：73-89.
❸ 胡惠林. 在文化发展的实践中推进文化理论的创造性发展[J]. 中国编辑，2015（2）.

递业务量完成 27.7 亿件，同比增长 0.2%。一些产品逆势增长，生鲜电商、远程医疗、在线教育、线上办公等新模式新服务快速扩张。1—2 月份，信息传输、软件和信息技术服务业生产指数增长 3.8%；智能手表、智能手环、半导体分立器件产量同比分别增长 119.7%、45.1% 和 31.4%。大数据、云计算、智能制造、数字经济展现出强大潜力和良好发展势头。❶数字文化消费和文化产业更是在疫情期间快速增长，以互联网为载体的文化内容生产成为"宅经济"发展的主力军。而疫后数字经济新业态如 5G、大数据、云计算和人工智能等将持续发力，形成短期保就业、保增长，中长期促进产业结构升级的有力抓手，为国家文化治理体系现代化保驾护航。然而，不得不引起警醒的是，互联网、大数据、云计算、区块链等新型科技因素不仅带来了社会发展新机遇，也带来了诸多现实性矛盾，在重大疫情的背景下，感染人数、舆论传播、恐慌情绪、谣言与诈骗信息等问题即为其体现。上述科技因素也同时提供了相应的应对措施体系与思维、理论体系。中心化向去中心化、层级化向扁平化、单一化向网络化等方面的转变，是新科技因素提供的自我调控机制，在现实中则需要专门机制将其防控价值释放出来。具体到重大疫情防控背景中，疫情防控工作在不同时期具有不同的历史特征、舆论特征与科技特征，高铁、互联网、大数据等新因素融入社会各领域后，重大疫情的特征也随之改变，需要利用新型科技本身的特征予以应对与弥补。❷

## 二、构建面向百年变局的文化创新体系

在百年大变局下，以数字化、网络化和智能化为特征的数字科技革命正不断加速经济增长方式的变革，新冠肺炎全球大流行进一步加速了互联生活和无接触经济的发展。新冠肺炎全球大流行加速了社会结构的重塑，文化价值的变迁和文化制度的搭建，在全球治理面临新的挑战，公共服务体系面临新的需求背景下，构建满足人的发展、为人类成长提供高质量供给的文化创新体系，具有重要的意义。

---

❶ 盛来运. 疫情冲击不改中国经济长期向好大势［N］. 人民日报，2020-03-23（018）.
❷ 朱海龙，唐辰明. 从科层化到网络化：重大疫情背景下社会治理模式创新［J］. 贵州社会科学，2020（2）：17-21.

### (一)健全公共文化服务体系

公共服务是满足人民群众生活需要,推进小康社会建设的重要内容,突如其来的新冠肺炎疫情既反映出了近年来公共服务的发展,也暴露了公共服务体系的问题和短板,从而更加深刻体会到完善公共服务体系的重要性与迫切性。建立与城市经济社会发展水平和发展阶段相适应的公共服务体系,让城市居民能够机会均等获得的,体系成熟完善、设施共建共享、服务优质高效、满足多元需求的基本公共服务,是提升国家文化治理能力、构建国家文化治理体系的核心诉求。

**建立均等的公共服务体系,是国家文化治理体系的有效保障。**新冠肺炎疫情的暴发,反映出公共服务资源布局的不均衡。以公共卫生资源为例。武汉市人口占湖北全省的18.7%,拥有全省26.1%的医师、28.9%的医院床位,以及46.92%的三级医院和38.57%三甲医院。除武汉之外的湖北其他地区,无论是每百万人拥有三级医院数、每千人执业(助理)医师数,还是每千人口医院床位数,居然都落后于全国平均水平。截至2018年年底,"每千人医疗卫生机构床位数"城市是农村的1.91倍、"每千人卫生技术人员数"城市为农村的2.36倍、"注册护士"城市为农村的2.95倍。[1]同样的情况也存在在全球疫情暴发的城市和乡村,从发达国家的超大城市到远郊乡村,公共资源短缺或在疫情暴发高峰公共应急体系储备不足、资源调动和协调不足等问题,都影响了疫情下全球民众的有效治疗。例如,在美国,多州医疗和公共卫生系统超负荷运转,各州相互竞争联邦资源和竞价采购医疗和防护物资,区域之间的防控力度与步调不同,公共服务治理难以高效协同。不仅医疗卫生领域如此,在教育、文化、养老、社会保障等公共服务各领域,区域和城乡不均衡的现象依然十分突出。但是,公共服务各领域的不均衡现象并非孤立存在的,城乡和区域经济发展的巨大差距、资源配置的不均等和公共服务政策和规则不平等等制度性因素导致了城乡和区域之间公共服务配置的不均等。疫情为公共服务领域的综合治理提出了挑战,也对全球以人类命运共同体为己任协同应对重大灾难和公共危机提出了要求。后疫情期,随着人们对"美好生活"提出越来越多层级、全覆盖、智能化

---

[1] 张恒龙.如何补齐疫情折射的公共服务体系短板[EB/OL].(2020-04-14)[2020-05-10].http://www.jfdaily.com.cn/news/detail?id=236701.

和人性化的公共服务需求，建立高效的国家治理体系，形成五治联动、三社结合的治理框架，为文化治理提出了协同创新的整体要求，也为文化治理提出了以创新方式实现政治、经济、社会和文化的价值性转换，进而改变和重塑国家治理模式的深刻挑战。

*建立优质的公共文化服务体系，是国家文化治理体系的四梁八柱。*"经国序民，正其制度""用礼义以成治"。国家治理的实质是使一个社会成为有序社会，使一个国家可以沿着正确道路、朝着正确方向前进。❶ 公共文化服务是保障人们基本文化权益、促进人们形成文化自觉，推动人们遵循文化秩序、涵育人们形成文化认同的基本载体。后疫情期，提升国家文化治理能力，既要通过高质量的公共文化服务设施布局，实现均等均质，保障基本，通过布局高质量公共服务设施，营造亲切自然、全龄友好公共文化服务空间，实现城乡基本公共服务均等化，增强民生幸福感，提高在地居民享受优质公共服务的安全感和获得感，还要通过高标准的公共文化服务资源布局，实现统筹资源，共建共享，解决重大灾害和公共危机事件所反映出的城乡文化资源布局不均衡、文化供给不均等问题。在区域发展中，挖掘文化资源特色，突出文化治理优势，凸显与区域禀赋、产业发展和资源特色有机衔接的公共服务特色，保持自然风光、田园风貌，突出历史记忆、传统技艺，实现基本公共文化服务的均等发展，数字公共文化服务的精准供给，从而能够在公共服务领域率先打破部门之间、城乡之间、群体之间的制度性障碍，加强优质公共文化服务资源共建共享。此外，还要通过高质量的公共文化服务治理体系建设，完善文化治理制度，改革创新文化发展机制。遵循公共文化服务体系发展规律，以提高城乡全体居民文化素质和文明素养为核心，加强公共文化服务的分类分布，梯次推进，实时根据人口结构、需求层次的变化，分阶段、分层次布局公共服务资源，统筹教育、医疗卫生、公共文化体育、就业社会保障各领域的建设规模和结构，实现公共服务供给与群众服务需求的总量匹配和结构均衡，以高效现代的文化治理体系，赋能公共服务制度创新、体系创新。

新冠肺炎全球大流行后，国家文化治理体系的建设将更加聚焦于满足人类全面

---

❶ 马建辉. 先进文化与中国之治［N］. 中国文化报，2020-01-13.

发展的需要，因而，文化治理既具备刚性的基本要求，又具备韧性的发展动力。从刚性条件的角度看，公共空间是实现基本公共服务和满足居民多元文化需求的基本载体，伴随经济社会发展和收入水平提高，人民期盼有更好的教育、更稳定的工作、更满意的收入、更可靠的社会保障、更高水平的医疗卫生服务、更舒适的居住条件、更优美的环境、更丰富的精神文化生活，在公共文化服务中，在以法律法规等强制约束的条款实现文化的"刚性兑付"，为完善文化设施、创新文化供给、优化文化服务提供了基本保障的同时，以文化自信、文化自觉等为柔性约束，探索面向未来的"韧性"的区域发展理念，将国家文化治理带入新的发展境界，进而为"中国之治"寻找文化钥匙。

### （二）引导扩大全球消费市场

消费作为拉动经济增长的强有力因素，在促进经济增长中发挥着越来越重要的作用。在贸易保护主义抬头、逆全球化思潮涌动的背景下，我国经济运行稳中有变，面临一些新问题新挑战。❶从这一层面看，引导和扩大国内文化消费市场，消除阻碍消费的不利因素，刺激增加消费的信心，十分必要。从疫情暴发以来的宏观数据看，短期来看，新冠肺炎疫情对宏观经济的影响比 2003 年"非典"疫情影响更大，会不可避免地造成短期消费和投资需求的萎缩以及服务业和工业生产活动的萎缩。但长期来看，中国经济基本面仍然平稳向好，以消费创造增长也有巨大的空间，特别是在数字消费领域。

*引导弘扬优秀传统文化的大众消费*。改革开放以来，随着中国居民收入结构的变化，消费层次也实现了跃升，进入到更加追求文化品质和精神需求的阶段。基于文化消费具有较强的个性化特征，引导扩大文化消费必须实施分层引导、分类实施，突出优秀传统文化在文化产品和服务中的价值呈现，凸显中华文明与地方特色、民族特色的有机融合，因地制宜创新消费范式；特别是要鼓励以数字经济为核心的创意创新业态，通过文化和科技融合，推动互联网文化经济发展，繁荣互联网文化消费市场。第三次消费升级和中国超过 8 亿的互联网用户线上消费，不断驱动

---

❶ 赵萍. 以市场方式激发消费潜力［N］. 人民日报，2018-10-30.

文化新业态向纵深发展，数字技术在促进经济更快增长、扩大就业、改善服务方面取得了显著的数字红利。2018年，全国居民用于文化娱乐的人均消费支出为827元，其中城镇居民人均文化娱乐消费支出1271元，比2013年增长34.3%，年均增长6.1%；农村居民人均文化娱乐消费支出280元，比2013年增长60.0%，年均增长9.9%。❶新冠疫情暴发后，从中国到世界，许多国家和城市均颁布了"宅居令"，大量居民居家工作、在线教育、网上消费，在一定程度上催生了数字文化消费的发展，并使虚拟消费成为一种生活方式。然而其中也暴露出许多消费平台、消费供给和消费服务技术等方面的问题亟待解决。后疫情期，引导和扩大文化消费市场，必须加强营造高效高质有活力的网络场景，补齐农村基础设施和公共服务设施建设短板，才能为高效均等的消费市场发展打下扎实的基础。

**鼓励彰显中华工匠精神的文化消费**。长期以来，美国文化产业之所以在全球产生较强影响力，无不得益于对文化品质的把控和对美国精神的植入。正如尼尔·弗格森在《文明：决定人类走向的六大杀手级应用Apps》一书中指出的那样，西方国家之所以能够领先其他国家，凭借的是六大"杀手级应用"：竞争、科学、产权、医学、消费和工作。当代美国经济增长本质上是一种消费驱动型经济增长模式，消费驱动及其所蕴含的文化精神在文化价值的塑造和文化治理体系的建构中一直发挥着重要作用。特别是在当前中美贸易摩擦仍未平息，新冠肺炎疫情全球蔓延，世界经济发展受到重大冲击的背景下，重塑中国居民的文化消费理念，需要回归中华民族精神的本质，重建文化认同，重塑文化自觉。在中华文明的传承中，文化精神和民族气派既体现在中国人民的奋斗历程和奋斗业绩中，体现在中国人民的精神生活和精神世界中，也反映在几千年来中华民族产生的一切优秀作品中，反映在我国一切文学家、艺术家的杰出创造活动中。❷ 中国在近现代所经历的苦难和励精图治的探索，是中华文明独特的价值、发展、挑战和成绩，也是彰显中国民族精神的文化精品创作的来源，中国文明自身的发展规律和深厚的历史渊源，是中国文化消费的内生动力，也是工匠精神的孕育核心。新时代，充分发挥文化精品力作发时代之先

---

❶ 国家统计局社科文司. 文化事业繁荣兴盛文化产业快速发展 [N]. 中国信息报，2019-07-26.
❷ 习近平. 在中国文联十大、中国作协九大开幕式上的讲话 [EB/OL]. (2016-11-30) [2020-05-10]. http://www.xinhuanet.com/politics/2016-11/30/c_1120025319.htm.

声、开社会之先风、启智慧之先河的作用，让传递中国力量、展现中国风尚、彰显中国精神的文化消费成为时代变迁和社会变革的先导，体现在中国发展道路中的历史担当和文化作为。

**加强数字化配套服务，提振文化消费信心**。2008年全球金融危机爆发以来，全球经济逐渐低迷，人均可支配收入增速下降，居民家庭负债率伴随房价高涨而升高，在一定程度上对社会消费产生了负面影响。除了高房价的因素，教育、医疗、养老等问题也增加了人们对未来预期的不确定性，抑制了中国居民的消费欲望，减少了消费需求，抑制了消费支出的增长。随着中国经济的增长，文化需求多元化、优质化的要求更加强烈，以消费为动力的文化经济发展不断创造新的增长点。从新冠肺炎全球大流行看，虽然线下餐饮、旅游、酒店、KTV、影院等场所受到影响的程度更甚，但线上消费却因此而获益，特别是在数字文化消费领域，以网络游戏、短视频、移动互联为代表的各类消费形态迅速增长，进一步提振了消费者对经济发展的信心，也使以文化产业为代表的新业态继续保持增长快车道。在中国国内疫情得到有效控制，各地复工复产稳步推进时，促进消费的政策措施提高了文化治理的效能，为有序复工开启了先河。

把被抑制、被冻结的消费需求释放出来，把在疫情防控中催生的新型消费、升级消费培育壮大起来，使实物消费和服务消费得到回补，是对冲疫情影响的重要着力点之一。全球大流行后，要更好地顺应居民消费升级趋势，打通消费领域的"堵点""痛点"，破除制约消费的体制机制障碍，提升消费领域治理能力，抓住最具潜力的消费领域着力提升供给，不断完善消费政策、优化消费环境、稳定消费预期。❶文化科技的深度融合，不仅是提高文化产品和服务核心技术竞争力的砝码，也是文化企业走出去面向国际市场的命门。新冠肺炎疫情下消费增长的趋势也表明，数字化是抵抗产业脆弱性的关键一招。随着5G时代到来，消费者一定会向数字空间索取更多的产品和服务，数字场景构建进入日常消费领域，越来越多的门店数字化❷、场景虚拟化、消费交互化将进入到消费市场，围绕人工智能、移动通信、互联网革

---

❶ 李心萍．加快释放需求 扩大居民消费［N］．人民日报，2020-03-28．
❷ 门店数字化即"phygital"，是由"实体"（physical）与"数字化"（digital）组合而成，是一种在门店内使用增强现实（AR）技术的交互式购物方式。

命、云计算创新等技术变革，在满足中国民众个性化、精准化的消费需求方面实现创新引领的消费方式，将成为百年大变局中文化市场竞争的重要领域，创造遍布全球的、更人性化和文化魅力的文化消费体验，构建更加健全、富于创新的现代文化市场体系，将成为国家文化创新体系的着眼点。

### （三）提升壮大国际话语体系

当前形势下，我国综合国力和国际地位持续提升，前所未有地靠近世界舞台中心。一方面，在当前西方各种问题积重难返的背景下，中国特色社会主义制度取得的巨大成就使得国际社会强烈渴盼了解中国的经验。但另一方面，国际社会对中国发展道路和发展模式的理性认识虽逐步加深，但同时也存在不少误解，"中国威胁论""中国崩溃论"等论调不绝于耳，西方仍然在"唱衰"中国。❶ 特别是新冠肺炎疫情暴发并逐渐上升为全球公共卫生事件以来，西方媒体不但"双标"看待疫情蔓延，对中国抗疫防疫的成功进行抹杀，而且在政治和社会舆论引导下妖魔化中国形象，并造成种族主义及仇华情绪，在国际社会造成诸多负面的中国形象。然而，自强不息、厚德载物的思想支撑着中华民族生生不息、薪火相传、山川异域、守望相助的精神更支撑着中国人民在防疫抗疫中取得胜利。

**推进国际传播能力建设**。"讲好中国故事"是新时代传播优秀中国传统文化，阐发中国梦的美好境界，展示中国人民精神风貌的重要通道。讲好中国故事，展现真实、立体、全面的中国，提升国家传播战略的能力建设，提高国家文化软实力，❷ 要将文化政策向出海企业和项目倾斜，将富有中国特色的优秀文化产品推出去，以文化的力量吸引人、感染人、打动人，使中国文化被世界上更多的人所认同。要打造更多出海平台，在市场、政策与技术等红利的作用下，鼓励相关企业积极打造具有广泛影响力的中国文化符号，积极开拓更自主的传播渠道，推出海外客户端，凭借资金投入、大数据分析和生态化运营推动文化产品整体实力提升，❸ 推动世界文化

---

❶ 张子荣.习近平关于讲好中国故事的方法论维度［J］.学校党建与思想教育，2019（12）.

❷ 华中科技大学国家传播战略研究院，人民智库.中国公众的世界观念调查报告（2017—2018）［EB/OL］.（2019-06-27）［2020-05-10］.http：//www.sohu.com/a/323393274_120026214.

❸ 宇昕.文化产品出国门 中国元素助推"文化出海"［N］.人民日报，2020-01-22.

交流，促进多元文化的合作交流和融合。要加强国际合作，深化民间交流，共同打造文化共同体，寻找同理同源的共同价值，让中国文化走向世界、融入世界、引领世界，真正实现道路自信、理论自信、制度自信和文化自信。❶ 要立足全球化时代中国经济社会发展的战略变化，加强展示中国经济社会、科技发展、文化改革等各领域发展的精品内容供给，推动国民对国家认同的归属感。还要加强对青少年传统文化教育手段的创新和形态的丰富，全面深刻了解中国革命斗争历史，了解中国特色社会主义实践的全部过程，加强对高校基础教育和通识教育中开设文化产业通识课程，建立起对共同文化价值和文化取向上的成熟理性的文化自觉，树立现代文明视域下高度的文化自信。

**做好中国故事的国际表达**。从传播者、接受者和传播内容入手，以真实的中国说服人，以形象的中国打动人，以特色的中国感染人。一方面深入挖掘中国故事，以生动的形式和优质的内容展现优秀传统文化，诠释美好生活场景，体现自信向上的精神风貌，书写中国人民在大时代背景下的奋进故事。另一方面，以强大的文化自信建立国际话语体系，自觉树立传播中华文化的意识，有规划、有组织、有步骤地传播中华文明，打造中国优秀文化的国际话语体系。尽管世界各国人民的政治制度、风俗习惯、价值观念等不同，但在情感抒发和表达上却有着超越国界和民族界限的相通之处。要悉心选择那些符合国外受众心理认知的、激发起民族情感的故事，寻找与受众话语的共同点并尽力扩大共同点，以世人能够并乐于接受的表达方式，❷ 产生"共情"的桥梁，消除信息传播方面的障碍。要推动全面多样的国际报道体系，打造更为开放的国际话语空间，通过加深中国社会对外部世界信息的多样性认识，提高面向国际舞台的跨文化沟通能力。要加强基于文化交流的双边和多边对话与合作，构建长效传播机制。以文化精品、文化内容为核心，推动中国文化产业全球布局、世界传播，以文化之力推动地缘政治的稳定性。提升跨文化沟通信任，打造和谐稳定的地缘政治传播秩序，❸ 从而让中国公众产生较高的国家认同感和自豪感。

---

❶ 任生德.突出文化战略定位努力推进中国国际话语体系建设［N］.中国文化报，2019-05-27.
❷ 张子荣.习近平关于讲好中国故事的方法论维度［J］.学校党建与思想教育，2019（12）.
❸ 华中科技大学国家传播战略研究院，人民智库.中国公众的世界观念调查报告（2017—2018）［EB/OL］.（2019-06-27）［2020-05-10］.http：//www.sohu.com/a/323393274_120026214.

## 三、构建面向数字时代的文化思想体系

百年大变局下,全球化开启了新文化政治理念,中国经济、社会和文化发展进入新阶段,在经济发展领域供给侧结构性改革深入推进,产业发展质量和效益不断提高的同时,我国文化产业发展跨过"意识形态之坎"并历经了产业快速发展和规模迅速扩张的阶段,正进入时空特征发生突变的深度转型时期。在新的历史时期,立足国家经济社会发展水平,围绕国家创新体系构成,利用创新资源禀赋,构建面向数字时代的文化思想体系,塑造具有国际竞争力和文化影响力的产品和服务,是国家治理体系建设的重要支撑。

### (一)把握文化创新的时代话语之变

百年未有之大变局中,经济全球化、政治多极化、社会信息化、文化多样化、安全威胁多元化等前所未有的同时并存,成为各国道路、制度、理念激烈比拼新的历史背景,而中国特色社会主义的理论先进性、道路启发性、制度优越性、文化可亲性更加突出。以文化制度为治理优势,凸显文化软实力在全球角力中的力量,塑造面向全球市场的国家文化创新体系,是优化国家治理体系的重要路径。

***文化发展语境不断变化***。改革开放以来,中国文化发展的思想体系经历了从形成到发展,从理论初建到集体反思的阶段。从文化作为意识形态的工具到文化产业概念的提出,从文化体制改革到文化治理体系现代化的呼吁,文化治理思想在理论探索和实践应用中不断完善和成熟。百年大变局中,中国文化发展将进一步融入国家经济发展的洪流和社会变革的时代的过程,以文化与经济、社会发展的全面融和,创造出新的治理之径。回顾改革开放历程,从文化市场领域的改革而言,"中国经历了从不提文化产业,到肯定文化产业,再到大力发展和加快发展文化产业的政策演变过程。这不仅是国家对文化产业态度与认识及其政策的一般性演变,而且是国家治理观和国家文化治理观的一次深刻变革"。新时期中国文化产业如何以完整的制度形态和制度系统,实现文化产业更好的表达方式和实现载体,为"人类对

更好的社会制度探索提供中国方案"❶ 提供重要的文化价值尺度和文明标准体系，是中国文化产业的承诺和责任。❷ 后疫情期，经历了重大疫情对治理体系的挑战，中国文化产业必将加速进入治理现代化的加速期。

从世纪之交对文化创新战略的拷问，进入到美好生活维度下和后疫情阶段全球分水岭时期中对文化创新体系的呼吁；从立足文化空间正义和文化社会价值实现，进入到面对后全球化时代诸多发展困境和安全困境下，如何以国家治理体系为依据，以着力解决文化体制改革过程中"政府失灵"和"市场失灵"双重困境，进而解决文化产业"有效供给"不足，将为文化企业和文化消费市场提出双重考验。在这一语境下，中国文化产业理论框架同样面临着新时代周期律和创新律的挑战。

**国际发展环境不断变化**。当前，新一代信息技术迭代背景下文化产品和服务的市场规律和发展特点，为提高市场对创新行为的引导和甄别能力提出了预警，也为数字网络环境下文化政策的着力点提出了方向。正是因为文化业态的迭代速度之快、全球环境的变幻莫测、经济形势的不尽乐观，让百年变局下的文化发展面临新的历史机缘和战略环境。

综观当代文化发展的国际环境，一方面，在全球化和城市化快速演进，科技迭代和环境危机掀起新的利益博弈，"中等收入陷阱"和"修昔底德陷阱"❸ 带来发展难题和影响未来走向的背景下，文化产业在当代中国的发生和成长不但是"解决和克服经济结构战略性调整中遭遇结构性矛盾和体制性障碍"❹ 而提出的经济战略，而且在回答国家发展的规律性问题，重塑国家文化战略的核心价值观中，展示出着眼于国家意识形态安全、治理国家危机的特殊性质。另一方面，新冠肺炎疫情对文化发展的现代化、智能化、场景化提出发展命题。中国数字文化产业持续发展，短视频、直播等新业态不断涌现，数字公共服务体系建设日趋完善、更加精准，数字技术与文化不断融合，不仅保障了人民群众在疫情期间基本的文化娱乐需求，也提供了更加多元化的选择。新时代，数字经济已经成为国家促进经济发展的主要产业，

---

❶ 胡惠林. 文化产业发展的中国道路[M]. 北京：社会科学文献出版社，2018：475.
❷ 同❶ 43.
❸ 同❶ 3-40.
❹ 同❶ 13.

从 2005 年针对促进电子商务发展就形成过国家政策,到 2015 年又提出"互联网+"实现了数字文化产业领域企业主体的快速拓展和高速发展,从 2017 年政府工作报告正式将数字经济上升为国家战略,到本次新冠疫情将数字经济新业态定位为拉动经济增长的重要引擎,数字文化产业的发展将在人民群众生产生活业态向着智能化、线上化发展的方向中重塑成长空间、赋能经济发展。

新冠肺炎全球大流行后,国家文化治理体系建构必将随着全球科技迭不断加快、业态更新层出不穷的环境之变,进入对构建文化发展内容体系的深度思考阶段,文化领域供给侧改革也将进入数字网络环境下的深水区。在现代治理框架下,只有从文化发展的源头寻找核心价值,从国际秩序的环境设计文化战略,从国家制度的治理汇总寻找文化钥匙,才能更好地构建文化发展思想体系,以近代和现代国际力量对比的变化为背景,以阐释人类命运共同体为努力定位,从而对文化发展做出正确的顶层设计,在把握历史规律和顺应时代潮流中推动中国话语体系的构建,❶在文化思维主导下开展全球治理的逻辑变革。

**(二)开启文化制度的科学秩序之治**

文化既是一种全球史的折射和书写,体现出在改变和塑造全球发展进程中力量结构的巨大作用,又是一种科技史的生产和表达,反映出在借力和反馈科技进步进程中创造性生产的革命性意义。在这一逻辑框架下,"社会发展的文化生产力形态"所衍生出的"传统、现代、新型三种文化形态,既相互影响,又相互区别,构成一个完整的社会文化生态系统"❷。这既是对文化产业本质——精神内容生产的注解,也是对文化产业生命长度和生命周期的注解,更是对后疫情期当代文化产业跨越历史的十字路口,进入新文化经济发展时期,实现传统文化业态不断通过现代性加以丰富,创造出新的生命形态的注解。以新治理理念创造新文化业态,并融入新的情态布局以完成文化产业生命迭代,将成为后疫情期中国文化发展战略布局的重要路径。

**寻求文化开启"中国之治"的科学价值**。中国方案蕴含着自身的改革发展经验和方法论。中国方案源于我们党对共产党执政规律、社会主义建设规律、人类社会

---

❶ 任生德.突出文化战略定位 努力推进中国国际话语体系建设[N].中国文化报,2019-05-27.
❷ 胡惠林.文化产业发展的中国道路[M].北京:社会科学文献出版社,2018:98.

发展规律认识的深化，源于我们运用马克思主义基本原理解决中国问题与人类共同面临问题的自觉与自信，是在中国特色社会主义实践过程中积累的一系列具有普遍意义和世界价值的改革发展经验。❶新冠肺炎全球大流行后，着力探索从可持续发展的国家总体战略出发，立足于思考中国文化可持续发展的关键问题，提出面向全球的中国国家文化治理方案。这既是面向全面小康社会的文化担当，也是建设社会主义文化强国的文化责任。

从科学治理看，建立系统的文化领域顶层设计，将成为后疫情期中国文化产业完成秩序建设、率先实现现代治理的重要工具。当前，全球城市化的发展动力正在转型为以智慧、知识—文化软实力为主体的时代。正是人的文化生产、文化消费和文化生活构成的能量释放，带动了时间延展和空间更新的能量交换，促生了文化经济新动能，更好地实现了时间、空间的交融，为区域更新寻找到了新的共生方案。全球化背景下，世界城市在城市形态、制度规范、市民行为等方面日趋雷同，文化上的区别就显得尤为重要、更有价值。因此，唯有以"文化生态"的思维进行国家治理，优先强调和突出人的、社会的和自然的精神秩序和互相关系的完整性和有机性，优先和突出三者之间的可持续发展和文化生态整体的安全性，优先强调国土空间健康与国民精神健康、安全和持久的公共文化利益的协调性"❷，才能够为全球和谐的文化生态秩序提供全域和长效的发展样本。

**寻找文化优化"中国之治"的数字工具**。新冠肺炎全球大流行期间，数字经济、智慧产业等新业态的快速发展以及大数据在疫情监测、分析和预警中的重要作用已经说明世界已经悄然进入大数据时代，数据思维已经成为行业发展和产品迭代重要的工具，文化产业也必将从深耕于"已知"领域的文化内容转为依托新兴业态扩大到探索和重构"未知"世界。全球大流行后，着力于探讨以什么样的尺度衡量中国文化产业制度的文明水平，以什么样的维度评判中国文化发展战略的执行效能，以什么样的温度赋能中国文化发展中的人民群众对美好生活的期待，将成为文化发展最为重要的使命之一。

以数字治理获取精准的文化需求，提升公共安全的防御能力，凸显了现代治理

---

❶ 程美东.中国方案的中国特色[N].人民日报，2017-11-27.
❷ 胡惠林.文化产业规划：重建人与社会和自然精神关系和精神秩序[J].东岳论丛，2015（2）.

能力的飞跃。全球大流行中，随着数字工具在国家治理中的应用，数字治理必将取代传统的社会治理模式，探索更为广阔的国家治理空间。数字治理的兴起，既来源于数字经济重塑经济社会形态后对社会治理提出的新需求，也来源于数字技术对显著提升社会治理能力的新驱力。所谓数字治理，即运用数字化思维、理念、战略、资源、工具和规则等新模式来治理信息社会空间，实现数据泛在融通共享、平台服务资源集聚开放、新技术应用场景持续创新。通过数字治理，数字时代的信息碎片化、数据冗余失真、应用条块化、服务割裂化等问题得以解决，使得信息数据在政府、社会、市场及公众之间能够畅通、有序、可靠地发挥作用，从而提升政府的经济社会治理效率、优化服务供给、增加公众满意度。❶ 在数字治理模式下，数字技术的发展不仅提供了一个渠道开放、指标多元的反馈评估和监管平台，也使得公众对各类服务的满意度评价能够更加便利化、开放化，从而有效推进公共治理质量提升。❷ 采取科学手段完善时空大数据服务，力争在平时为公共疫情防控建立好技术支撑系统，并出台"战时"面向疫情防控需求的数据共享机制，与采取科学手段和优化文化大数据系统，在日常生活中监测和研判人民群众精准的文化需求和多元的文化诉求，并提供"点单式"优质文化供给同等重要。

### （三）寻求全球文化治理的中国方案

建设人类命运共同体的使命，让中国不仅充分认识到自身在推进国际大格局发展中的历史担当和时代责任，还深刻认识到加强与国际社会合作的重要性和必要性。❸ 新冠肺炎全球大流行后，在全社会建立起对共同文化价值和文化取向上的成熟理性的文化自觉，树立现代文明视域下高度的文化自信，既是应对新形势下国际关系变换的应然，也是建立健全国家文化治理体系的必然。

**体现全球治理的文化担当**。为全球文化经济发展提供充满中华文明色彩、彰显优秀传统文化的"中国方案"是矢志不渝的追求。在全球治理体系面临挑战、大国关系进入博弈调整时期，中国国家文化治理体系的建设不可避免在资本主义生产方

---

❶ 郑金武,刘磊鑫,王彬.疫情防控推动数字治理实践[N].中国科学报,2020-03-25.
❷ 同❶.
❸ 任生德.突出文化战略定位 努力推进中国国际话语体系建设[N].中国文化报,2019-05-27.

式和资本主义文明为人类世界文明进步提供文化产品体系、文化产业体系和文化市场体系的历史逻辑下，存在重重困境。改革开放以来，文化道路的选择一度踟蹰在意识形态逻辑和市场经济逻辑的纷争中，在跨越"意识形态之坎"[1]的过程中不断试错和创新，历经了产业快速发展和规模迅速扩张的阶段，正进入时空特征发生突变的深度转型时期。新时期中国国家文化自信建设，如何以完整的制度形态和制度系统，实现中国文化更好地参与全球表达，文化产业更好地赋能经济发展，公共服务体系建设更好地服务美好生活，为"人类对更好的社会制度探索提供中国方案"[2]提供重要的文化价值尺度和文明标准体系，是中国文化建设的承诺和责任。

让世界知道中华优秀文化中的中国立场、中国价值，为完善全球治理贡献"中国智慧"是义不容辞的责任。文化是一个国家发展进步的不竭源泉，是一个民族最动人的精神底色。古往今来，中华民族之所以在世界有地位、有影响，不是靠穷兵黩武，不是靠对外扩张，而是靠中华文化的强大感召力和吸引力。文化自信仿佛一种酶，开启了以创新思维筑牢文化治理体系之基、以工具思维重构文化产业秩序之列、以跨界思维触发文化发展之力的先河；文化自信又好比一束光，以实现"国家文化治理"为方向，以重建人与社会和自然的精神关系和精神秩序为两翼，围绕"政府、市场与科学技术化"三个维度的文化政策视角，通过主动寻求一种创造性文化增生的范式实现文化的包容性发展的永续动能，构建文化政策的"四梁八柱"；文化更是一把中国走向深度全球化的钥匙，以文化公平和正义为前提，秉持文化生命形态运动自然选择的规律，以重建任与社会和自然的精神关系及精神秩序为立足点，更多地通过解释、描述或预测文化经济现象和问题解决复杂背景下和变化语境中文化发展的现实问题。

**锻造全球治理的文化之钥**。文化是国家和民族的灵魂，是凝聚力和向心力的核心，多样性的文化让人类命运共同体的魅力所在。进入21世纪以来，社会发展日新月异，特别是经济全球化和信息网络化，已经把整个世界连成一体，这也使文化的发展不再是各自封闭的，而是在相互影响中多元共存。新冠肺炎全球大流行更是让任何国家和地区都无法独善其身，全球价值链的整合、世界贸易的频繁，让全人

---

[1] 胡惠林.文化产业发展的中国道路[M].北京：社会科学文献出版社，2018：480.
[2] 同[1] 475.

类相互依存、共生共栖。❶人类命运共同体思想归根结底是要构建世界各国平衡发展、利益共享的新型国际社会发展模式。文化成果共享能够使共同体成员达成文化意义上的获得感。中国优秀传统文化融入人类命运共同体，展现出中华文明的精气神，使人类命运共同体在国际社会得到广泛认可和接纳。❷

全球大流行中，新冠肺炎病毒是人类共同的敌人，但部分西方媒体和政治人物却将疾病作为一种社会隐喻和政治隐喻，仍在使用"武汉肺炎""中国病毒"等带有明显污名化色彩的表述，力图将文化和政治偏见植入人类疾病的外衣下，它不仅停留在经济层面的表述上，而且时常进入政治和国家范畴，成为国际政治打压最为顺手且"正当"的修辞学工具。❸尽管人类命运共同体的思想是追求人类共同价值观，但糟粕文化，如国与国交往中的强权文化、霸权文化，包括当下甚嚣尘上的"零和博弈"和"保护主义"思维等，都是与推动构建人类命运共同体理念格格不入的负面文化，这些封闭、狭隘、非平等的文化则会加剧不同文化的冲突，❹对国际秩序、世界格局造成负面影响。

开启全球治理的文化之钥，即要寻求文化的认同，在文化多样性中谋求先进性，在文化差异性中寻求包容。百年大变局中，立足于人类更加安全、更加健康的发展需求，立足于可持续的文化发展蓝图，创造美好生活的人类栖居地，是人类共同体的价值选择，也是人与自然生命有机体的必由之路。作为一种积极向上的文化心态，文化是对国家、民族或者政党对自身文化、发展制度、发展道路的充分肯定，蕴含了对自身文化价值与生命力的坚定信心。全球治理的中国方案让人类文明话语体系中增加了中国元素，增进了世界人民对中国文化和中国发展的了解和认同，也使得中国话语能够为人类文明进步贡献独特力量。❺

新冠肺炎全球大流行后，世界经济政治面临新的分水岭，国家治理的制度框架面临新的价值挑战，但是，新政治文化建立的治理框架将以更加强劲和内生的力量

---

❶ 中共中央党校（国家行政学院）"推动构建人类命运共同体"研究专题班课题，构建人类命运共同体：文化因素与中国智慧［J］.中国出版，2019（8）.

❷ 同❶.

❸ 周叶中.污名化新冠肺炎疫情的错误做法应彻底摒弃［EB/OL］.（2020-03-18）［2020-05-10］. http://opinion.people.com.cn/n1/2020/0318/c1036-31638419.html.

❹ 同❶.

❺ 程美东.中国方案的中国特色［N］.人民日报，2017-11-27（007）.

推动全球化重构与再构。如何更加积极主动立足于新时代"美好生活"的新尺度，以人民群众对美好生活的期待和憧憬为最大公约数，为世界做出新的中国范式，让中华民族的精神大厦在全球之林巍然耸立，将成为新冠肺炎全球大流行后国家治理的重要方向。

# 第九章
# 百年大变局下国家文化治理的发展框架

文化治理的特征是通过主动寻求一种创造性文化增生的范式实现文化的包容性发展，是国家通过采取一系列政策措施和制度安排，利用和借助文化的功能用以克服、解决问题的工具化。国家文化治理体系的建设，标志着国家文化治理主体的多元性，这是国家治理能力和治理体系现代化的重要标志。[1]在当前国际环境和世界形势发生巨大变化，不同文化思维和意识形态主导的全球治理逻辑变化显出更大的影响力的后全球化时代，中国亟须构建文化领域的全球发展秩序，重塑战略价值的全球治理结构，树立更加深远、更为持久的国家文化自信。构建国家文化治理体系，选择更好的"文化发展的中国道路"，体现中国发展的制度优势。

---

[1] 胡惠林.实现国家文化治理能力现代化[N].中国社会科学报，2014-01-08.

## 一、面向未来的城市治理体系

在《流行病之城：纽约公共卫生的政治》中，公共卫生历史学家詹姆斯·科尔格罗夫以编年史的方式讲述了为了应对1866年暴发的霍乱，纽约设立了美国第一个常设卫生委员会，以及公共卫生部门在公共资源供给如何适应不同公共需求、公众认知和政治压力之间相互竞争的需求中，为整个国家界定公共卫生服务的角色和范围的历程。时至今日，在新冠肺炎全球大流行中，纽约依旧成为疫情的震中，重大公共卫生危机依然对现代城市治理构成严峻挑战。而在《传染病之城》中，西蒙·芬格进一步强调了医学和政治密不可分，两者是对于城市区位、城市规划、移民政策和公共安全机构创建等关键问题进行辩论的基石。在城市对卫生资源和公共服务诉求更加多元精准的背景下，"城市健康位（urban health niche）"的理念成为一种公共健康和健康城市规划的新方法。从这一层面上看，"大健康"是全人类对现代公共服务共同的诉求。

### （一）未雨绸缪的安全城市

人类比以往任何时候都更加呼唤公共安全。公共安全让人民群众具有生活的安全感，生物安全让人民群众具有健康的安全感，文化安全让人民群众获得文化自信、富有文明素养。而城市的安全问题往往是自然问题和社会问题的交织，既有极端天气和全球变暖等世界性人类难题，也有犯罪率高、暴力冲突等社会性难题。克服城市发展过程中各种不确定性和变化性，规避城市复杂系统耦合过程中可能出现的各种公共服务领域的问题，是城市规划的应有之义。

**反思空间正义，建设城市安全体系**。2020年3月26日，《卫报》刊发了杰克·申克（Jack Shenker）的文章——《新冠病毒之后的城市：新冠肺炎如何彻底改变城市生活？》，在文章中，作者指出，沿着泰晤士河绵延1.25英里的维多利亚堤岸是许多人心目中典型伦敦的代表。英国早期的明信片描绘了维多利亚堤岸宽阔的步道和精致的花园。监督维多利亚堤岸工程建设的首都市政工程局（The Metropolitan Board of Works）称其为"一个繁华商业社会的宜人文明的城市景观"。但是，现在根植于我们城市意识之中的维多利亚堤坝完全是流行病的产物。若非19世纪一连串毁灭性的全球霍乱暴发——其中,单是20世纪50年代初在伦敦暴发的一场霍乱,就夺去了一万多个生命——人们可能永远不会意识到城市需要一个全新的现代化的污水处理系统。而约瑟夫·巴扎戈特（Joseph Bazalgette）主持设计将废水安全排放至下游,远离饮用水水源的非凡的下水道工程可能就永远不会实现。这篇文章也让我们将新冠肺炎疫情对文化领域的影响和对文化治理体系的重塑拓展到现代公共服务领域。事实上,重大灾害的城市应急系统的建立和完善,与现代公共服务各领域的相互作用及对人类全方面发展的积极助力作用是相同的,它们是文化治理之基,也是现代治理之奠。

国家治理现代化不仅是一个治理水平提升的时间进程,也是一次治理空间的变革转型。新冠肺炎疫情的防控,既凸显了空间治理效能的重要性,也为提升与完善空间治理带来了新方向。具体来说,新冠肺炎疫情的暴发具有鲜明的空间特征,其扩散和影响程度高度依赖于空间的聚集性和流动性。这主要体现在四个方面:一是由于人口密集。从国内看,武汉这个超大城市在短时间内成为疫情中心地区,并且疫情随着人员的流动向周边地区扩散。从国际看,大城市人口密集地带的疫情传播速度更快,疫情也更加难以控制。本次新冠肺炎疫情在世界各地若干类型的地方生根发芽并使这些地区的经济社会发展受到重创。从全球城市看,像纽约和伦敦这样的大而密集的超级明星城市,因为拥有大量人口和众多游客,是多样化的全球人口和密集的居住区；像武汉、底特律和意大利北部城市这样的工业中心,它们通过供应链与全球贸易连接在一起；全球文化旅游业的游客中心,如意大利、瑞士和法国等地的滑雪胜地,以及科罗拉多州落基山脉的滑雪胜地。这些地区都是游客相对密集的地区。此外,还有一些尺度较小的社区,这些社区的疗养院和殡仪馆容易成为病毒攻击的对象。此外,游轮这样的"海上密集小城市"也是传染病容易蔓延的区域。二是基于人员流动性。从国内看,由于疫情发生在春节前后,人员已经开始大规模跨区域流动,加速了疫情在全国范围内的传播。从全球看,国际城市的交通通达能力、人员交往能力和社交活动更强,交通枢纽和公共交通加速了疫情在社区的扩散。三是人员高度聚集。从国内看,疫情暴发较多的区域为人口分布密集的公共空间和社区等,人与人之间的接触加速了疫情的社区传播和家庭扩散。四是疫情短时间在特定空间的集聚暴发，打乱了这些地方的正常生产生活秩序，超出了当地的应对能力和治理承受能力，造成了短时间的治理超负荷。因此，中国将其定位为中华人民共和国成立以来在我国发生的传播速度最快、感染范围最广、防控难度最大的一次重大突发公共卫生事件，是一次大考。[1] 国际上，世界卫生组织宣布新冠肺炎"全球大流行"，世界上百余个国家受到新冠肺炎疫情影响，疫情在全球蔓延还造成制造业下滑、旅游服务业大幅收缩、实体经济供需两端受损、资本市场剧烈波动等影响，许多国家和地区实施"宅居令"，使人们的活动空间受到限制。疫情暴发和蔓延与全球经济社会转型叠加形成覆盖全球的"飓风"，冲击世界经济，挑战公共服务，打乱了相对完整的全球供应链，并对全球治理体系，特别是公共卫生治理体系构成严峻挑战。

**防范城市风险，完善城市应急体系**。疾病塑造城市。全球大流行后，建立面对重大灾害的城市应急系统，成为全球城市共同的责任。从历史看，全球一些最具标志性的城市规划和管理发展，如伦敦大都会工程委员会和19世纪中叶的卫生系统，都是为应对霍乱暴发等公共卫生危机而发展起来的，而本次疫情也必将催生公共服务应急体系的变革。一是使用大数据实现城市治理能力的提高。信息数据的透明、及时和公开，是现代治理能力提高的标志。例如，在新冠肺炎疫情中，约翰·霍普金斯大学的 CSSE 信息聚合器汇集了来自世界卫生组织、英国国民健康服务系统等的数据来源。这使得许多国家政府的"官方"数据滞后，因此通过汇总不同的信息来源获得更好的信息，从而更有针对性地提高城市公共治理能力和治理水平现代化，将成为公共服务体系发展的重要方向。二是优化应急规划提高城市灾害防范风险。如何让城市在应对突发性灾难时有成套的执行预案，有充分的应对措施，且事后能迅速恢复活力，是全球化和城市化进程中城市布局物理空间、规划社区邻里、实现社会协调、科学治理的重要前提。在全球大流行后，提升城市应急治理能力成为世界上几乎所有城市面临的共同议题。如何在应急管理体制改革方面科学创新，建立健全集应急管理指挥、决策、执行、调度、反馈、舆情引导等于一体的权责体系和协作机制，如何推进应急管理的制度化和法治化，完善应急管理的制度体系和

---

[1] 陈晓彤，杨雪冬. 加强空间治理：疫情防控的一条重要思路[N]. 学习时报，2020-03-16（005）.

标准流程，健全公共卫生事件信息发布和公开的制度与标准，已经成为新时代建立安全城市的首要任务。而全球化让城市之间流动之快、交往之密、合作之深入，也让建设统一的应急管理数据共享交换平台，支撑应急信息资源的跨部门、跨层级、跨区域互通和协同共享，成为必然诉求。

### （二）人类福祉的健康城市

新冠肺炎全球大流行后，令人痛心的影响范围促使人类对大城市的思考与日俱增，其中不乏许多警示性的反思。令人难忘的空无一人的城市景象似乎体现了一种恐惧，即城市空间将永远被疾病的蹂躏所标记。与此同时，人类也似乎看到了同样激进的希望愿景：随着人类生活方式和消费习惯在一夜之间发生转变，一个更加公平、更为可持续的城市未来将为美好生活打开一扇未来的窗口。从城市发展的角度看，现代城市规划一直致力于提升城乡居民的健康生活水平。历史上的历次公共卫生危机催生了健康城市的发展需求，公共健康开始成为城市规划的重要维度。随着2015年"健康中国"上升为国家战略，打造健康城市，谋求健康福祉，成为全球城市可持续发展的共识。

**建设健康之城，首先需要实现公共服务的均等、均质发展，在城乡之间、区域之间实现高质量的公共服务供给。**以公共卫生资源为代表的公共服务鸿沟造成了区域发展资源的不均衡，而公共配套较弱，或优质资源稀缺的地区也面临着人才的巨大缺口，这在全球已经成为一个普遍性的问题。城乡差距、区域隔阂，使邻里之间的不平等在全球大流行中更加凸显出来。例如，在美国，导致人们感染或死于新冠肺炎的风险更高的地区高度集中在非洲裔人和西班牙族裔居住的社区，社区隔离和邻里不平等也同样加剧了艾滋病、结核病和其他传染病等疾病区域分布的不均衡。后疫情时代，全球经济环境更为严峻、社会结构更加复杂，包括数字鸿沟、城乡鸿沟在内的国家之间的发展差距也将愈加明显。从中国发展的现实情况看，社会结构深刻变动、利益格局深刻调整，人民群众的公平意识、民主意识、权利意识不断增强，对公共服务多元化、精准化，对公共服务有保障、高质量的预期也越来越高。而从人口结构看，劳动年龄人口减少，人口老龄化加速，城乡人口结构继续变化，对公共服务供给结构、资源布局、覆盖人群等带来较大影响。必须构建大健康视角下的公共服务体系，提高公共服务领域治理水平，发挥文化治理在公共服务价值引导、预期引导、消费引导方面的作用，为建设以人民为中心的健康之城探索创新治理的新范式。

健康之城，还需要实现人民群众的身体健康和心理健康。身心健康的人民群众，才能为治理体系和治理能力的现代化注入发展动力。在传统的灾害认识中，灾害被看作是一种解剖社会、揭示社会本质的机会，但这并不只是指社会的弱点会在灾害的破坏过程中得以暴露。随着时间的推移，尤其是近年以来，人们越来越明确地认识到，灾害是一种彻底打乱人们的生活、使人们无法在固有的社会时空继续固有的生活体验的社会性现象，而引发灾害的各种原因也潜藏于社会过程自身之中。❶党的十八大以来，以习近平同志为核心的党中央提出了新时代卫生健康工作方针，强调"预防为主"，"将健康融入所有政策"；2016年10月颁布了《健康中国2030规划纲要》，2019年1月颁布了《健康中国行动（2019—2030年）》，成立了"健康中国行动推进委员会"。然而，如何真正落实"从以治病为中心向以健康为中心的转变"，从而有效实现健康中国建设的一系列战略目标，尚缺乏治理体系现代化的顶层设计以及与目标相匹配的支撑保障机制。❷如何优化治理理念，提高治理效能，从国家治理到城市治理，从社区治理到同一健康理念下的社区发展，满足人民群众的美好生活，是后疫情时代人类面临的新的挑战，也是全球化为人类提出的关乎长远发展的文化领域的新命题。

健康安全的城市离不开健康安全的文明土壤、健康安全的基础支撑和健康安全的本体性能这三大基本要素。世界卫生组织对健康的定义是，"健康是指一个人的身体、精神和社会关系完全健康，而不仅仅是指无疾病、不衰弱"。可见，"健康"是一个综合性的概念，更是一个交叉性的发展理念。从文化治理的角度而言，首先，健康安全城市需要长期培育生长和完善，离不开城市成长的文化土壤。因此，要树立健康的文化价值观、引导健康的社会习俗和文明习惯，让城乡居民能够具有公共卫生、保护自然生态、保护野生动物、低碳节俭生活等健康安全意识

---

❶ 大矢根淳. 灾害与社会：灾害社会学导论［M］. 蔡驎，译. 北京：商务印书馆，2017：17.
❷ 刘远立，吴依诺，等. 加强我国公共卫生治理体系和治理能力现代化的思考：以科学认识和把握疫情防控的新常态为视角［J］. 行政管理改革，2020（3）：10-16.

与行动。其次，需要完备的软硬件设施和高效的公共服务。硬件基础方面，需要建设和提供体系完整和功能完备的医疗卫生体系（包括此类建筑、设施、设备等），防疫抗灾设施体系，应急救援设施体系，市政交通基础设施体系，交通运输、生活供应、卫生环保等城市运行保障体系。还要完善文化、体育、教育、养老和社会保障等公共设施的功能，以高效的舒适物服务小尺度、多元化的邻里空间，提高居民对公共服务的幸福感、安全感和满意度。软件基础方面，需要培养建立充分且胜任的医疗卫生、防灾救灾人才队伍，需要建立完整的卫生防疫、应急救灾法律、规范和标准，以及高效有力的防疫抗疫、应急救治、配套保障等决策指挥、组织实施、协调监督、宣传疏导等体制机制。更要建立尺度适宜、功能健全、具有特色的各级文化服务中心、小微型社区综合活动中心，以及移动型文化设施、社会化合作型文化设施等不同规模、不同性质的基础设施，为城乡居民提供"15分钟文化服务圈"，让居民在小尺度空间范围内能够步行可达，享受优质的文化服务。最后，需要以大文化生态观塑造天人合一、和谐共生、真正健康安全的城市生态系统。在后疫情期，随着数字公共服务的逐步覆盖，要更加充分地利用大数据、5G、物联网、云计算、人工智能、虚拟现实等新一代信息技术的研发和应用，为居民提供多样化、多载体、多形态、多渠道、多方式的公共文化服务和产品。只有在公共服务健全高效、文化供给多元丰富的城市生态系统中，人类才能自身乐观向上、热爱生命，积极有为、安居乐业，平安健康、幸福长寿；山水林田湖草等自然资源和生物生态系统则能够受到人类的充分尊重和严格保护，人与自然相安无事、相得益彰。❶

## 二、立足可持续的文化发展蓝图

在全球城市时代，人类聚居地的空间发展更趋于转变为小尺度、未更新的成长阶段，并逐渐进入从空间建造向场景营造的转场期，如何利用城市的"领土资本"，创造"蜂鸣"，通过融合业态、营造生态、创造生活、塑造邻里，进而产生更多的

---

❶ 杨涛.新冠肺炎疫情下的健康安全城市建设若干思考［EB/OL］.（2020-02-17）［2020-05-10］. http://m.planning.org.cn/zx_news/10400.htm.

"城市蜂鸣"，最终实现有创想的生活、有引力的就业、有交互的容纳和有活力的治理，既是美好生活的新期待，也是全球城市的新远景。

### （一）具有远见的文化规划

全球大流行的影响仍将持续，而作为一场影响巨大的公共卫生危机事件，新冠肺炎病毒全球大流行对人类社会的影响毋庸置疑是深刻而久远的。全球大流行中反映出的许多问题，引发了城市规划师关于如何让城市更美好的新一轮讨论。实质上，从历史发展以及历次重大公共卫生事件演进的过程中，都可见到城市规划的反思和进步。毋庸置疑，城市化是经济和社会生活的重要驱动力。正是邻里空间的社会结构，让城市走得更远。越来越多的千禧一代更加倾向于选择高密度的城市并热衷于密集的社会互动。然而，高密度伴随着高流动性，却成为重大疫情蔓延的温床。那么，是不是人类要摒弃城市的高密度，同时也放弃城市的高效率？

*从反思城市发展到反思人的成长*。现代城市从来没有停止过对灾难的反思。19世纪的霍乱流行推动了现代城市卫生系统的引入，工业化时期欧洲过度拥挤的贫民窟成为传染病集中暴发区，却推动了住房法的改革，引入有关空气、光线等解决方案作为预防呼吸道疾病的措施，被纳入城市规划；而随着人类技术的进步，铁路系统的引入对城市系统产生了巨大的影响，汽车大规模的生产导致拥挤的城市与广阔的郊区无缝衔接，形成了广阔的都市连绵区域，城市规划开始进入交通引导城市化的阶段；随着新一代信息技术的发展，数字化和大数据在城市发展中的应用更加高效的改变了传统管理城市的方式，也改变了社区参与模式和城市变革方式的传导。显然，全球大流行已经显著地改变了城市生活。因为"宅居令"而使城市出行的人数降低到前所未有的水平，而居家办公、在线消费、互联生活已经成为一种新常态。

从人类发展的本质来说，"人们来到城市是为了更好的生活"。全球大流行引发了一场城市规划师关于城市应该如何建设的辩论，并将核心聚焦于如何更好地应对当前和未来的危机。从城市发展的本质而言，"人"是城市发展的核心要素，实现城市"有温度"发展和人"有尊严"成长的同步，关键是塑造宜居之城。人类的生活空间需要托底的社会保障，有质的生活服务，有安的居住环境；从文化发展的角度而言，人类的生活空间还需要高标准的文化基础设施建设、高质量的公共文化服务、高品质的文化舒适物、高水平的文化产品供给。然而，在全球大流行中，我们发现，许多地区和城市距离理想的生活所需要的硬件水平、所依赖的软件服务、所环绕的社会环境相距甚远。而即便是经济高度发达、城市化水平高的地区，同样遭遇挑战。新冠肺炎疫情的震中往往是全球大城市区域，疫情在城市中心的难以把控和快速扩张引发了有关城市中健康密度的问题。正如《纽约时报》（New York Times）的迈克尔·基梅尔曼（Michael Kimmelman）指出的那样，大多数流行病本质上是"反城市化"的。但密度又往往是让城市运转的首要因素，这也是城市运行高效、经济、文化发达的重要因素。这些现实矛盾和发展困境，都为后疫情期的公共治理提出了挑战。

*解决社会发展的公共服务鸿沟*。从城市规划的角度看，全球公共服务领域还存在巨大的鸿沟。例如，南方城市的重塑仍面临巨大挑战。到2050年，全球将有超过25亿的城市居民，其中90%位于非洲和亚洲。据估计，今天仍有12亿城市居民无法获得负担得起的安全住房，而到2025年，这一数字可能会增加到16亿。新冠肺炎的流行，让安全居所的城市议题进一步提上日程。从人类宜居的角度而言，对蓝绿交织、清新明亮的生活空间的向往，在任何一个地方都极其相似。然而新冠肺炎疫情让全球各地数以万计的城市公园临时关闭，与其一同关闭的，还有无数居民的精神休憩空间。这也让城市规划师开始思考城市开放空间的规划议题。此外，全球大流行也让人们更加明确地感受到，作为全球共同体的生活空间，受到各种危机的冲击并相互影响，在经济发展、能源供应、运输网络和粮食生产各方面，全球城市之间都面临基于更全面合作的区域网络规划，以便这些网络可以成为抵御重大灾害和突发危机的支柱而不是弱点。这种规划方法将把更多不同的利益相关者聚集到桌面上，为全球大流行后的城市变革建立更强大的联盟。

*塑造城市规划的文化正义*。从文化规划的视域看，"文化的温度"不仅停留在精神层面，更作为直接生产力作用于整个社会和国家的现代化，文化与经济互为里表，构成新时代全新的生产形态和发展模式。❶ 全球文化空间的塑造，将从思想层

---

❶ 张鸿雁.论特色文化城市理论体系建构研究与实践创新［J］.南京社会科学，2012（8）：1-4.

面走入实践行动,创造出每一个城市居民人生价值的生产与生活方式实现幸福感、满意度和安全感的体验。❶ 因此,后疫情阶段的文化空间将实现重大的发展转向,并赋予"空间"以美好生活的新命题。在以文化价值为引导、文化规划为指南、文化场景为载体的新时期城市更新中,无疑,文化竞争力成为城市竞争力评价的综合性要素。一些世界级城市的政府也越来越重视文化在促进发展方面的特殊作用,纷纷从城市未来发展角度提出了一系列增强文化竞争力的新的要求和目标。❷ 我国"文化城市"是在以政体转型为背景城市演进中提出的,相对"政治城市""经济城市"而言的一种城市化模式。相对于政治城市(1949—1978)、经济城市(1978—2005),文化城市(2005年以来)以人本为基本诉求,以人类的共同的理想图景为目标,旨在通过"以文塑城"实现"以文化人",进而实现城市的传统文化得到极大地挖掘与弘扬;现代文明得到极大地拓展与彰显;人的整体素质得到极大的完善与提升。文化城市赋予了城市更新特色发展的动力,并使城市更新不再仅仅是线性的"破旧立新"的发展过程,更是城市文化价值凝练的萃取过程和城市文化特色升华的推演过程,它可以更好地在城市更新中为城市注入人文关怀、关注人文精神、融入人文内涵,从而实现以文化自觉为内在精神力量,走因地制宜、各具特色的城市更新之路。

从规划层面而言,文化介入城市空间,延展了城市的时空,提高了城市的品质,塑造了城市竞争力的战略核心。文化融入城市生活,使产业集群和居住社群不再界限鲜明,文化集镇的诞生也使城乡边缘不再是分水岭。文化引导城市发展,以创意阶层的集聚、社会网络的泛在和文化空间的重塑,创造出一种独特的"小生境",这种以文化产业园区为代表的"容器",实现了城市和居民之间有交互的容纳,通过"产生、聚集、演绎文化"的动态过程,提高了城市的境界。文化是城市创新图变的精湛"技术",更是城市传承嬗变的万能"工具",它既秉承着文化的精神,遵循城市自然山水格局,建立城市与自然相融的空间结构,将城市"轻轻地放在山水之间";又夹持着文化的灵性,凸显着文化的特色,延续着文化的风貌,创造着优美的城市轮廓、景观视廊、建筑风格与色彩,为每一个人提供丰富多彩的公

---

❶ 张鸿雁.中国新型城镇化战略面临的十大难题及对策创新[J].探索与争鸣,2013(1):48.
❷ 单霁翔.从"功能城市"走向"文化城市"[J].中国名城,2008(1).

共空间。它既践行着技术的公约，以协作式、参与式、渐进式规划的技术路径推进着城镇的有机更新，又遵守着标准的规制，既保障着既有土地权属和居民权益，又约定着历史文化保护、公共设施完善、公共绿地及开放空间建设、城市功能和形象提升等内容的设计。

### （二）充满弹性的城乡关系

城乡关系是始终贯串于社会经济发展过程中最重要的关系之一，也是任何国家或地区在工业化和现代化过程中必然要面临和解决的重大关系。在全球大流行中，高密度人口分布、高流动性社会关系、密集的共享交通工具、密切的社交接触，成为传染病暴发和病毒流行的切入点。城市因为具有优质的公共卫生资源、更加完备的应急体系而能够更好地开展救治，但因为更密集的人口和更迅速的传播，反而使医疗救助陷入困境。乡村则因为居民更倾向于老龄化（更不健康）、更不富裕以及距离公共卫生资源的距离更远，也拉近了与疾病之间的距离。然而乡村又因为居住相对分散、密度整体较小而缓释了疫情传播的速度，乡村文化在促进交流信息、密切感情、消除隔阂、化解矛盾等方面独特的优势，❶对全球大流行期间居家隔离的社会风险和消极情绪也起到了化解作用。

**在互联信息中塑造新型城乡关系**。城乡的不可分割不仅表现在经济结构的互补合作上，也体现在社会结构的纽带关系和邻里血缘对人口流动、文化价值的影响上。全球大流行后，城乡关系重塑的关键在于城乡治理能力的整体提升，城乡公共服务鸿沟的有效弥补，城乡文化价值的共同塑造。因而，构建新型城乡关系，从"全球"到"城市"，从"地方"到"乡村"，塑造新型城乡关系的核心，更要着眼于文化价值上的"城乡一体"。当代价值中的"城乡一体"也一直是乡村追求的发展目标，乡村"衰落—振兴"的发展诉求从未脱离城乡互动关系和城乡一体构架的框架，尤其是人类社会步入后工业社会发展阶段，城乡之间的互动不局限于经济交换和市场交易，而是蔓延到基于文化价值、精神寄托和民族认同。

在全球大流行中，乡村既是社会发展的稳定器，又是社会危机的缓冲器。就社

---

❶ 朱启臻. 利用乡村治理资源优势提升乡村治理能力[J]. 红旗文稿，2020（7）.

会发展的角度而言，乡村稳定的传统共同体结构使其长期保持着秩序性与稳定性，从而能够在危机的冲击下及时自我调解，化解危机。相对充沛的自给性生产使得乡村能够维持疫情期间一定的生活所需。亲密、包容与信任的熟人社会关系在疫情防控工作的开展当中能集中表现为基于集体意识的高度配合，村干部、党员以及村民志愿者成为这次疫情当中农村基层防控工作的中坚力量。乡村较低的人口密度与相对充实的避灾缓冲空间也有效防止了疫情的扩散与传播，低碳、健康、友好的生活方式与生态环境也使得乡村俨然成了疫情外的"世外桃源"，即使有"封村"的防控管治，但是乡村仍然能够"甘其食，美其服，安其居，乐其俗"。而从公共危机的角度看，城市之所以经得起战争的残酷，经得起灾难的冲袭，得益于乡村源源不断的生命供给，"城市总是不断从农村地区吸收新鲜的、纯粹的生命……这些农村人以他们血肉之躯，更以他们的殷望使城市重新复活"。❶希腊城市在发展过程中之所以能够一直保持着民主作风，同样根源于其所蕴含的村庄尺度，即使在希腊城邦最繁荣的时代也没有现代城市所有的丰富的生产性产品和铺张消费，而是充足的闲暇、自由和无拘无束的时间，这也是村庄最鲜明的特性。新冠肺炎疫情防控期间，在城市因其高度的流动性而深受疫情扩散与传播影响的时候，乡村容纳了大量的城市返乡人口，并且以其小规模与低流动的耐受空间降低了疫情产生二次传播的可能性，而在后疫情阶段，乡村也将成为城市灾后修复重建的蓄能池。

**在城乡融合中凸显传统文化的治理魅力**。在全球化和智能化时代，城市功能在农业文明时代重在军事、政治，工业文明时代重在制造、贸易，近年来交通、通信的便捷和互联网及人工智能的问世逐步使城市的制造、贸易功能弱化，淘宝、京东的崛起显示网上交易已成主流。乡村因其亲近自然、环境优美、人居和谐，成了被现代城市病缠绕的城里人寻求心灵栖居的疗伤地。尤其在物质需求已不再呈刚性增长、老龄化社会加速到来的背景下，都市人争逐"心灵原乡梦"日渐浓烈。焦灼、复杂、忙碌、快节奏的现代病，只有在安宁、平静、简单、慢生活的乡村才能得以消解。❷在城乡关系的转变和城乡生活的重塑中，我们更加清晰地发现，不管是城

---

❶ 刘易斯·芒福德.城市发展史：起源、演变与前景[M].宋俊岭，宋一然，译.上海：上海三联书店，2018：53.

❷ 刘奇.城乡关系正在发生巨大变化[N].北京日报，2018-11-05.

市还是乡村，不管是社区还是村落，这些人类栖居地都犹如一个节点，与经济、社会网络中的各要素互相联合、互动共生，并通过产业链、价值链形成协同机制。城市更新和乡村振兴都无法脱离以资源环境和基础设施为依托的基础要素，以传统文化和地缘文脉为核心的内驱动力，以及以资本、技术、信息和市场为核心的外驱动力。而源自乡土文化的传统文化凸显出在现代治理和价值重塑中的作用。从中国特色的农事节气，到大道自然、天人合一的生态伦理；从各具特色的宅院村落，到巧夺天工的农业景观；从乡土气息的节庆活动，到丰富多彩的民间艺术；从耕读传家、父慈子孝的祖传家训，到邻里守望、诚信重礼的乡风民俗等，都是中华文化的鲜明标签，承载着华夏文明生生不息的基因密码，彰显着中华民族的思想智慧和精神追求。传统文化既是文化价值塑造的灵魂，也是城乡生活产生"地方蜂鸣"和打开"全球通道"的核心。

　　城乡融合并非泯灭地方禀赋的融合，也非全盘吸纳城市经验和全球模式的融合，作为一个复杂的文化嵌入、融合和促生转型的复杂过程，城乡融合是让乡村文化在全球文明体系和信息互联体系中找到自己的位置、回归自身的传统，以唤起乡民的文化自信，满足乡民的文化需求，燃起乡民的文化激情，赋予新时代乡村文化建设的精神和理想。树立乡村文化自信，一方面要利用"全球通道"打开乡村发展视域，以人类文化共同体作为价值导向，在乡村发展中，树立人与自然、人与社会、人与自我关系的认知，以乡村文化中蕴含的天人合一、礼俗仁义、坚韧达观等丰富的价值观念弥补当下以控制自然为特征的现代性文化之不足，把与自然合二为一、怡然的乡村生活方式和实行全面发展的创造性的现代生活方式更加和谐地融合在一起。❶另一方面要利用"地方禀赋"夯实乡村自信的根基，在乡村转型中，围绕乡土优势，充分利用乡贤的力量和与乡民天然的联系，创造多元主体参与、乡民喜闻乐见、乡情浓郁活跃的乡村文化场景，将乡土社会作为自然空间、生产空间和生活空间的共同体，以乡土空间长期的城乡互动、人与自然共生为底色，实现乡村文化的再生产，需要塑造乡民的文化认同意识和文化自觉意识，通过民众喜闻乐见的方式传播乡村文化中的精髓，让农民认识到自己所属文化的独特性与重要性，在

---

❶ 李永中. 重建乡村文化自信［N］. 光明日报，2013-03-10（006）.

现实实践中对村落社区产生认同，以实现乡村文化的再生产。❶

**在城乡交互中激发文化自觉的赋能活性。**新冠肺炎全球大流行后，城市更新和乡村振兴均进入了科技秩序引导下，生态文明为标尺的文化治理阶段。激发文化自觉，赋能城乡发展活性，将成为"全球—地方"视角下城乡关系重塑的关键。文化自觉的意义在于生活在一定文化中的人对其文化要有"自知之明"，明白它的来历、形成的过程、所具有的特色和它的发展的趋向，自知之明是为了加强对文化转型的自主能力，取得适应新环境、新时代文化选择的自主地位。❷过去那种城市优先的思想观念、思维方式在生态文明阶段必须彻底改变，一切政策的出台、制度的供给、资源的配置都应以生态文明为标尺，这是城乡互动共存、互助共生、互补共荣的金光大道，也是乡村振兴的动力源泉。在生态文明的语境下，城与乡没有高低贵贱之分，没有中心边缘之差，没有先进落后之别，也没有主角配角之异，二者就如同一对夫妻，各有分工、各负其责、各尽其能、融合发展，在"各美其美、美美与共"中实现和谐统一。❸

"全球—地方"视角下的文化治理，既是一个瞩望全球，汲取现代文化治理经验，吸纳多元文化参与范式，取长补短、兼收并蓄，激发当代乡村文化自觉的过程，又是一个回望历史，立足地方文化的传统优势，发现历史文脉的传承之美，利用城市治理的科学秩序，重拾传统文化精神源头的思想重塑过程。这种饱含文化之力的城乡发展理念的生态文明视角下的融合发展，是一种点亮文化之光的城乡发展互鉴的融合。在全球化和城市化进程中，城乡交流并不是以城市元素简单地替代乡村性，而是将乡村看作一个地域整体的有机组成部分，因为虽然"城市和乡村都各有其优点和相应缺点，而城市—乡村则避免了两者的缺点，城市和乡村必须成婚，这种愉快的结合将迸发出新的希望、新的生活、新的文明"。❹新冠肺炎全球大流行后，城市发展的密度、乡村发展的均质、城市的有机成长、乡村的优质供给也将成为重塑城乡关系、实现城乡全周期管理需要考虑的议题。

---

❶ 赵旭东，孙笑非.中国乡村文化的再生产：基于一种文化转型观念的再思考［J］.南京农业大学学报（社会科学版），2017（1）：119-127.
❷ 费孝通.文化自觉的思想来源与现实意义［J］.文史哲，2003（3）：15-16.
❸ 刘奇.城乡关系正在发生巨大变化［N］.北京日报，2018-11-05.
❹ 埃比尼泽·霍华德.明日的田园城市［M］.金经元，译.北京：商务印书馆，2000.

### （三）有机柔性的城市更新

新冠肺炎全球大流行中，世界各地的大部分居民被限制在有限的活动范围内，胡同、弄堂中的小尺度空间被赋予更加灵活的功能，成为文化更为多样的空间；口袋公园在城市化的空间挤压中，成为城市活力的策源地；旧工业区、商业区在创意营造的氛围下，往往被改建成富有个性的创意园区、艺术公园，并集聚了大量居民；城市公共空间也开始从远离市区的大尺度单体建筑逐步更新为小尺度的复合空间，嵌入城市居民的日常生活图景。新冠肺炎全球大流行后，小尺度、有机、柔性的生活圈将为居民创造更加宜居的生活和更加优质的公共服务。未来，城市更新也将不断从大规模更新转向针灸式更新，从重建式更新转向修补式更新，从地景更新转向场景更新，以街区和社区为代表的生活空间更新。

**柔性的城市设计**。在新冠肺炎疫情下，许多社区开始探索柔性的治理机制，让政府刚性治理与居民柔性自治形成良性互动，使之成为社区治理多元参与的有效载体和平台。在柔性治理中，社区或村落共同的集体意识的文化价值成为实现治理效能的关键。全球大流行后，文化开始在城市更新中扮演更为重要的角色，并成为城市与人作为有机体的连接。城市不是孤立存在的，城市和城市之间的联结形成了一个个文化共同体，在城市群、经济带构筑的文化时空中，分布着许多全球城市、区域性中心城市、门户城市和枢纽城市，每一个不仅具有经济功能，同时还具有特殊的文化担当和文化使命。全球大流行凸显出了文化价值观对城市发展的作用，也凸显出文化治理理念对城市公共卫生的影响。以文化为凝聚力，以文化价值为纽带的城市设计，将成为新一轮城市更新的重要因素，从而取代传统城市改造中"成片整体搬迁、重新规划建设"的刚性方式。以"区域系统考虑、微循环有机更新"的方式进行更加灵活、更具弹性的节点和网络式软性城市更新，将为城市更新创造出创造社会、历史、文化与城市空间有机存在和相互关联的城市脉络。

**有机的城市更新**。全球大流行后，文化价值开始在城市发展中塑造更加突出的特色，并成为城市参与全球角力的重要维度。全球化视域下，城市表现出更加开放的心态、广阔的视域、包容的精神；本土化战略中，城市则以他色文化、区域禀赋和自然生态创造着文化竞争力。如何神形兼备的塑造一座"有文化"的城市，成为全球每一个城市共同追逐的目标。许多城市以发达的文化产业吸引创意阶层就业，留住创意人群，又以丰富的文化活动吸引更多富有创意的游客，创造城市活力，使本土族群与国家创客不断产生交融和碰撞，激发更为广泛的创意灵感。从文化产业发展的角度看，打造核心文化产业门类不仅是城市经济发展的需要，更是彰显本土文化特色的重要手段。新冠肺炎全球大流行后，城市发展开始转变观念、更新思路，将文化作为一种城市执政理念、一种情怀和自信的渊源渗透在城市的成长中。许多城市将"未来城市"作为一种发展理想，提出了"留白"的思路，为文化发展预留更大的空间。综观全球，一个城市的文化积淀是否深厚、文化氛围是否浓郁、文化凝聚力和辐射力是否强劲，是衡量其综合竞争力的重要指标。

随着全球大流行的结束，越来越多的混合功能空间和小尺度的社区空间被改造成为以新的社区文化圈、文化创意聚落、文化公园、文化旅游综合体和田园综合体等形态，这些更新地的文化元素、城市遗产、历史风貌和资源禀赋，在规划师和市民的共同创造下获得新的生命，展示出文化在城市复兴中熠熠生辉的价值，不离本土的城市更新将取代搭拆搭建的城市重建方式，成为全球城市发展的共识。随着世界信息技术革命和互联网的应用，新一轮的全球化和城市化将"韧性城市""柔性城市""弹性城市"等治理理念融入城市规划建设、公共应急治理和民生健康福祉建设。提高一座城市里的个人、社区和系统在经历各种慢性压力和急性冲击下存续、适应和成长的能力，成为公共服务领域实现可持续发展的核心议题。

### （四）富有交互的邻里生活

新冠肺炎的全球大流行，使人类的生活空间进入集体拷问的反思时间。也将人类命运共同体的意识在生活空间中不断放大。在重大疫情中，大都市群和超大城市的空间治理问题不断暴露治理弊端，而小尺度的文化生活圈却又在全球大流行中创造出高品质的邻里空间。在此背景下，我们不仅需要重新考量现代城市社会与文化的发展历程、社会动力机制和文化影响力，而且必须把"城市"作为一个整体，从城市创新的社会文化基础出发，将城市放置到与经济环境、人文地理、自然生态和政治格局的复杂关系网络中予以重新定位。

充盈的文化舒适物。百年大变局中，具有创造性、富于创造力的邻里生活成为实现美好栖居的重要载体，这一生活方式的实现，不仅取决于社区公共文化设施的完善、文化服务的健全，更取决于以文化活动、文化事件创造出的独特氛围，它们共同构成了生活圈的文化舒适物，是吸引人才、激发活力的关键。随着新冠肺炎全球大流行的平缓和结束，居民生活空间也将从个体走向群体，小尺度的生活社区将更加着力于为全体居民提供均等、优质、共享的基本公共服务。文化治理对生活空间提出了以新发展理念布局公共服务空间，以融合性思维优化公共服务功能的根本要求。

新冠肺炎全球大流行后，社区在空间布局上对高水平、高质量建设城市舒适物提出了更加强烈的诉求，如何塑造城市风貌，加强城市景观风貌与公共服务功能的结合，全面提升公共服务承载能力，增强对文化要素和创意阶层的吸引力和凝聚力，成为未来邻里空间营造的核心。如何依托城市自然本底，结合城市历史风貌，围绕时空发展主线，更好地实现历史地理环境和公共空间、公共服务设施之间空间肌理的延续性，形成体现公共空间与自然景观、城市风貌有机镶嵌的特色功能群落，为文化舒适物的规划和布局也提出了更加具体的要求。只有运用文化的思维、融合文化的境界、导入文化的维度、容纳文化的尺度，才能更好地改变全球城市森林中泯灭文化特色、淡化文化传统、消解文化基因的开发方式，为居民提供更好的城市舒适物，为人类提供更好的发展环境。

*活跃的社区文化参与*。城市更新和社区创新的动力首先来自于良好睦邻关系的构建，这也是城市治理的关键所在。一个城市一旦形成良好的市民社会关系，就等于建构了一定意义上科学与新文明创新的土壤，新的思想、新的文化、新的行为、新的科学技术和新的思维方式就可以如雨后春笋，创新就有可能成为城市一种自身内化的功能，有品位的城市一定会聚焦众多的思想家、创新者和新社会文化与新经济思维发展的担当者和推动者。❶让城乡居民把社区当作自己的家园，并通过社区文化价值的推进来提升个人价值，反过来，又通过个人和群体价值的创造提升城市的品位与价值，才能够塑造更多的文化之城、创意之都。

新冠肺炎全球大流行后，在全球—地方的互动中，将形成以文化为主导的社会

---

❶ 张鸿雁. 城市品位的治理型建构[J]. 上海城市管理，2017（2）：4-7.

参与并作为新聚合力，进而促生多元治理的结构的新社区。形塑多元主体多元治理的结构，以"蜂鸣"塑造友好的社区，重构城市社区的人文情愫，重构传统邻里的文化守望，将为城市创新注入不竭动力。综观全球城市，具有创新性的文化城市常常致力于帮助来自各种背景的创意人才茁壮成长，庞大的创意经济从业人员为经济的发展注入活力，而这些人群与居民、游客之间的相互激励、互相影响也产生了产业换挡升级所必需的动力。教育作为激发年轻人创造力的最好方法，也成为城市治理的共识。从伦敦到东京，从纽约到洛杉矶，不仅国际都市，诸如爱丁堡、塞维利亚、圣达菲、爱荷华这样的创意城市，为了保持创意人才不断产生"城市蜂鸣"，往往将城市作为课堂，将创意带入生活，为市民尤其是儿童在创意场景中提供文化和艺术教育。这些潜在的资源，将继续创造创意热点。全球案例表明，非传统参与模式的成功，正是因为充分发挥社会力量，深入城市场景，融入市民生活，嵌入交互性创意要素，才实现了治理效能的提高，从而让每个居民都能参与到空间场景的营造中，将"单向度"的社区管理变成"多元化"的社区参与、共治共享。只有让每个人都能参与到社区文化建设中，将"单向度"的治理变成"多元化"的参与，才能激活文化空间的内生动力，也只有从传统的"内部参与"单一政府主体转换为"内外共同参与"的复合主体，通过机制创新和模式创新，才能使富有参与活力、具有创意蜂鸣的邻里生活变得可持续。

全球大流行后，居民的生活空间和成长发展空间将形成一种城市发展和居民成长高度统一的双螺旋结构，文化空间将着力于创造让居民有梦想，城市有温度，居民的获得感、幸福感和安全感成为城市可持续发展的动力，城市的优质公共设施、一流公共服务成为居民不断集聚和扎根的引力。在文化日益成为城市生活场景和社会图景的新时代，文化治理为经济结构升级和城市能级提升创造了新动力，也为更好地立足于以传统文化资源的盘活创造城市发展的增量，以业态创新引领城市更新的模式，以多元化和多样性的价值创造提升城市发展的层次，以集群式和集约化的发展路径创造不同凡响的创意资源。

## 三、创造美好生活的人类栖居地

### （一）多元丰富的文化场景

随着全世界每月有 500 多万人迁入城市，城市地区的贫富差距和不平等程度不断增大。全球仍有一半人口，即 35 亿人居住在城市，到 2030 年预计会增至 50 亿人。然而，全球有 8.83 亿人口住在贫民窟。城市只占全球土地面积的 3%，但却产生了 60%~80% 的能源消耗和 75% 的二氧化碳排放，快速城市化给淡水供应、污水处理、生活环境和公共卫生都带来了压力。联合国经济和社会事务部在其最新的数据手册《2018 年世界城市》中警告说，全世界近五分之三的城市至少有 50 万居民面临高风险自然灾害。这些城市总共有 14 亿人口，约占世界城市人口的三分之一。全世界人口至少 50 万的 1146 个城市中，有 679 个容易受到旋风、洪水、干旱、地震、山体滑坡或火山爆发的影响，或者是这些因素的综合叠加影响。全球大流行为城市发展的挑战又增加了新的困境。城市需要能够吸收灾害的影响，保护和保全人类生命，限制损失和破坏程度，同时在危机后继续提供基础设施和服务，创造韧性城市，打造具有文化包容性的生活空间，提高社会生产力，创造包容发展红利，将是后疫情期全球共同面对的话题。

**实现多元丰富的文化容纳，需要释放场景的红利**。场景具有价值的秘密在于，场景元素的组合创造出无限可能性的"蜂鸣"。来自于人群的参与及其散发出的活力使文化场景更具魅力。这就需要发现和创造"蜂鸣"，通过形成"蜂鸣区域"，使创意蔓生整个城市。创意集群作为一种地理上的相对集中、业态上的互相配合、文化上的根植共生的"蜂鸣区域"，一方面通过"固本培元、主客共享"，重塑文化生活方式，实现业态创新、内容创新、模式创新和管理创新的多维创造，促进文化消费与日常起居、公共社群、街区空间、城市更新、乡村生态等有机融合，创造居民和游客共享，生活和创业融合的"蜂鸣"空间，另一方面通过"产融结合、联动发展"，创造生动的文化生活体验，将文化经济带、文化生活圈塑造成为文化氛围良好、文化环境优越、文化消费活跃的城市空间，实现了文化消费的植入式营造和嵌入式更新，形成了城市的"蜂鸣区域"。从全球城市创意集群的形成和创意阶层的流动看,"蜂鸣"所塑造的富有吸引力的城市品格,树立的开放积极的城市精神,形成的和谐向上的精神风貌,最大限度地释放了城市的场景红利,使场景成为折射着其所标榜的文化及其核心价值的"蜂鸣"容器和思想载体。

**实现多元交互的文化容纳,需要激发场景的蜂鸣**。场景富有魅力的核心在于,场景使其场域充满文化精神。场景塑造了有故事的社区,锻造了有故事的城市。通过"设计"打造一个让居民获得舒适生活且可持续发展的城市、提供无限畅通交流机会的城市、具有独特气质和标识的城市、由市民推动的文化创意城市,是当代城市创新的有效方式。当前,世界已经进入个性化、多元化、数字化的文化消费时代,人们的消费需求已经从"吃穿住用"转向"安享乐知"。以"安全、享受、娱乐、求知"为诉求的"美好生活",进一步激发了生动文化消费体验、灵动文化空间需求的生活诉求。面向美好生活,如何创造一种城市文化经济空间和居民日常行为交互式的场景,让居民在生生不息、日出而耕、日落而息的生活生态中感受到文化自信的力量,如何创造一种城市文化经济空间和居民托底式保障、便捷式服务、全员化就业有机融合的社群,让居民在生活、生产和生态的融合,社区、园区和景区的融合中享受到美好生活之乐,如何打造出一种城市文化空间和居民文化生产、文化消费相互协同的机制,以城市更新和文化复兴为驱动,让朝气蓬勃的创业者改造城市单元,让安心栖居的居住者体验创新创业带来的空间改变,构成了空间容纳的本质。

### (二)舒适宜居的美丽乡村

综观中国乡村百年发展历程,坚持中国特色社会主义道路,为乡村文化建设提供了稳定可靠的发展环境,坚持以人民为中心的发展导向,让乡村文化建设在保障与改善民生中不断进行文化创新创造,坚持调动乡村居民积极性和主动性参与乡村建设,是乡村文化发展具有的内生动力。百年间,自上而下的乡村治理与自下而上的乡村建设有效结合,是中国乡村文化发展的有效经验,两者的有效结合,实现了从城乡分割到城乡一体的社会发展,并使当代乡村的传统性予以保留,现代性加以丰富,未来图景可以期待。

**建设宜居的美丽乡村,需要创造营造乡村产业优势**。乡村文化资源底蕴丰富,形式多样，山水、湖泊、森林、草原等优美的田园风光，农事庆典、拜神祭祖、求雨祈福等仪式活动，剪纸、农民画、雕刻、编织、制陶等民间手工艺，秧歌、说书、木偶戏、皮影戏、地方小戏等传统艺术，史诗、神话、传说、故事、歌谣等口头遗产，这些富有乡土文化气息的文化事项，[1]是文化旅游的宝贵资源，也是文化产业内容生产的源泉。从文化消费的角度看，体现在居民日常生活、生产中的地方禀赋，正是吸引游客关注乡村、来到乡村、留在乡村的核心资源。这些田园景观、农舍村落、农耕文明、文化技艺、民俗风情和朴实的价值观又将乡村生态、生产和生活系统连接，为游客提供良好的文旅体验。从文化生产的角度看，地方禀赋的孕育是乡村自然环境和乡民生存发展中不断演进而形成的，它们通过乡村空间肌理、物质要素、精神价值和生产工具加以体现，并演变成丰富的消费形态，如以乡村民宿、田园综合体为代表的空间肌理，以习俗节日、民间文艺、民俗活动、旅游演艺等反映精神价值的非物质文化遗产、文化服务，以地方特产、民间工艺品为代表的文化产品，不但是实现乡村产业结构优化和村民脱贫致富的载体，而且其表演、制作、技艺改进、手艺传承的生产过程必须以乡民之间的面对面交流和集聚方式开展，这也使乡村的文化吸引力不断产生、乡村的文化竞争力不断提升。

**建设宜居的美丽乡村，需要重塑乡村文化生态**。尽管全球大流行对以文化旅游为代表的乡村特色产业发展造成一定冲击，但是文化旅游并非乡村的刚性产业，拥有农业基础保障、富有生态本底、吸纳创新人才的乡村，在乡村振兴新战略、新手段、新政策的推进下，将新形式、新业态、新乡贤植入乡村可持续发展，必将为乡村文旅更深层次融合、更广泛层面创新、更高视阈可持续发展创造新契机。一方面，以乡村振兴为契机，引导乡村文化旅游进入更深更广度融合、更全产业链建设、更现代化发展，既为游客提供了体验乡村、游览乡村的旅游景观、休闲居所、体验空间，也为乡村便利设施、文化场馆、公共服务体系的优化和健全提供了有利条件。另一方面，立足于文化扶贫工作，借力"数字乡村"[2]战略，重塑绿色、健康、生态的乡村生活理念，以发展特色文化旅游产业为重要路径，推动特色资源禀赋和乡土文化与生产性场景相结合，创造出乡村发展的新动力。让人们认识到乡村

---

[1] 李军红.基于乡村文化资源开发的产业扶贫路径探析[J].东岳论丛，2019，40（2）：107-114.
[2] 中共中央办公厅，国务院办公厅.数字乡村发展战略纲要[N].人民日报，2019-05-17.

生活的美好，也让乡村的生产者、生活者不再因为自己的身份而自卑，让乡村文化振兴成为一个文化自信被唤醒、文化动力被激活的过程，为乡村的现代化转型创造内生力量。

**建设宜居的美丽乡村，需要打造乡村舒适物。**乡村舒适物系统可以划分为五大类：①生产舒适物：指的是乡村生机盎然的田园风光、景色优美的农作物、丰富多彩的生产活动等能够带来独特乡村生产体验的舒适物。②自然舒适物：指的是乡村拥有的青山绿水、鸟语花香、清新空气、宜人气候等让人身心愉悦的自然景观和环境质量。③文化舒适物：指的是能够反映乡村的地域文化、民俗文化、历史文化、民族文化等能形成乡村特有的文化风景线的舒适物。④制度舒适物：指的是能推动乡村有效治理，确保乡村社会充满活力、和谐有序的治理制度，包括基层党组织建设、自治、法治、德治相结合的治理水平、乡村平安建设等舒适物。⑤生活舒适物：指的是与人的生活息息相关的舒适物，是服务于乡村居民和游客，涵括衣食住行游购娱，乃至村落卫生、安全等基础设施的舒适物。❶五类舒适物相互作用，相互影响，既实现了人与自然在乡村发展中的关系由冲突走向和解，又实现了乡村生活的"人的回归"，让"回不去的乡村"努力转变或创造出理想居所。

乡村舒适物系统是以乡村振兴为目标，因村施策实现理想乡村的治理工具。通常而言，一个理想的乡村应当完全涵盖生产、自然、文化、制度、生活五种乡村舒适物类型，从而成为理想的生活居所和生产空间。但是由于中国乡村分布广泛、差异巨大、禀赋各异，资源特色更是各具特色，因而在实际发展中，乡村建设主体往往结合本土特色，集中到一部分舒适物的构建中，分阶段、有重点地实现乡村舒适物系统的构建。例如，作为农业文化遗产地的乡村，充分把握传统农业系统优势，利用独特的农作物生态景观、传统知识与技术体系等生产舒适物构建利于产学研究、农产品生产销售、旅游体验观光的生产主题场景，从而拓展乡村功能，带动乡村一二三产业协调发展。而具有优质生态景观和丰富旅游资源的乡村，则充分利用人们对自然主义闲适的生活理念的向往，对美好生活的舒缓节奏的期待，使乡土场景呈现出人与自然相互和解的美好状态。另外，五大类乡村舒适物虽各具不同领域

---

❶ 吴志斌，姜照君. 最美乡村空间开发的评价指标体系构建：基于舒适物的分析视角[J]. 文化产业研究，2015（3）：33-44.

的目的性功能（即舒适物自带的目的功能）指向乡村生产、生态、文化、组织、生活的不同内容，但五大类舒适物同时也彼此联结，共同作用于构建场景的其他要素，充分发挥其促进乡村社区繁荣，留住、吸引乡村人才，传承乡村传统优秀文化，彰显乡村价值观念和生活方式的作用，从而实现乡村舒适物促进乡村高质量发展，实现全面振兴的深层工具性功能。❶

百年大变局中，全球化和城市化加速了当代乡村的衰落，消解了当代乡村的价值。然而，乡土文化的传统要素、乡村风貌的地脉文缘、乡风乡俗的传续路径以及乡村生活的聚落分布和劳作方式，在新时期乡村振兴战略下却可以更加充分地融入现代文明发展、嵌入互联信息时代、植入城乡一体进程，从而使当代乡村可能成为人类更好的栖居地。利用村落人文地缘优势，加速隐性知识生成，促进文旅资源融合转化，创新乡村特色文化产业，在"全球通道"中吸纳现代文化治理理念，创新全球乡村传播思想，将塑造出富有文化魅力的美丽乡村。

### （三）人本包容的韧性城市

在新冠肺炎全球大流行影响城市发展、治理体系建设的同时，诸如周期性经济危机、全球温度增加、极端气候灾害、城市恐怖袭击等紧急危机威胁，也对人居生活造成影响，在这一视域下，营建的韧性城市（resilient city）成为全球关注的议题。

*建设满足人类发展的韧性城市，是新冠肺炎全球大流行后全人类的共同诉求。* 从现代疫情的发生和蔓延看，人类依然无法独善其身。重大疫情暴露出的公共卫生资源的稀缺、公共服务能力的不足、特殊行业从业人员的紧缺和高危行业从业人员的应对不足等问题，与历史上展现出来的问题如出一辙，即人力资源是城市发展重要的持续性动力，人力资本是城市创新和发展最重要的智力资本。从全球文化发展的角度而言，依靠"创造新产品、新服务、新理念与新知识"的创意阶层，构成了全球划时代城市竞争力的关键，以科学家、工程师、大学教授、艺术家、艺人、设计师、建筑师以及高科技、金融服务、法律及健康等知识密集产业的从业人员❷为构成主体的创意阶层，对城市发展造成的影响力和城市生活方式带来的渗透力愈加

---

❶ 王宁. 地方消费主义、城市舒适物与产业结构优化［J］. 社会学研究，2014（4）.
❷ 理查德·佛罗里达. 创意阶层的崛起［M］. 司徒爱勤，译. 北京：中信出版社，2010：9.

明显。在这一语境下,建设以人为本,以人民为中心,满足人的发展的韧性之城,成为现代城市发展的重要目标。

"韧性城市"是指城市或城市系统在遭遇到地震、暴雨、海啸、安全事故等巨大灾害后可快速应对、迅速恢复城市功能的能力。城市安全韧性具有以下五个特性。①坚固性(Robustness):最大程度减小灾害对城市的损害。②快速恢复性(Rapidity):灾害后快速的恢复部分基本功能。③变形性(Redundancy):城市的生命线系统要有替换准备,保障危机时刻各系统工作的连续性。④智慧性(Resourcefulness):要有调配救灾人力和物质的能力,并用有限的资源达到救灾效果最大化。⑤适应性(Adaptive):城市要有学习能力,学习改进各项系统增强抗灾能力。❶ 正是因为韧性概念由于具有动态性、共同进化及"弹向更好的状态"等内涵特征❷成为当代城市系统面对越来越多全球发展的不确定性、不可预测性和未知变化的适应性策略,已经成为当代治理的重要维度。其中,韧性城市的多元化是后疫情期文化治理最需关注的特性。韧性城市的多元化强调城市韧性的不同侧面,其面临的挑战在于将多元的城市维度(社会的、经济的、文化的、环境的)整合进入一个统一的框架。如何在城市发展的整体框架下,将多元维度下当代城市的特点与文化治理的思路、城市规划与文化发展的诉求紧密结合,将成为灾后城市发展重要的治理思路。

**建设满足人类发展的韧性城市,需要解决人类的脆弱性,实现城市安全。**面对重大疫情时,人类社会是脆弱的,不仅是公共卫生应急体系防范存在脆弱之处,更是因为人类心理在面对危机时的群体性脆弱,这种脆弱往往又以社区或社群为单元,形成集体意识,进而形成严重的社会脆弱性。美国学者克莱普斯曾断言:"灾害是社会或其较大的次级体系(如地区、社区等)遭受社会性破坏和物质损失的突发性事件。"❸ 著名的灾害社会学学者E.佛瑞茨对灾害的定义也颇具启发性,他认为灾害"是个人及社会集团发挥作用的社会脉络遭到根本性破坏,或急剧偏离通常可预

---

❶ 矫雪梅.新型冠状病毒重大疫情安全韧性视角下:传染病医院城市配建指标探究[J].北京规划建设,2020(2):57-60.

❷ WILDAVSKY A B.Searching for safety[M].Transaction Publishers,1988.

❸ 梁茂春.灾害社会学[M].广州:暨南大学出版社,2012:30.

见的模式",他着重强调了灾害的两个重要特性:一是"具有威胁性的实际冲击";二是"社会基本功能因这一冲击而遭到破坏"❶。可见,上述定义更多地强调了灾害对人类社会结构和社会功能所产生的影响。遵循上述思路,当我们聚焦社会的基础单元——社区,便会更加清晰地看到灾害给社会带来的严重破坏,主要体现在社区的封闭性以及由于封闭造成的社区心理不安全因素。从社区封闭的角度看,在重大疫情期间,封闭性对疾病起到了一定的保护和隔离作用,但也使社区潜在地存在着严重的原子化危机。

  从全球大流行的公共危机中不难发现,突发事件让整个社会都处于一种非常状态,人们意识到,为了斩断病毒传播的链条,居民之间必须建立起一种有序的隔离机制。由此,社区内部无论是社区居民之间,还是居民与社区组织之间,其互动关系都处于一种非常状态。这进而造成社区居民应对灾害时的恐惧感无法得到消解和分担,也导致社区集体行动的能力大大下降。而如果社区在疫情的持续冲击之下陷入社会恐慌和不信任,必然导致社区危机,灾后重建也注定是步履维艰❷。"受灾人群的自救意识与复原能力低,几乎完全依靠外来力量的支持,甚至在灾后毫无作为,只能等政府、社会力量的援助"。❸后疫情期,建立一个更加安全的社区,必须不断创新完善社会治理。一方面,需要实现系统治理、依法治理、综合治理、源头治理,并且不断推进国家治理和社会治理的精准化、法治化、现代化。❹另一方面,需要不断完善基于人的发展的社区治理体系,让社区成为人类美好的家园,社区公共服务成为人类寻求高品质生活方式的重要舒适物。

  **建设满足人类发展的韧性城市,需要构建富有文化安全的弹性社区。**传统文化和地方禀赋是一个城市最为宝贵的资源,它们如同一部部厚重的史书、一本本鲜活的档案,记录着一个地区真实的发展历程,承载着当地丰富的社会文化信息,反映着当地特有的历史风貌和人情世俗,体现着当地民众特有的思维方式和价值观念。传统文化与民族智慧和灵魂血脉相连,保留着我们最纯粹、最古老的文化记忆

---

❶ 大矢根淳. 灾害与社会:灾害社会学导论[M]. 蔡骐,译. 北京:商务印书馆,2017:17.
❷ 田毅鹏. 治理视域下城市社区抗击疫情体系构建[J]. 社会科学辑刊,2020(1):19-27.
❸ 胡轶俊. 中国社区灾害应急管理[M]. 北京:中国社会出版社,2014:104.
❹ 江树革. 从新型冠状病毒肺炎疫情防控看社会行动和社会治理[J]. 文化学刊,2020(2):8-10.

的文化基因的财富。它们一旦消失，损失将无法挽回。因此，守护文化安全是城市安全的重要维度，也是后疫情阶段城市规划必须考虑的议题。从历史上重大疫情对人类社会造成的影响看，从疫情中能够重振山河、恢复重建的城市，都保留了传统文化的气韵，保存着传统技艺的精神。任何一种文化，只要它的文化记忆还在发挥作用，就可以得到持续发展。相反，文化记忆的消失也就意味着文化主体性的消亡。文化记忆是将民族成员紧密联系在一起的纽带，又是民族成员一代又一代人的创造与付出的延续，经历着从胚胎、童年、青年到成熟的成长过程，并通过地名、老街、老建筑等形式定格下来，展示着它宽广而深厚的人文阅历以及独有的个性和身份。一座理想的城镇除了光鲜外表和富有活力的经济之外，更应体现在它的文化氛围、它的从容生活、它的优雅开放、它的人文情怀、它的居民表情之中。❶ 而部分地区以经济导向为主导的城镇化却加剧了传统文化城镇混合空间中生存和发展的困境。许多传统文化的原生地坐落在生产力不发达的民族和农村地区，在信息触角愈加发达、文化变革愈加迅速的时代，作为传统文化的历史景观、传统习俗和人文图景，或正成为以"文化自卑"为代表的"文化包袱"，成为其民族成员日益强烈和迅速要摆脱的束缚。一面是具有悠久历史又现实岌岌可危的古村落和古建筑，另一面是生活在近乎危房的文物建筑中向往"水泥森林"式现代生活又经济拮据的居民。在现代化使人们"衡量舒适和方便的标准"发生了极大的变化❷的同时，民族成员"对传统的文化价值规范、社会生活准则以及政治合法性的怀疑，乃至激进的批判和攻击"在"破旧立新"中变异，从而导致了文化记忆的消失和文化情结的消解。因此，文化安全的内在逻辑是"历史参与未来的继承与创新"。❸ 不难看出，传统文化的文化安全首先是文化主体的生存权利、生存方式和生存发展得到理解、承认、尊重与保护，并不处于受威胁和危险的状态。更进一步讲，传统文化的文化安全还折射着其所标榜的文化及其核心价值的合法生存及合理发展保存着相对独立的状态，并不受外来思想的消解、侵蚀和异化。

---

❶ 邹广文. 推进有文化记忆的城镇化 [N]. 光明日报，2014-02-10（002）.
❷ 陈立旭. 欧美日历史文化遗产保护历程审视 [J]. 中共浙江省委党校学报，2004（2）.
❸ 王元. 城镇化进程中的城市文化安全与文化遗产保护 [J]. 北京社会科学，2015（3）.

### (四)精进可持续的创意生境

当前,创造力正在成为改变城市及我们如何认识城市的最富前景的途径之一。无论是振兴地方经济,重新考虑交通运输或住房政策,还是重新开发城市空间创造均等机会,抑或为年青一代开拓新视野、创造新场景,创造力都是城市规划师、政策制定者和治理者重要的工作。随着全球城市都将注意力集中到文化和创意产业发展上以激发城市更有创造力的未来,文化被视为解决经济放缓、社会冲突、种族隔阂、人口结构变化或生态环境恶化等当代城市问题的创新战略杠杆,文化也被视作社区和居民采取文化行动以创造更加可持续、更加包容优质社区的创新加速器。联合国《2030年可持续发展议程》呼吁我们想象更可持续、更人性化、更有创造力的城市。有创造力的城市可以成为经济、社会和环境进步的驱动力,还可以成为满足居民需求的、尺度宜居、共享发展的生活空间。文化的创造力丰富了城市的底色,创造了创新网络、激发了创新就业、激活了公民意识并促进了公民相互对话、互相理解,激起了公民批判和反思精神,而这凝聚了更多核心价值,进而使城市更加包容、社会更具弹性。

**让星球成为人类创意聚落**。全球大流行时期,正处于高速全球化的大规模城市化的进程中,城市比任何时候都能够推动国家、地区和全球经济发展,引发绿色增长和创新成长,营造宜居生活和优化社会结构;全球大流行中,文化创新和艺术创意继续视为可持续发展战略因素和社区激发蜂鸣共度艰难时刻的种子。从"武汉十二锣"(12:Prayer and Blessing)到"同一个世界:共同在家"(One World:Together at Home),艺术传递人间的祈愿、温暖、爱与希望,让人类互相关爱,共渡生命之坎,共同携手,战胜灾难;全球大流行后,全球城市化的发展动力逐步转型为以智慧、知识—文化软实力为主体的时代。文化对城市精神的引领和城市形态的塑造,塑造了城市在星球簇群中独一无二的形象,创造出具有独特性、归属性和容纳性的城市。文化治理形塑的创意空间,不仅是基于"物质尺度"的统计数据基础上的大胆构想,还是源于"城市肌理"的理性规划基础上的创意构思;文化治理形塑的创意生活,古老的风景可以散发出城市更新的永恒韵味,亘古的遗产可以盘活为创意人群的思想聚落,滨江水畔的田园景致可以开辟并引导新的生活潮汐,交通廊道的纵横格局可以承接产业转移并引导新城开发，居住社区和产业园区可以因为文化纽带的植入而成为产城融合的富庶城市功能区。

**让生活诉诸美好共享。**新冠肺炎全球大流行后，生活将更加诉诸对场景的享受和对优质服务的享受。从城市空间架构的角度看，文化资源的要素流动和文化产品的跨界发展往往打破地区、行业分割，其他行业企业和民间资本通过多种形式进入特色文化产业，在空间上或将形成规模化、集约化和专业化的特色文化产业聚落。从社会结构变动的角度看，在全球社会结构变化和阶层流动加剧的背景下，中产阶级消费群体的不断增多，对精神文化消费提出了更加多元化、个性化和丰富化的要求，围绕创意经济开展创新创业的"蜂鸣"行动成为一种更为活跃的市场行为，对城市"场景"提出了新的要求：打造包容性、混合性、灵活性的功能空间，提供高密度、共享化、社交化的服务资源，营造高活力、可传承、可辨识的场所环境，创造更多"蜂鸣"催生的创意业态。威廉·威特作为城市社会空间的杰出观察者，在新冠肺炎全球大流性期间指出，疫情之后的城市，商店越来越少，但酒吧和餐馆越来越多——或许还有更热闹的街头生活，更多的远程工作，更灵活便捷的交通出行，更丰富的社区活动，更精心的场景构建和更安全的公共领域，所有这些都将使城市及其郊区成为更好的居住地。❶ 无论如何，这些理想场景的重塑都需要多元文化的碰撞去产生区域蜂鸣，更需要文化艺术的营造去更新场景，从而使城市真正成为"文化的容器"。借此而转型的城市治理，将从关注物质空间形象转向提供优质公共服务和人居环境，从围绕"生产"提供"场地"转向围绕"生活"塑造"场所"，从城市"吞噬"农村转向城乡共荣发展，从自上而下的政府管制转向上下双向的政府与社会治理相结合，使文化成为城市的磁源。

**让文化赋能于经济动力。**新冠肺炎全球大流行后，世界经济深度转型，不断寻求新的增长动力。通过挖掘和培育新的增长动力促进经济的发展、推动社会结构的优化、拉动劳动就业的跃升，越来越凸显出重要的作用。当今时代，城市不仅是一

---

❶ 威廉·富尔顿（William Fulton）是莱斯大学（Rice University）金德城市研究所（Kinder Institute for Urban Research）所长，著有《加州规划指南》（*Guide to California Planning*）、《不情愿的大都市》（*the Metropolis*）和《谈话城市：一个全美国小镇政治生活的编年史》（*Talk City: A Chronicle of Political Life In An All-American Town*）。

个居住的地方，更是一个通过就业和创业实现理想价值的地方。❶ 新冠肺炎全球大流行在世界范围内造成大量失业人口，但数字经济也促进了以线上办公、云端会议为主要模式的新就业方式。以往创意阶级的集聚可以互相影响产生蜂鸣，创意氛围和产业空气则可以赋能企业产生区域蜂鸣，而云端系统的完善，让交流持续并不断碰撞出后创意火花。那些在互联网思维下具有灵活性和适应性的企业，将在全球大流行后的产业转型中通过发挥大数据驱动价值链的优势，利用网络协同平台创造更多新的就业形态，打开新的治理空间。创意经济在城市星球的崛起，其对创意阶层的吸引，对创意人才的容纳，充分发挥了文化在生活空间中的精神价值，为居民创造新的就业岗位也做出了重要贡献，这也将在一定程度上弥补由于全球大流行而造成的大量失业及其带来的社会问题等连锁反应。随着数字经济的融合发展、文化消费需求的释放、在线工作机会的增多，将有越来越多的文化消费者成为文化产业创造者，也将有越来越多的居住空间兼具生产创意空间的功能，这些精进可持续的创意空间，使城市这个古老的神圣、安全和繁忙的合流之地能够不断塑造人类未来的新场域。

**让生活充满着心灵自由**。全球大流行后，人类将更加青睐于互联时空下灵活的生活方式，现代科技催生的新兴的文化业态将获得持久的消费动力和增长空间。文化治理创新将进一步聚焦于颠覆传统产业线性发展方式，以文化创造作为创意阶级集聚的动力和创意经济发展的动力，进而创造"热点区域"。从历史的维度看，在人类发展的文化长河中，众多传统文化资源赖以生存的传统生产、生活方式和生态存续方式具备较大的开发潜力和市场前景，一旦通过市场思维的运营和产业开发的引导，便能够释放出强劲的发展潜能，既带动了当地居民实现特色就业、体面就业，又解决了基本就业托底问题。而新冠肺炎的全球大流行亦催生了创意经济作为新的经济方式和就业领域，让以数字经济为特色的生产和消费形态获得快速发展，如截至2020年3月，全球67%的消费者观看更多新闻报道，51%的消费者观看更多关于流媒体服务的影视节目，45%的消费者在消息服务上花费的时间更长，44%的消费者在社交媒体上投入更多精力，36%的消费者则花更多的时间使用电脑和视

---

❶ 张鸿雁. 中国新型城镇化战略面临的十大难题及对策创新[M]. 探索与争鸣，2011（1）.

频游戏，35%的用户则读更多的电子书或听更多的有声读物。而对于第一项，中国的消费者则达到了77%。创意经济既是消费服务业，又是生产服务业，消费与生产互动，有其自身的产业特征和文化规律与市场经济规律相结合的发展规律[1]。以创意为引擎，以数据为驱动的产业革命让新业态可期待，新生活可期盼，新消费更优质便捷，新生产方式更灵活高效，新语境下的文化治理也将更加以"人"为中心，力透文化的场域，编码全球化场景中的新方略。

---

[1] 邓安球.文化产业发展研究[M].北京：中国社会科学出版社，2010：37.

# 后　　记

　　谷雨收寒，茶烟飏晓。从海德公园向东眺望，密歇根湖泛着通透的矢车菊蓝，映衬着百余年的科学与工业博物馆孔雀石绿色圆顶，如若碧海苍穹之境。若不是伊州"宅居令"，几乎忘记了阳台上的风景。

　　2019年9月，我在芝加哥大学社会学系开始为期一年的访学。在2020年春季学期，由于新冠肺炎病毒成为全球大流行，芝加哥大学关闭校园，移步线上，哥特式建筑群的"方庭"不再环绕争辩之音，玻璃穹顶的雷根斯坦图书馆亦不再灯火通明，只是洛克菲勒大教堂的花窗玻璃依然在阳光下折射斑斓色彩，并在整点准时回荡延续了一个多世纪的钟声……

　　新冠肺炎全球大流行前，沿着湖滨高速一路向北，穿过博物馆群落，绕行千禧公园，驶过芝加哥河，驻足海军码头，看一场夏日烟火。抑或徒步密歇根湖，远眺德斯普兰斯河，在戴利公园露天冰场速滑，在芝加哥艺术博物馆应接不暇，最后徜徉于浓郁波西米亚风的威客公园，吹一扎只属于"风城"的鹅岛啤酒……一路向北是鳞次栉比的建筑群，高耸入云的摩天大楼，现代而又不失艺术气息的国际大都市。而调头向南，穿过芝加哥大学，城市开始变得血腥，黑帮活动暴力而猖獗，触目惊心的贫困、失学和失业，与相隔不远的北部之繁华都市判若两个世界。

　　在芝大访问交流期间，除了作为高级合作研究者参加社会科学部的研究和城市创新项目教学之外，我还参访了布斯商学院、哈里斯公共政策学院、社会科学学院的许多核心课程。在这些教学和研究中我深刻地感受到，关注芝加哥城市发展的现实问题，尤其是邻里社区中，空间的正义与居民的发展问题，是芝大通识教育的重要特色——从所在的城市入手，思考人类发展、关怀社会现实、塑造未来社会的理想形态。正是这种立足脚下，以解决现实问题为出发点，以关注全人类共同发展的宏大理想为愿景的教育思想，促使我开始关注作为城市的"芝加哥"和作为芝加哥学派诞生地的"芝加哥"之间的关系，以及是什么造成了城市发展存在的诸多问题，是什么能够重塑一座城市并将解决方案作为一种范式、一门学派，而答案的核心是治理理念和治理方式。

芝加哥对于城市研究而言，确是一个理想的实验室。芝加哥大学成立之时，适逢芝加哥城市迅速变成一个"黑暗的开放、堕落的城市"的社会转向过程，城市迅速成为社会学聚焦的场域，对现代社会深层次问题与大城市动态性演进的研究，催生了"芝加哥学派"的诞生、发展和繁荣。移民流入、人口流动所造成的种族隔阂、贫富差距和邻里社会中许多社会问题在芝加哥格外突出，这也一度成为社会学研究立足的场域。回溯历史，1871年，芝加哥南部公园体系规划之时，公园作为不同阶层之间友好互动的公共空间，一度成为芝加哥乃至美国城市发展史上的亮点。设计了纽约中央公园的著名景观建筑师姆斯特德和沃克斯，继而设计了位于芝加哥大学西部的华盛顿公园和东部的杰克逊公园，并以林荫大道吸引人们散步运动、观光休闲。随着其后芝加哥大学的兴建、世博会的举办，以及城市治理的各种原因，两大公园并未平衡发展，如今的华盛顿公园所在的社区成为芝加哥最危险的社区之一，非洲裔美国人比重达到99%，社区彻底变成了一个隔离地带，这也是造成地处南部的芝加哥大学不够安全的主要原因。在芝加哥大学所在的海德公园远眺南部城市，穿过杰克逊公园绚烂的樱花丛，连接密歇根湖的水道潟湖蜿蜒向南，野鸭在林地愉悦栖居，大雁时而群聚过冬，难以想象公园那端城市的割裂、种族的隔离、血腥的暴力。跨越阶级微乎其微的可能性，让看不到希望的非裔少年无精打采的眸子，是帕特南笔下《我们的孩子》里破碎的理想背后，逐渐分裂为两个美国的残酷现实的写照。

在芝加哥城市发展的历史和现实中，既可以看到"大规划"的百年传续和历史价值，又可以看到城市治理的失败教训和持续影响，而归结起来，一个优异的制度框架和高效的治理方案，是解决城市问题的良方，而一个人本主义的规划理路和充满人文关怀的治理方式则无异于解决治理问题的"文化之钥"。百年未有之大变局下的新冠肺炎全球大流行亦是如此。在当前新一轮科技革命和产业变革正在重塑世界，新兴市场国家和发展中国家国际影响力不断增强，全球化演进新秩序和城市化增长周期律亦发生动荡。全球大流行使人类前所未有连接在一起，命运共同体视域下，我们需要怎样的全球治理框架？我们需要如何形塑美好的社会形态？我们又需要栖居在什么样的空间，选择什么样的未来？

新冠肺炎全球大流行让城市按下"暂停键"，商业进入"停摆"，但生活仍将继续。在静寂之季观望城市，于屏息之思打量邻里，在互联时空阅读或是研讨，竟有更加充裕的时间、更加安分的心境，思考以前匆匆于指尖罅隙漏掉的困惑。探寻全球治理的"文化之钥"的想法，应运而生。事实上，不仅在"全球大流行"期间，文化治理体系一直是中国国家治理体系建设中的重要组成，是夯实文化基底、塑造文化价值、凝聚文化精神的思想理路和发展框架。而这把"钥匙"却在全球化和城市化中，缺少思想整体性和理论解释力。因此，在"全球大流行"视域下，立足于国家治理体系现代化，对"文化治理"进行系统诠释和研判研究的想法与芝加哥春天的气息一样，越来越强烈。

在寻找全球治理的"文化之钥"中，我参与了多次线上研讨会，还参加了多个专题课程的观察和评论。既有中国传媒大学文化产业管理学院召开的数次针对"大流行"中不同专业领域的专家研讨，也有芝加哥大学经济学家、社会学家、智库部门以及公共卫生专家对"大流行"造成影响、催生变革、引起反思等主题研讨会；既有与我在中国传媒大学的博士、硕士研究生们开展的主题学习活动，也有我为芝加哥大学的师生们开设的关于"全球大流行与中国文化经济发展"的专题讲座，还有诸如全球城市创新网络、欧洲创意产业网络、美国艺术协会等社会组织、学术团体开展的关于"大流行"中城市创新、艺术创造、文化参与等问题的预警预测和文化批判等思想碰撞和跨界交流活动。全球大流行中，我深刻地感受到互联时空不分地域、无论东西、没有国界，全世界对人类命运关注，因为文化价值的选择、文化制度的评判、文化经济的引导、文化艺术的抚慰而如出一辙具有"同一性"。而这些领域的发展之基，归根结底是"文化治理"的制度框架。

沿着这一脉络，《百年大变局下的国家文化治理创新》交出的是一份具有开放命题的作业，也是我和我的博士研究生亓冉，硕士研究生陆梓欣、张潆方共同学习、相伴成长的一份具有温度的师生作业。我很庆幸我们的孩子们生长在中国这个具有古老文明和现代智慧的国度，他们不似帕特南"我们的孩子"那样艰难的命运——"他们当然知道什么是贫穷以及无望的生活，但生活在一个社会流动性不断减少、阶级固化却日益严峻的社会里，他们的梦想趋于破灭"。而我们的孩子尽管历经了"全球大流行"这样一段人生经历，但他们在学习成长和学术思考之路上，却可以把国家愿景、社会图景和个人愿景融入这段特殊的时光，聆听"中国之治"的智慧之声，点亮"中国之钥"的文化之光。这对他们而言，是历练，更是成长。

齐　骥

于芝加哥海德公园

2020 年 4 月 17 日